(William James)

威廉・詹姆斯　著
伊莉莎　編譯

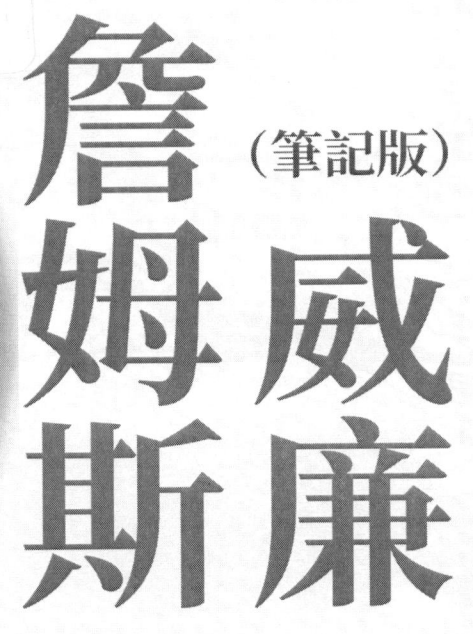

詹姆斯威廉

（筆記版）

心理學原理

THE PRINCIPLES OF PSYCHOLOGY

從自我認知到情緒掌控
美國心理學之父解析思維、情緒與行動的關係

從習慣的形成到自我概念的建構
結合科學實證與哲學思辨，威廉・詹姆斯重新定義心理學

目錄

前言 ………………………………… 005

探索心靈的疆界 …………………… 009

心理現象的奧祕與解構 …………… 019

習慣的塑性與變遷 ………………… 089

心靈與現實的交錯 ………………… 173

心靈的時間性與非連續性 ………… 197

意識流：思考的起點 ……………… 235

目錄

前言

　　《心理學原理》這部著作可以被視為心理學領域的一座里程碑，它不僅是威廉·詹姆斯對心理學理論的一次全面總結，更是對人類心靈深度探索的一次勇敢嘗試。詹姆斯在書中所提出的諸多觀點，不僅在當時引起了廣泛的關注與討論，還對後來的心理學研究產生了持久的影響。

　　詹姆斯的研究從心理學的範圍開始，試圖定義和拓展心理學的邊界。他認為心理學不僅僅是對行為和心理過程的研究，而是對心靈和意識的整體理解。這種廣義的定義，使得心理學不再局限於單一的學科範疇，而是成為一門跨學科的綜合性科學。詹姆斯希望透過這樣的視角，讓人們意識到心理學在哲學、科學及日常生活中不可或缺的重要性。

　　在探討大腦功能時，詹姆斯展示了他對於心理和生理連繫的深刻理解。他強調大腦不僅僅是一個器官，而是心靈活動的承載者。這一觀點預示了現代神經科學的發展方向，為後來的研究奠定了基礎。詹姆斯的洞察力在於，他能夠將當時有限的科學知識與他對心理現象的哲學思考相結合，提供了對大腦與心理活動關係的獨到見解。

　　詹姆斯對習慣的研究則揭示了行為模式在個體生活中的重要性。他指出習慣不僅是行為反覆的結果，更是塑造人格和生

前言

　　活方式的關鍵因素。透過分析習慣的形成與影響，詹姆斯為心理學提供了一個理解行為持續性和變化的重要框架。他的研究提醒我們，習慣不僅影響個人的心理健康，還在更廣泛的社會文化背景中發揮著重要作用。

　　此外，詹姆斯在書中提出的自動機理論和心靈要素理論，也為心理學研究開闢了新的領域。自動機理論探討了人類行為的機械性和潛意識驅動，這對於理解無意識行為提供了新的視角。而心靈要素理論則試圖分解和分析心靈的基本構成，這在某種程度上挑戰了傳統心理學的假設，並促進了對心靈本質的更深入探討。

　　詹姆斯在《心理學原理》中多次強調心理學的方法和陷阱，這表明他對研究方法的嚴謹態度。他意識到心理學作為一門科學，需要建立在嚴格的實驗和理論基礎之上，但同時也要警惕研究中的偏見和錯誤。這種對方法論的重視，對後來心理學作為一門科學的發展造成了重要推動作用。

　　在《心理學原理》中，詹姆斯以其獨特的視角深入探討了心靈與外界事物之間的連繫。他認為，心靈並非孤立存在，而是與環境、他人、文化等外部因素交織在一起。這種互動性不僅影響心靈的運作方式，也塑造了我們的自我認知和社會行為。詹姆斯的這一觀點為後來的社會心理學和跨文化心理學研究提供了理論基礎，強調了理解個體心理現象時考慮環境因素的重要性。

詹姆斯的「意識流」概念是他對人類思維方式的一次創新性描述。他提出，意識並非由一系列孤立的想法組成，而是如同河流般流動、連續且不可分割。這一觀點打破了當時主流心理學對思維過程機械化的看法，強調了內心生活的動態性和連續性。意識流的概念不僅豐富了對思維過程的理解，也影響了後來現象學和存在主義哲學的發展。

在詹姆斯的著作中，對心理學方法的探討不僅限於理論層面，他還強調實驗和觀察的重要性。他認為，心理學研究必須結合科學的嚴謹性和哲學的深刻性，才能真正揭示心靈的奧祕。詹姆斯鼓勵心理學家在研究中保持開放的心態，勇於探索未知，同時也要謹慎地避免偏見和過於簡化的結論。

整體而言，《心理學原理》不僅是一部心理學理論的集大成之作，更是一份對人類心靈的深刻思考。詹姆斯透過其獨特的視角和嚴謹的方法，為心理學的發展提供了持久的指引。他的作品激勵著一代又一代的心理學家，去探索心靈的無限可能性，並在不斷變化的科學和社會背景中重新審視人類行為和意識的本質。這本書不僅是心理學研究的重要資源，更是一部值得所有對心靈探索感興趣的人細細品味的經典之作。

前言

探索心靈的疆界

 探索心靈的疆界

心理學原理是威廉‧詹姆斯（William James, 1842～1910）的不朽之作，這本書奠定了他作為美國心理學家和哲學家的重要地位。詹姆斯是美國本土的第一位哲學家，機能主義心理學和實用主義哲學的開創者之一，同時也是美國心理學會的創始人之一。他的著作《心理學原理》不僅是心理學領域的經典，更是美國機能主義心理學派興起的象徵。

詹姆斯在這部著作中探討了心理學的廣泛範疇，其中涵蓋了感覺、知覺、大腦功能、習慣、意識、自我、注意、記憶、思維、情緒等關鍵主題。這些主題在詹姆斯的筆下成為引領後世心理學研究的燈塔，對百餘年來的心理學發展產生了深遠影響。

詹姆斯的意識流理論是《心理學原理》中的一個重要創見。這一理論認為，意識不是靜止的，而是隨著時間、地點和個體不斷流動的。他將這種動態的心理現象稱為意識流（stream of consciousness）。詹姆斯指出，試圖將流動的意識切斷並進行剖析，將不可避免地扭曲意識的真實本質。這一理論旨在挑戰當時盛行的馮特心理學理論，該理論試圖將心理現象分解為各種元素。詹姆斯的意識流理論不僅反駁了心理學元素主義學說的局限性，還為後續的心理學研究開闢了新的視野。

在《心理學原理》中，詹姆斯不僅關注心靈本身的運作，還探討了心靈與外部世界的連繫。他認為，心理學不僅僅是對個體內在心靈活動的研究，也是對這些活動如何與外界互動的理

解。這種對心靈與環境相互作用的關注，使詹姆斯的工作具有深刻的現實意義。

詹姆斯的另一個重要貢獻是對習慣的研究。他認為，習慣是人類行為中的一個關鍵組成部分，對於理解心理活動至關重要。詹姆斯指出，習慣不僅僅是重複行為的結果，它在塑造個人的性格和生活方式中扮演著重要角色。透過對習慣的深入研究，詹姆斯為理解人類行為提供了新的視角。

在詹姆斯的著作中，大腦的功能也是一個重要的研究領域。他深入探討了大腦如何支持心理活動，並提出了一些對後來神經科學研究具有啟發性的見解。詹姆斯認為，大腦不僅是一個生理器官，也是心靈活動的基礎。他的研究對於理解大腦與心理現象的關係提供了重要的理論框架。

威廉·詹姆斯的《心理學原理》是一部影響深遠的著作，為心理學的發展奠定了堅實的基礎。詹姆斯憑藉其敏銳的洞察力和創新的理論，開啟了心理學研究的新時代。他的工作不僅改變了人們對心靈的理解，也為心理學的未來發展指明了方向。詹姆斯透過這部著作，將心理學從一門新興學科推向了科學研究的中心，為後世的心理學家提供了豐富的思想資源和研究方法。

探索心靈的疆界

詹姆斯與蘭格

　　詹姆斯在心理學領域的突破性貢獻中，情緒理論無疑是最耀眼的成就之一。詹姆斯—蘭格情緒理論，這一由美國心理學家威廉‧詹姆斯和丹麥生理學家卡爾‧蘭格共同命名的理論，重新定義了情緒的起源和形成過程。詹姆斯提出，情緒並非源自精神心理過程，而是由內在的生理性神經過程引發的。這一觀點打破了傳統的情緒理解框架，強調生理變化在情緒體驗中的優先地位。當生理變化引發內部衝動並傳遞到大腦皮層時，這種感覺衝動便被解讀為情緒。

　　詹姆斯的理論不僅豐富了心理學的理論體系，更促使心理學研究方法的多元化發展。在那個結構主義內省法獨霸的時代，詹姆斯並未全盤否定這一方法的價值，而是指出其局限性，認為內省法無法全面揭示個體適應環境的行為。他主張，心理學研究應當根據實際需求，靈活採用觀察法、實驗法、比較法、調查法等多種方法，從而更全面地理解人類心理和行為。

　　此外，詹姆斯還積極倡導擴大心理學的研究範疇，強調研究對象不應僅限於正常成年人，而應包括兒童、心理異常者以及動物。他認為，這樣的多樣性研究能夠更全面地揭示心理學的普遍規律，促進心理學的發展與完善。

　　詹姆斯對心理學的貢獻，既在於理論創新，也在於研究方法的革新與擴展。他的多元化研究主張不僅豐富了心理學的學

自我觀與實用主義

科內容,也為後來的心理學家提供了新的視角和方向。這一影響深遠的革新,使得心理學在詹姆斯的推動下,從一門哲學附屬學科逐步走向獨立與成熟,成為現代科學研究的重要領域。詹姆斯的努力,使心理學更具包容性和實用性,為未來的研究奠定了堅實的基礎。

自我觀與實用主義

在現代心理學的發展中,威廉・詹姆斯無疑是一位舉足輕重的人物。他重新定義了「自我」的概念,為這一領域奠定了重要的基礎。詹姆斯指出,「自我」可以被劃分為「經驗的我」和「認知的主體」,前者包括所有與個人相關的事物,而後者則是自我意識的核心。詹姆斯認為,「經驗的我」由三個部分組成:物質、社會和精神。

物質層面涵蓋了個人的身體、擁有的衣物、居住的房屋以及家庭和財產等。這些物質屬性不僅構成了個體的外在形象,也影響著個人的自我認知。社會層面則涉及個體在社會中的地位和名譽,詹姆斯指出,任何人都擁有多個「社會我」,這些「社會我」隨著不同的社交環境而變化。至於精神層面,則包括了個人的意識狀態、特質、態度和氣質等,這些內在的特質塑造了個體獨特的精神世界。

詹姆斯的實用主義思想對心理學以及更廣泛的社會科學產

生了深遠影響。他在 1907 年出版的《實用主義》一書中，首次提出了實用主義的概念。他認為，世上並不存在絕對的真理，真理是隨著時代和環境的變遷而演變的。對詹姆斯而言，能夠適應時代需求並帶來實際效用的事物，即可視為真理。這一觀點挑戰了傳統的絕對主義，強調了人類知識和信念的動態性和相對性。

詹姆斯的著作雖然不多，但每一部都具有深遠的意義。他的《心理學原理》在 1890 年問世，成為心理學領域的經典之作。隨後，他又出版了《對教師講心理學和對學生講生活理想》（1899），進一步探討心理學的應用價值。《實用主義》則在 1907 年發表，闡述了他的核心思想。1909 年的《多元的宇宙》和後來的《真理的意義》則進一步擴展了他的哲學視野。

總之，詹姆斯不僅重新定義了自我概念，還透過實用主義為現代心理學和哲學提供了新的視角。他的思想至今仍然影響著我們對自我和真理的理解，激勵著後世的學者和實踐者。

威廉・詹姆斯：
自我、真理與實用主義的心理學革新

威廉・詹姆斯在心理學領域的貢獻不可忽視，他重新闡述的「自我」概念成為現代心理學的基石之一。他將「自我」區分為兩個方面：「經驗的我」和「認知的主體」，或稱之為「自我」。「經驗的我」涵蓋了一切個人屬於自己的東西，詹姆斯進一步將

自我觀與實用主義

這個客體的「自我」分為三個部分。

第一部分是物質自我，這包括個人的身體、衣物、房屋、家庭和財產等所有物質上的擁有。這些物質構成了個體在外在世界中的存在形式，影響著人的自我認知和價值感。

第二部分是社會自我，這則涉及到個體在社會中所獲得的認可和名譽。詹姆斯提出，人們有多個「社會我」，因為每個人都會在不同的社會環境中以不同的方式被認可，這些認可共同構成了個體的社會身分。

第三部分是精神自我，它包括個體的意識狀態、特質、態度和氣質等內在特徵。這些精神層面的因素構成了個體的核心自我，是自我認知中最為深刻和穩定的部分。

詹姆斯的實用主義思想在心理學和哲學界都引發了深遠的影響。他在1907年出版的《實用主義》中首次倡導這一思想，認為真理並非絕對，而是依賴於其在特定時代和環境中的有效性。對詹姆斯而言，適應時代需求並能產生實際效果的觀點才是真理，這一觀點挑戰了傳統的絕對真理觀。

透過詹姆斯的研究，我們可以更深入地理解自我與真理的多樣性，以及如何在不斷變化的世界中找到立足之地。詹姆斯的思想不僅啟發了心理學的發展，也為後世提供了一種理解和應對現實的實用視角。

意識流動與情緒的交響

　　威廉・詹姆斯的《心理學原理》是心理學和哲學領域中一部不朽的經典。詹姆斯，作為美國首位本土哲學家和心理學家，開創了機能主義心理學和實用主義哲學的先河，並且是美國心理學會的創始人之一。這部著作不僅代表著美國機能主義心理學派的興起，也在心理學研究的歷史長河中，留下了不可磨滅的印記。

　　詹姆斯在《心理學原理》中探討了眾多重要的心理學主題，包括感覺、知覺、大腦功能、習慣、意識、自我、注意、記憶、思維和情緒等，這些主題為後來的心理學研究奠定了基礎。其中，最具創新性的貢獻之一便是意識流理論。詹姆斯提出，意識是一種不斷流動的現象，隨著人、時間和地點的不同而變化。他將其描述為「意識流」（stream of consciousness），認為對意識進行分割和分析會扭曲其本質。這一理論反對當時流行的馮特心理學理論，該理論試圖將心理現象分解為各種元素。詹姆斯的意識流理論開啟了對元素主義的批判，並為心理學的研究提供了新的視角。

　　此外，詹姆斯在書中首次提出了影響深遠的情緒理論，這一理論在他的心理學體系中占據著重要地位。他認為，情緒的形成是由生理變化引發的，而不是僅僅由精神心理過程造成的。詹姆斯指出，生理變化先於情緒體驗，這種變化所引起的

意識流動與情緒的交響

內部衝動傳遞到大腦皮層,從而形成情緒感受。這一理論與丹麥生理學家蘭格的發現相互補充,因此被稱為詹姆斯－蘭格情緒理論。

詹姆斯的貢獻不僅在於他對心理學理論的精妙闡述,更在於他對人類心靈的深入理解和探索。他的意識流和情緒理論,為心理學的發展開闢了新的疆域,使我們得以更全面地理解人類的心理現象。詹姆斯的著作至今仍然對心理學的研究和實踐產生著深遠的影響,成為心理學領域中一顆永恆的明珠。

 **探索心靈的疆界**

── 心理現象的奧祕與解構 ──

 心理現象的奧祕與解構

　　心理學是一門探究人類心理活動的科學，涵蓋了情感、慾望、認知、推理、和判斷等多樣的心理現象。這些現象看似複雜多樣，常常讓觀察者感到困惑。然而，理清這些材料的第一步是對其進行分類，並將這些分類後的心理模式連結起來。這些心理模式被視作是個體靈魂的不同表現，這種方法在歷史上被稱為「唯心理論」。靈魂被認為是記憶、推理、意志等能力的載體。

　　然而，這種解釋方式並不完美。另一種較為隱晦的方式是尋找心理事實中的共同元素，而不是尋找這些現象的行為人。這種方式由赫爾巴特、休謨、密爾等哲學家建立，稱為聯想主義學派。這一學派不涉及靈魂，而是研究思想的結合和排斥，試圖解釋記憶、認知、情感等心理現象的產生過程。

　　但不論選擇哪種方法，簡化心理現象的嘗試都會遇到困難。在唯心理論中，記憶的成功被歸因於兩個因素：客觀物象的存在和人類的記憶能力。然而，這種解釋無法回答為什麼我們更容易記住近期發生的事情，而非久遠的回憶；或者為什麼年老時兒時的記憶反而更清晰。這些問題揭示了記憶能力的神祕性和複雜性。

　　此外，聯想主義學派的解釋亦不完美。儘管他們可以描述大腦中概念的排列，卻仍然無法解釋記憶的選擇性和時間性。為什麼疾病或疲勞會影響記憶力？為什麼一些特殊的條件如藥物或興奮能讓我們回憶起早已遺忘的事情？

心靈與身體的交響曲

　　這些問題表明，記憶能力並非絕對存在，而是受到特定條件的影響。心理學家的任務就是尋找這些條件是如何作用的。理解記憶的奧祕需要超越簡單的概念，深入探究背後的機制和影響因素，這是心理學探索中的一個重要課題。透過深入研究這些現象，我們或許能更容易理解人類心靈的複雜性，並在這個過程中揭開心理學的神祕面紗。

心靈與身體的交響曲

　　在我們的心靈深處，某些事件可能留下了不可磨滅的印記。然而，記憶的喚醒，往往需要某種誘因。事件的發生與記憶的重現之間存在著時間的間隔，是實際的事件促使我們回想其內容。聯想主義者認為，概念的連繫使得經常遇見的事情更容易被記住，因為它們與多種情境相互交織。然而，這一解釋忽視了諸如發燒、疲勞、催眠和衰老等因素對記憶的影響。純粹的聯想主義在解釋心理活動方面，和唯心主義一樣，存在著令人困惑之處。

　　概念之間的連繫如同一張無盡的網路，這張網路是如何形成的？為何它們以這種方式，而非其他方式相連？聯想主義者需要引入外界經驗來解釋。這些概念是現象的複製，但隨著時間的推移，這些複製品可能變得不完整或發生變化。現象只有在我們的感官和大腦中留下印象，才能影響我們的思維。過去的現象，只有在我們親身經歷或見證時，才會在記憶中留下痕跡。

021

心理現象的奧祕與解構

　　客觀現實告訴我們，大腦是直接受經驗影響的。當大腦與身體其他部位的神經連繫被切斷時，感知和反應便不復存在。相反，當大腦受損時，意識也會隨之改變，這即使在身體其他器官功能正常的情況下也是如此。這表明，大腦是心理活動的直接身體條件，這一事實已被廣泛認識。

　　心理學需要考慮心理活動的發生條件，而這些條件包括大腦的體驗。唯心主義者和聯想主義者都必須承認，大腦活動的法則是理解心理現象的關鍵。心理學的基礎在於腦生理學，生理學家也需要了解神經生理學的基本知識。心理現象不僅受身體經驗的影響，還會導致新的身體經驗的產生。心理狀態會影響行為活動，這不僅僅是肌肉的自主運動，還包括心跳、血管和內臟的微妙變化。

　　因此，心理學應同時考慮心理狀態的前因和後果。讀者在閱讀本書時，其心中產生的想法和情感可能會影響他們的行為和選擇。如果這些文字未曾被閱讀，那麼結果將截然不同。因此，我們的心理學研究必須全面考慮心理狀態的影響，從而揭示心靈與身體之間的交響曲。

心理學的模糊邊界：
從自動行為到智慧互動的探索

　　最初由意識驅動的行為，隨著時間的推移，可能因習慣而轉變為無意識的自動行為。無論是站立、行走、繫扣、解釦、

心靈與身體的交響曲

彈鋼琴、談話，甚至是祝禱，這些動作即便在大腦被其他事情占據的情況下，依然可以完成。動物的本能活動或許是半自動的，而自我保護的反射行為則明顯是自動的。然而，這些行為與有意識的行為有一個共同點，那就是它們都能產生相同的結果，這正是動物在其他情況下故意追求的結果。因此，心理學是否應該將這些看似機械卻有目的的行為納入研究範疇呢？心理現象的界限往往模糊不清，這要求我們打破傳統束縛，讓這門科學保持其必要的模糊性，並將能夠解釋當前研究目的的現象納入其中。

在任何一門科學發展的特定時期，適度的模糊性可能是獲得突破的最佳選擇。在近代心理學理論中，史賓賽哲學學派對心理學的貢獻尤為突出。他們認為，心理活動和身體活動的本質是一致的，即「心理活動是對於外部規則的內部調節」。這一理論雖然模糊，但它考慮到大腦活動在環境中的作用，並且大腦活動會反過來影響環境。這種考慮使得該理論比舊式的理性心理學更有成效，後者將心理視作孤立的存在，不考慮其與外部環境的互動。

因此，在本書中，我將用更多面向探討動物學和神經心理學，這些領域不僅有益於理解心理活動，還能幫助我們闡明心理活動如何介入環境對身體的影響，以及身體如何對外界做出反應。例如，如果在桌面上撒一些鐵屑，並在其周圍放置一塊磁鐵，鐵屑會在空氣中飛行，並附著在磁鐵表面。愚昧無知者或

023

心理現象的奧祕與解構

許會將這解釋為磁鐵與鐵屑之間的吸引與愛。然而,若磁極被硬紙板擋住,鐵屑便無法穿越紙板與磁鐵接觸。同樣地,將氣泡從一桶水的底部吹入水中,氣泡會浮出水面,與空氣混合,這行為可能被詩意地解釋為氣泡渴望與大氣重聚。

然而,當我們觀察智慧生物的行為時,情況就不同了。以羅密歐和茱麗葉為例,若兩者間沒有阻隔,羅密歐會直接找到茱麗葉。但若有一道牆阻隔,羅密歐不會像鐵屑般無法前進,而是會尋找另一條道路,翻越這堵牆,以達到目標。對鐵屑而言,路途是既定的,能否實現目標取決於偶然;而對於羅密歐和茱麗葉來說,目的是既定的,通往目標的道路則是可以選擇的。這種差異強調了心理活動與環境互動的重要性。

智慧與無意識的界限

在水罐底部,一隻活青蛙的反應與一個氣泡截然不同。氣泡因其無生命的本質,僅沿著最短路徑上升,無法應對環境的變化。然而,青蛙卻展示出一種不同的智慧。當水罐倒扣在它上面時,它不會一味地向上衝撞,而是會四處觀察,最終找到通往自由的出口。這種行為背後的動機,揭示了生命與非生命之間的本質差異。

物質世界的無生命物體,無論是鐵還是空氣的顆粒,都不具備自身的目的性。它們的行為是被動的,並且是外力的結果。

智慧與無意識的界限

然而，對於生命的存在，尤其是有智慧的行為者來說，行為是由其內在的目的和條件共同決定的。當條件改變時，行為也隨之改變，但其追求的目標卻不變。這種對未來目標的追求和實現方式的選擇，成為判斷意識存在與否的標準。

石頭和棍子在無外力作用下不會運動，這種缺乏選擇的行為被視為「無意識」。而有意識的行為則表現出對環境的適應和目標的追求。在哲學的探討中，我們面臨著一個深刻的問題：宇宙是擁有內在理性的智慧展現，還是僅僅是外部因素的結果？如果我們認為宇宙有其終極目標，那麼我們便擁有了一種信仰；相反，若我們認為宇宙的運動僅是過去的機械重複，那麼我們則傾向於無神論和唯物主義。

心理學家們對於動物智慧的研究，尤其是低等哺乳動物和爬行動物中樞神經的意識成分，進行了長時間的探討。他們常常使用行為是否具有目標性來判斷智慧的存在。這些行為的結果，通常能夠增強動物在其環境中的生存能力。然而，即便是這些具有外在目的性的行為，仍可能是背後盲目力量的結果。

植物的生長、動物的發展和生理過程，提供了許多看似有目的的行為例證。心理學家無法輕易地宣稱青蛙的脊髓中蘊含著有意識的智慧，除非能證明，無論神經機制如何變化，青蛙在特定刺激下的有用反應依然存在。比如，當一隻無頭青蛙的膝蓋受到刺激，它會用另一隻腳去擦掉刺激物，這種反應揭示了生命體內在的適應能力與智慧的界限。

心理現象的奧祕與解構

從青蛙行為到智慧探尋：
心理活動的目的性與靈活性

在探討心理活動的奧祕時，弗魯格和路易斯提供了一個有趣的視角。他們的研究顯示，如果一隻青蛙的動作僅僅是由機械反應驅動，那麼截肢右足後，青蛙的擦拭動作應該消失。然而，現實中青蛙卻會做出其他嘗試，這意味著青蛙的行為並不僅僅是機械反應，而是帶有某種目的性。這一觀察挑戰了傳統的生理學觀點，提出了行為背後可能存在智慧的可能性。

戈爾茨的實驗進一步支持了這一論點。他觀察到，即使沒有大腦半球，青蛙仍能在水中尋找出口，這表明大腦半球並非青蛙智慧的唯一來源。當青蛙發現向上的道路被阻隔時，它會選擇重新沉入水中，尋找其他可能的出口，而不是一味地撞擊障礙物。這種行為顯示了青蛙在面對困境時的靈活性和適應性，暗示著其行為並非簡單的機械反應。

李普曼的觀察進一步深化了對心理活動的理解。他指出，機器在正常情況下會按照設計運作，但在出現故障時會產生錯誤的結果。這與人的大腦相似，當出現錯誤時，人會意識到並試圖糾正。這種自我修正能力顯示了心理活動的複雜性，暗示著大腦行動的目的性。

這些觀察共同揭示了一個關鍵原則：只有那些有明確目的並且能夠靈活選擇工具的行為，才能被視作心理活動。青蛙在面對挑戰時的行為選擇，無論是嘗試新方法還是修正錯誤，都

大腦是行為的指揮者

是智慧的表現。這也暗示著，智慧並非僅僅依賴於複雜的大腦結構，而是更深層次的適應性與目的性。

這些研究不僅挑戰了傳統的生理學觀點，還為我們理解動物智慧提供了新的視角。它們提醒我們，在探索心理活動的過程中，應該考慮行為背後的目的性和靈活性，而不僅僅是機械反應的結果。透過這些觀察，我們或許能更深入地理解智慧的本質，以及它在人類和動物身上的表現形式。

大腦是行為的指揮者

在探討人類行為的過程中，大腦的角色不可或缺。儘管我們不會在此深入探討神經系統的解剖結構或意識器官的細節，但了解大腦半球的功能對於理解行為反應至關重要。大腦的運作是行為的核心驅動力，它協調著我們的每一個動作和感知。

我們可以將大腦比作一個精密的指揮中心，透過神經系統的網路，將外部刺激轉化為具體的行為反應。當某一刺激，比如聲音或光波，透過傳入神經抵達中樞神經系統時，它引發的不僅僅是神經元的活躍，更是整個身體的協同反應。傳出的神經訊號會迅速傳達至肌肉和腺體，促使它們產生相應的動作，這些動作通常是出於保護和適應的需求。

例如，當我們聽見火車站的列車長高喊「請大家都上車」時，這一聲音刺激會立即觸發我們的身體反應。心跳會短暫停

心理現象的奧祕與解構

止，隨後加速，腿部肌肉迅速運動以趕上列車。這一連串的反應是大腦對外界資訊的快速處理和指導，旨在確保我們的行為與環境相適應。

同樣地，當我們在運動中摔倒時，大腦會即刻判斷出摔倒的方向，驅動手臂伸出以保護身體免受更大的衝擊。這種快速而精確的反應是大腦對肢體的保護性措施，展現了其在危急情況下的反應能力。

此外，當眼睛受到如煤灰般的小顆粒刺激時，眼瞼會迅速閉合，並伴隨著淚液的分泌，這是一種自動的清潔反應，旨在保護眼睛免受長時間的刺激損害。這些例子無不顯示出大腦如何透過神經系統協調身體的各個部分，確保我們能夠適應環境變化，保護自身安全。

大腦的功能不僅僅是單純的生理反應，它還涉及到更高層次的意識和決策過程。這種複雜的功能使得人類能夠根據情境進行適當的反應，從而在不斷變化的環境中生存和發展。大腦作為行為的指揮者，在我們的生命中扮演著至關重要的角色。

從反射行為到自主選擇：
神經學與行為複雜性的探索

在探索人類行為的複雜性時，我們發現感官刺激引發的反應存在多種層次。最顯著的或許是非自主性行為，即反射行為。當眼淚不由自主地流下，或心跳在驚嚇中加速，我們見證了這

大腦是行為的指揮者

一現象。摔倒時,手臂迅速撐地的動作是一種反射行為,這種反應迅速且無意識,顯示出動物的生存本能。然而,這種反射行為與有意識的學習和訓練之間的界限並不總是明確的。透過訓練,我們可以學會更為巧妙地應對摔倒,甚至避免摔倒,這便是「半反射」行為的範疇。

另一方面,跑向火車的行為則完全是有意識的決定。這種行為不僅僅是訓練的結果,更是意識和意願的產物。這種行為顯示了自願行為與反射行為之間的交融,而這種交融也使得區分自動行為和有意識參與的行為變得複雜。研究者們在觀察動物行為時,往往難以確定其伴隨的意識活動,這使得區分自主與非自主行為成為一項挑戰。

如果大腦的存在意義在於選擇適當的方法來達成目標,那麼所有行為似乎都受到智慧的驅動,因為它們都具備了適當性。這一事實引發了關於神經功能與意識關係的兩種相反理論。一些學者認為,高級自主行為需要感覺指引,即使是最簡單的反射中也可能存在未被充分認識的感覺。另一些學者則認為,反射和半自主行為雖然具有適當性,卻可以在無意識的情況下發生,這意味著自主行為的適當性與意識性無關。

為了更深入地探討這一問題,我們將觀察動物的大腦,尤其是青蛙的神經中樞。透過活體解剖,我們可以了解中樞神經的不同運作方式,並比較大腦半球與下葉的功能差異。這種研究不僅有助於我們理解大腦的基本概念,還能為教學提供一個

029

心理現象的奧祕與解構

簡單而有效的入門途徑。隨著我們對青蛙、鳥類，甚至狗、猴子和人類的進一步研究，我們將能夠調整和完善這些概念，使其更具普遍性和精確性。這樣的研究方法不僅能幫助我們掌握基本的神經學原理，還能推動我們對行為背後神經奧祕的理解。

青蛙的防禦性行為及脊髓功能

青蛙的神經系統呈現出一幅引人入勝的生理學畫面，特別是在脊髓的獨特功能上。當我們切斷青蛙顱骨底部的後面，阻斷大腦與身體其他部分的連繫時，青蛙依然能存活，但其行為卻發生了顯著的變化。這種狀態下的青蛙不再呼吸或吞嚥，腹部無力地趴著，無法像正常青蛙那樣用前足撐起身體。即使後腿仍能保持貼身摺疊的姿勢，當被拉長後也會迅速恢復原狀。

當青蛙被翻轉至背部朝天時，牠不會像正常青蛙那樣翻身過來。這種情況下，牠的運動和發聲能力似乎完全消失。然而，若用酸刺激皮膚，青蛙會展現不可思議的「防禦性」行為。假如酸刺激青蛙的胸部，兩隻前足會用力摩擦該部位；若其肘外部被刺激，則同側的後腿會努力去擦酸刺激部位。即便腿被截肢，殘餘部分仍會進行無用的嘗試，但青蛙很快會改用未截肢的腿完成這一動作。

這些行為的目的性和準確性令人驚訝。對感受刺激的青蛙而言，只要刺激物強度足夠，行為幾乎不會有差別。這些機械

青蛙的防禦性行為及脊髓功能

式的行動就像是被人拉動繩子的玩具娃娃,無論何時拉動,娃娃的大腿都會抽動一下。這說明青蛙的脊髓內部已經具備了一種將皮膚刺激轉化為防禦行為的機制,我們可以將其稱為防禦性行為中樞。

進一步研究顯示,若在不同位置切斷脊髓,可以發現脊髓的獨立部位具有獨立機制,分別控制青蛙頭部、手臂及大腿的行為。特別是在繁殖季節,雄性青蛙的手臂部位尤其活躍,即使其他部位被切除,手臂和胸部、背部仍能積極抓握置於其間的物體,並保持動作。

這種脊髓功能在其他動物中也存在,包括人類。即使是下身麻痺的患者,被撓癢時腿也會伸長。甚至在砍頭的罪犯身上,撓癢也會引發手臂朝刺激部位移動的反射行為。哺乳動物脊髓的低等功能已被戈爾茨等人研究,這裡不再詳述。這種研究揭示了脊髓在動物生存中扮演的關鍵角色,特別是在自衛行為中的重要性。

青蛙神經系統的奧祕:
從反射行為到自主選擇的生物機械探索

當我們深入探究青蛙的神經系統時,一個複雜而精妙的生物機械圖景浮現在眼前。透過切斷青蛙的不同神經部位,我們可以觀察到其行為的顯著變化。比如,當只保留小腦、延髓和脊髓的連接時,青蛙的行為雖然顯得無力,但其基本的生理反

應依然存在。這樣的青蛙仍能進行吞嚥、呼吸和簡單的爬行，並在被拋到地上時迅速翻身。更有趣的是，當青蛙被放置在旋轉的淺碗中時，牠會本能地反向旋轉，以保持平衡。

然而，當視神經葉和丘腦之間的連接被切斷後，青蛙的行為則顯得更加自主且正常。這樣的青蛙在面對障礙物時，能夠跳過或繞過它們，顯示出視覺引導下的協調運動。儘管如此，這樣的青蛙缺乏自發的行動，所有的動作似乎都依賴於外界的刺激。例如，當水接觸到牠的皮膚時，牠會開始游泳，而一根棍子輕觸牠的手時，則會觸發其停止游泳並保持坐姿。

若是將大腦半球完全切除，然而保留丘腦，這樣的青蛙看似與正常青蛙無異。牠的反應對一個不熟悉青蛙行為的觀察者來說，幾乎無法區分。但仔細觀察會發現，這隻青蛙缺乏自發的求生本能。面對食物，牠不會表現出飢餓的反應，甚至對於潛在的威脅，也不再顯示出恐懼。

這樣的實驗揭示了神經系統對於生物行為的深刻影響，儘管外表看似完整的青蛙，其實已經成為一個高度依賴外部刺激的機械裝置。這種現象表明了神經中樞在協調自發性行為和反射行為中的關鍵角色。這些觀察不僅加深了我們對生物行為的理解，也讓我們重新審視生命的本質：在失去大腦的指導下，生命是否僅僅成為了應對刺激的機械反應？這樣的思考引人深思，讓我們不禁對生物的奇妙構造心生敬畏。

青蛙的行為，從反射到意圖

在研究動物行為時，若僅僅以中樞神經系統為焦點，我們可能會忽略許多複雜的層面。然而，當我們將研究範圍擴展至整個大腦半球，甚至是整個動物本身時，便會發現行為的多樣性和複雜性遠超我們的想像。

以青蛙為例，當我們觀察其對外界刺激的反應時，完整的青蛙展現出一種超越簡單眼射的行為模式。與僅剩頭部或大腦半球的青蛙不同，完整的青蛙在面對威脅時會進行一系列複雜的逃避行為，這些行為似乎不僅僅是對刺激的機械反應，更像是被一種內在的意圖所驅動。這種行為的多樣性表明，青蛙的大腦半球在其中扮演了重要角色，決定了行為的發生和變化。

例如，當青蛙感到飢餓時，牠會主動尋找食物，不論是昆蟲、魚還是更小的青蛙，並根據目標物的不同調整其捕捉策略。這種行為的靈活性顯示出青蛙對環境的感知和適應能力，而不僅僅是被動的反應。

此外，研究顯示，青蛙的行為與其肌肉組織的協調密切相關。即便是相同的肌肉群，在不同的神經指令下，會產生截然不同的運動模式。這意味著脊髓、小腦、丘腦等不同腦區的細胞和纖維安排，決定了青蛙在不同情境下的具體動作。

然而，大腦半球的作用並不在於創造新的基本運動形式，而是在於決定這些運動的發生時機和條件，使得行為不再僅僅

依賴於簡單的刺激 - 反應模式。這就如同一位將軍在戰場上發號施令，但具體的戰術執行則交由下屬來決定。

因此，青蛙的行為不僅僅是生理反應的總和，而是由一系列複雜的神經機制所驅動，這些機制使得青蛙能夠在各種情境中靈活應對，顯示出一種超越簡單眼射的智慧。這樣的研究不僅豐富了我們對動物行為的理解，也啟發我們重新審視人類自身的行為複雜性。

大腦半球與行為決策：
從記憶重現到運動協同的神經基礎探索

在探討動物行為的神經基礎時，我們發現不同的肌肉在不同的高度有著相異的表現。這些肌肉在各自的高度上，與其他肌肉進行協同合作，形成一種特殊的運動模式。這一運動由特定的感官刺激所驅動。在脊髓中，皮膚的刺激是運動的主要驅動力，而在視神經葉的上部，眼睛則成為重要的感官來源。在丘腦，半規管似乎也參與其中。大腦半球的刺激物則不是單一的感覺，而是構成決定性物件的感覺整體。

觀察被切除大腦半球的動物，如青蛙或鴿子，我們注意到牠們不再能夠做出複雜的反應，如追逐獵物或躲避敵人。這些反應，我們稱之為直覺，而非單純的反射，對於這些動物來說，已經依賴於大腦的高級腦葉。動物等級越高，這一現象越明顯。切除大腦半球的鴿子在受到外界刺激時，仍能做出本能

青蛙的行為，從反射到意圖

反應，但若無刺激，則顯得動力不足，似乎進入了長久的靜止狀態。

這些觀察促使我們思考大腦半球的角色。低等中樞僅對當前的感官刺激做出反應，而大腦半球則依據知覺和思考來行動。知覺不僅僅是感覺的組合，思考也不僅是感覺的預期。這些都是過去經驗的重現，是記憶的表現。大腦半球的存在使動物能夠受到不存在的事物影響，而非僅僅依賴於當前的刺激。

因此，我們可以將大腦半球視為記憶的棲息之地。過去經驗的殘影以某種方式保留在半球內，當前的刺激能喚醒這些記憶，促使動物做出適當的反應，趨吉避凶。若將神經流比作電流，大腦半球的神經系統則像是長迴路或環形線路。當直接路徑失效時，神經流可以透過這些迴路來引導行為。

例如，一個旅人在烈日下躺在樹蔭中，感受涼爽的舒適。然而，記憶中的風濕病和黏膜炎的經歷會刺激他的感官，驅使他繼續前行，尋求更安全的休息地。這就是大腦半球中環形線路的作用，作為記憶儲存室，保護並引導我們的行為。透過這樣的觀察，我們可以更深入地理解大腦半球在行為決策中的重要性。

環境與思維的交織：
動物行為的演變

在自然界中，環形線路的存在對於動物的思考與行為模式至關重要。若無此結構，動物無法進行深思熟慮，亦無法在面

心理現象的奧祕與解構

對外界刺激時做出謹慎的反應。這種謹慎，作為一種必要的美德，尤其在面對複雜環境時顯得尤為重要。隨著動物的進化，其大腦結構逐漸複雜，這種謹慎的能力則愈加顯著。

在不同的動物中，環形線路的影響各異。簡單如青蛙，其行為多由低等中樞驅動，而高級如犬科動物，則少有這種情況。人類和猿類幾乎完全依賴於高等中樞的運作。這種進化上的優勢在日常行為中展現得淋漓盡致。以食物獲取為例，若此行為僅由低等中樞反射驅動，動物將無法抵抗食物的誘惑，常常因此遭受損失，如被捕食者捕獲或中毒。這樣的本能行為，雖然在短期內滿足了生理需求，卻可能在長期中導致物種的滅絕。魚類，諸如青鱸魚，即便剛從鉤子上摘下，仍會再次咬鉤，若非高繁殖能力抵消了這種行為帶來的危險，牠們的命運將會非常悲慘。

然而，隨著進化，食慾和性慾等基本生存行為逐漸由小腦調控。生理學研究顯示，若將動物的高等中樞切除，這些功能將會消失。大腦被切除的鴿子，儘管置身於食物堆中，仍會餓死。性功能亦是如此，鳥類的性行為由大腦半球掌控，若受損，則對繁殖毫無興趣。這表明，性行為的發生需要多種條件的滿足，包括環境、情感，以及適宜的時間地點。

與此相對，青蛙和蟾蜍的性行為由低等中樞控制，表現出對當前感官刺激的機械服從。這種行為的缺乏選擇性，導致牠們在不適當的情況下也會進行交配，甚至在生死攸關的時刻仍不改其行為。這樣的行為模式，從一方面揭示了進化的多樣

性,另一方面也強調了環形線路在動物行為中的重要性。透過這種結構的影響,高等動物得以在複雜環境中生存並繁衍,展現出更高的智慧和適應能力。

節制與智慧:
大腦神經迴路中的行為與決策調控

在探討人類行為的生理基礎時,我們不禁要思考節制在這其中扮演的角色。節制是人類社會得以文明化的重要美德之一,其根植於大腦的神經系統。從生理學的角度,節制意味著個體的行為受到大腦中樞的道德觀與美學觀點的影響,而非僅僅是感官刺激的即時滿足。這種對未來的考量與即時快感的對比,是智慧與本能之間的微妙平衡。

大腦半球的神經迴路揭示了行為的反射性質。當感官受到刺激時,神經流會在低等中樞引發反射行為。然而,在大腦半球,這些神經流則引發更為複雜的想法,這些想法可能促使、抑制或替代某種行為。這種過程顯示出反射行為不僅僅是簡單的反應,而是受到大腦中樞高等功能調節的結果。

現代神經生理學的基礎概念在於理解這些反射類型。所有行為均適應於一種反射類型,這種類型在低等中樞中是固定的,但在大腦中卻是多樣且不穩定的。這意味著,雖然行為的表現形式可能不同,但其本質上仍是反射過程的延伸。

對於大腦記憶的組織,我們可以假設幾個基本原則:首先,

外部和內部刺激都能喚起大腦對物體的概念；其次，如果某些過程曾經同時或相繼被喚醒，那麼其中任何一個過程再次被喚醒時，其他過程也會按最初的順序被啟用；再次，任何感覺刺激都可能向上傳遞並喚醒某個想法；最後，每個想法最終可能導致或阻止一個運動。

以一個孩子第一次接觸燭火為例，這一過程中，孩子的眼睛看見燭火，出於反射，他會伸手去抓，這是一種從眼到手的反射流；而當手被燙傷後，則會有另一條從手到大腦的反射流促使手縮回。這些反射流的互動揭示了大腦如何在生理層面上調節行為，並在生活中塑造我們的選擇與智慧。

大腦半球的記憶與行為的預期

在我們觀察孩子與火焰的互動中，揭示了大腦半球如何影響行為的複雜機制。如果僅僅依賴於基本的神經反射，孩子永遠不會改變他的行為。每當火焰的影像在視網膜上閃現，手指便會伸出，隨之而來的是被燙傷的痛苦。然而，現實中的孩子不會重複這樣的錯誤。這是因為大腦半球在這一過程中扮演了重要角色。

當孩子第一次接觸到火焰時，視覺神經流經過低等中樞，並進一步傳遞至大腦半球，激發了知覺過程。手指被燙的感覺，以及縮回手指的行為，這些經歷都留下了痕跡，形成一個

大腦半球的記憶與行為的預期

連鎖反應。這些經歷被記錄在大腦半球中，形成一個記憶鏈。一旦這個鏈條被某個刺激啟用，整個行為序列就會被迅速喚起。

當孩子再次面對燭火時，雖然本能的反射驅使他伸出手，但大腦已經記住了過去的痛苦經歷。這些記憶與新的視覺刺激相互作用，最終影響行為選擇。抓取的動作會中途住手，手指會縮回，避免再次受傷。這一過程展示了大腦半球如何透過記憶和預期，影響行為的產生。

大腦半球並不直接匹配特定感官印象和動作，而是記錄並保留已經存在於低等反射中樞中的配對。這種記憶和預期的功能，使得大腦半球在行為控制中發揮了不可或缺的作用。當一系列經歷被記錄後，任何一個觸發點都可能喚起整個行為鏈，從而在行為發生之前，預測可能的結果。

因此，有大腦半球的動物能夠根據過去的經驗預期未來的情況，這使得牠們的行為更加精確和適應性強。大腦半球就像一個巨大的整流開關，將不同的感覺和動作連繫在一起，從而擴展了生物體的行為可能性。這一過程不僅揭示了大腦的複雜性，也強調了記憶和預期在行為決策中的關鍵作用。

在過去的幾十年中，科學家們不斷努力解開大腦的奧祕，試圖理解感官和動作如何在大腦半球和低等中樞之間建立連繫。我們的研究方案似乎合乎邏輯，然而在細節上卻存在模糊之處。這需要我們依賴現有的科學數據來檢驗方案的有效性。透過這樣的檢驗，我們發現該方案可能將低等中樞過於機械化，而大腦半球的自動化則不夠充分，這需要我們對其進行適當的調整。

心理現象的奧祕與解構

在深入研究之前，讓我們回顧一下顱相學的歷史背景。顱相學曾試圖解釋大腦如何促進心理活動，儘管這一學說已被證明在科學上站不住腳。高爾（Gall）是顱相學的先驅，他認為大腦的不同區域負責不同的心理特徵或官能。這一觀點雖然在實踐中有其吸引力，但因無法精確測定而受到質疑。高爾和施普茨海姆（Spurzheim）的後繼者們未能成功修正這些缺陷，使得顱相學在科學界的聲譽受損。

顱相學的失敗在於其過於簡化的觀點，將複雜的心理活動歸結為簡單的器官功能。例如，對於「為什麼喜歡孩子」這樣的問題，顱相學僅僅給出「因為你有一個器官控制著對子女的愛」的答案，而未能提供更深入的解釋。研究心靈的科學需要將這些複雜的行為歸納為基本元素，並探索這些元素與大腦功能之間的關聯。

在語言能力的例子中，我們看到這一過程的複雜性。語言能力涉及多種能力的協同作用，包括記憶、想像、聯想、判斷和意志。若大腦的某一部分能夠獨立承擔這些能力，那麼它就如同一個完整的大腦縮影。然而，顱相學的研究卻將這些能力簡化為單一的「官能」，未能充分考慮其複雜性。

儘管顱相學未能在科學上立足，但其觀察方法有時能揭示個體性格的一些特徵。這提醒我們，科學研究需要在精確與洞見之間取得平衡。未來的研究應著眼於如何將心理活動的複雜性與大腦功能的物理基礎更緊密地結合起來，以揭示更多的奧祕。

顱相學與神經科學的對話

在我們的腦海中，有一個由小矮人組成的議會，每個小矮人只擁有一個獨特的想法。他們不懈地努力，希望自己的想法能夠脫穎而出。仁慈、堅定、希望等，都是他們的想法。然而，顱相學不僅擁有一個小矮人，它有四十個，每一個小矮人都像整個心理活動一樣神祕莫測。顱相學並非將心理活動劃分為有效的元素，而是將其分為具有獨特個性的人格存在。

有趣的是，這些小矮人的想法與我們的心理和生理活動有著千絲萬縷的連繫。假如我們用火車頭來比喻大腦，這就像牧師先生向農民解釋火車頭的構造時，農民卻認為裡面一定有一匹馬。這匹馬是如此奇怪，以至於不需要進一步的解釋。顱相學在這裡扮演了類似的角色，以其獨特的方式，將看似鬼魅的靈魂實體塞滿了我們的頭殼。

現代科學則以不同的方式解析這一現象。大腦與心靈被視作由簡單的元素構成：感覺元素和運動元素。休林‧傑克遜博士曾提出，大腦的神經中樞是由代表印象和運動的神經排列組成的，並且不會有其他物質構成。類似地，邁內特認為大腦皮層是身體肌肉和感覺點的投影表層。從心理層面看，許多想法與這些皮層點相吻合。

另一方面，聯想主義者則認為，感覺和運動是大腦建立的基本要素。這兩種分析有著相似之處，因為它們都試圖用點、

線、圈和三角形來代表大腦和心理過程。這種分析曾是最便利和有用的假設，試圖以自然的方式解釋事實，並建立大腦與心靈的關係。

在這一背景下，生理學家如馬克認為，對於不同基本想法的大腦定位是一種基本假設。這導致了神經生理學中最令人困惑的爭議之一：定位問題。1870年之前，弗盧龍對鴿子大腦的研究使人們相信，大腦半球的功能是由整個半球協助執行的。然而，希奇格和隨後的費里爾、馬克的實驗挑戰了這一觀點，證明特定區域的刺激可以引發特定的運動和感官反應。

這些爭議至今仍未平息，但它們為我們理解大腦的複雜性提供了重要的視角。我們或許無法確定每一個小矮人的確切位置，但這場關於心靈與大腦的對話仍在繼續，為我們揭示更多未知的奧祕。

大腦運動中樞與可塑性：
從皮層刺激到神經恢復的探索

在大腦的複雜結構中，中央回和胼胝體額上次扮演著關鍵角色，尤其是它們在運動控制中的作用。這些區域被認為是大腦中產生運動指令的中樞，這些指令最終透過腦橋、髓質到達脊髓，控制肌肉的收縮。這一理論的基礎是多項科學實驗的結果，其中最引人注目的是皮層刺激實驗。

在這些實驗中，科學家們使用低強度電流刺激動物的大腦

皮層，觀察到不同的刺激位置會引發特定的運動反應。這些反應通常是對稱的，也就是說，刺激左半球會導致右側肢體的運動。這一現象有效地反駁了早期對實驗有效性的質疑，因為這些運動並不是由電流直接刺激大腦底部所引起的。

此外，研究發現，即使不使用電流，而是透過機械刺激，也能誘發類似的運動反應。這進一步證實了皮層中存在專門的運動中樞。當這些中樞被切除時，動物的運動能力會受到明顯影響。以狗為例，當控制前腿運動的皮層點被切除後，狗的前腿會暫時癱瘓。雖然最初狗不會使用這條腿，但隨著時間推移，牠將逐漸恢復某些功能，儘管動作不再那麼協調。

這些研究揭示了大腦的驚人適應能力。即便大面積的運動區域受損，動物仍然能夠恢復大部分運動功能，雖然牠們的動作可能會變得不如以前那麼精確和協調。這種恢復能力顯示出大腦的可塑性，以及其他腦區在功能重組中的潛力。

然而，這些恢復並不是完全的。一旦大腦受到損傷，動物在某些狀態下，如受到輕微麻醉時，會再次顯示出運動障礙。此外，受損動物的運動需要更多的努力，這表明大腦的補償機制仍然存在局限性。

這些研究不僅深化了我們對大腦運動區域的理解，也為探索神經康復和治療提供了新的視角。隨著科學技術的進步，我們或許能夠開發出更有效的手段來促進大腦損傷後的功能恢復，從而改善患者的生活品質。

大腦損傷與運動機能的探索

洛布博士對動物運動損傷的研究揭示了其背後的複雜機制。他觀察到，當狗的大腦某一部位受損時，與之對應的身體部位會顯得更加遲鈍，行為上也需要額外的努力來完成。儘管如此，即使整個運動神經被切除，狗的身體並不會出現永久性的癱瘓，而只是短暫的運動惰性。在戈爾茨教授的觀察中，一隻左半腦幾乎完全被切除的狗，右半身僅表現出輕微的運動惰性，甚至仍然能夠用右爪進行某些動作。

然而，對於猴子來說，情況則截然不同。如果猴子的運動皮層神經被切除，癱瘓則會變得持久且明顯。根據切除大腦部位的不同，癱瘓的身體部位也會有所不同。被切除部位對應的手腳會無力下垂，長時間後甚至會出現肌肉萎縮的情況，類似於人類的長期癱瘓。

謝弗（Schaefer）和霍斯利（Horsley）的研究進一步指出，如果大腦兩側的緣回都受損，猴子的軀幹肌肉也會癱瘓。這些研究顯示了狗與猴子之間的顯著差異，從而強調了從單一動物實驗中得出結論的局限性。

在人類研究中，我們只能透過觀察因事故或疾病造成的皮層損傷來了解運動功能的變化。這些損傷通常導致痙攣或肌肉無力，與動物實驗中的發現相似。埃克斯納對169個人類病例的研究顯示，某些大腦區域的損傷不會影響運動，而其他區域

的損傷則會明顯干擾運動功能。

當人類大腦皮層受到深層損傷時，癱瘓往往是永久性的，並且會導致肌肉僵硬。這種現象揭示了皮層羅朗多區域與脊髓運動區之間的密切連繫。無論是人類還是低等動物，這些區域的損傷都會引發次級硬化的退化過程，這種退化會沿著特定的路徑影響大腦的白色纖維物質，進而影響到脊髓。

這些研究不僅加深了我們對大腦運動功能的理解，也為未來的醫學研究提供了重要的基礎。透過對動物和人類大腦損傷的比較研究，科學家們得以更深入地探索大腦與運動機能之間的關係，為癱瘓治療帶來新的希望。

大腦運動區與語言功能：
從錐體束到失語症的解剖學探索

解剖學研究揭示了大腦運動區域與脊髓運動柱之間的深刻連繫。弗萊西格所描述的「錐體束」是這一連繫的核心，它在胚胎發育中留下明顯的痕跡，並在成熟時獲得白色的「脊髓鞘」。這些纖維從脊髓椎體向上延伸，穿過腦的內囊和放射冠，最終進入大腦皮層。這一連續的運動通路直接連接到脊髓的運動排列，使得皮層對脊髓的營養和運動功能具有重要影響。

實驗顯示，電流對這一運動通路的刺激能夠引起與皮層表面刺激類似的運動反應。這一點在狗的實驗中得到了證實，進一步強調了運動通路的功能性。而最有力的運動定位證據來自

於失語症的研究。

　　失語症並非單純的聲音缺失,也不是舌頭或嘴唇的癱瘓。患者的聲音依然洪亮,舌下神經和面部神經(除與說話相關的部分外)正常運作。他們可以笑、哭,甚至唱歌,但卻無法流利地說話。失語症患者的語言可能是不連貫的、沒有邏輯的,或者只是一些無意義的音節組合。在純運動失語的情況下,患者意識到自己的錯誤,但無法控制,這種困擾深深影響了他們的生活。

　　每當失語症患者因病去世,我們對其大腦的檢查發現,損傷通常位於最下面的腦迴,即布洛卡區。1861 年,布洛卡首次發現這一現象,並命名了這一腦迴。

　　失語症的研究進一步揭示了大腦半球與身體功能的關聯。右撇子患者通常左半球受損,而左撇子則多為右半球受損。這是因為大多數人是右撇子,其精確動作由左腦控制。大腦的纖維廣泛交叉,使左腦的纖維主要通向右側身體。

　　在語言功能中,左腦通常是主導。即便右腦正常運作,左腦的損傷仍會導致語言功能的喪失。這一現象證明了左腦在語言這一高度專門化運動中的主導地位,突顯了大腦運動與語言功能的複雜性。

神祕的大腦，從運動到感知

在研究猿類大腦時，我們發現，布洛卡區域與控制嘴唇、舌頭和喉頭運動的區域有相似之處。這一發現為理解運動失語症提供了重要線索。運動失語症患者往往伴隨失寫症，即喪失寫作能力，儘管他們能夠閱讀和理解文字內容。這種現象引發了對大腦功能區域的深入探討。雖然案例數量有限，尚無法確定失寫症患者的具體受損區域，但可以確定的是，對於右撇子而言，損傷通常發生在左半球。這損傷影響了專門負責寫作的功能區域，即便患者手部在其他活動中表現正常或僅有微小缺陷，這一症狀仍可能存在。若右手無法恢復，患者常訓練自己用左手寫字，這顯示大腦的可塑性和適應能力。

更有趣的是，有些患者在能自發寫字或聽寫的情況下，卻無法辨識自己寫的字。這些現象揭示了大腦中樞的獨立性，並顯示了感覺、運動以及二者連繫區域的複雜性。然而，這些問題的深入探討屬於醫學領域，超出了心理學的範疇。這些觀察有助於說明運動定位原則，並在視覺和聽覺的研究中得到進一步闡述。

在視覺研究中，費里爾是第一個進行此類研究的人。他發現，當猴子的角回受到刺激時，其眼睛和頭部會運動，產生視覺反應。若角回被切除，對應的眼睛會永久性失明。馬克進一步研究，發現猴子和狗的枕葉損壞會導致永久失明。他區分了

感官失明和心理失明，並描述了視覺功能在手術損害後的恢復現象。馬克還發現單側大腦半球受損會導致視覺偏盲，即兩側視網膜部分受損，無法看到對應方向的物體。這些研究揭示了高等動物中由於單側大腦半球損傷引起的視覺障礙。

馬克的研究引發了關於動物失明是否為感官上的還是心理上的激烈討論。這一問題至今仍是神經科學研究的重要課題，促使我們對大腦功能的理解不斷深化。

大腦功能定位的複雜性：
從視覺喪失到功能恢復的科學探索

在 19 世紀末，科學界對於大腦功能定位的研究達到了高潮。戈爾茨的實驗結果挑戰了視覺功能依賴於大腦特定區域的理論。他發現，即便大腦半球被切除，魚、青蛙和蜥蜴的視覺功能依然存在。這一發現與馬克的研究形成對比，後者認為鳥類在大腦半球被切除後會完全失明。然而，馬克的實驗顯示，即便大腦半球被切除，鴿子仍能對環境刺激做出反應，如轉頭追逐蠟燭或在風吹時眨眼。這些現象被解釋為低等生物保留了某種原始的光感。

施拉德進一步驗證了馬克的結論。他發現，徹底切除大腦半球的鴿子在數週後恢復了視覺能力，並能夠避開障礙物，準確飛回棲息地。然而，這些鴿子無法撿取地上的食物，除非保留了一小部分額前區域。施拉德認為，這種行為不是因為視覺

喪失，而是與運動缺陷相關。

這些研究揭示了大腦功能定位的複雜性。大腦手術引起的功能喪失並不總是意味著該功能依賴於被切除的區域。即使在大多數情況下觀察到功能喪失，但只要有一次觀察到功能保留，就說明該功能可能並不依賴於被切除部分。皮層的切除通常會導致鳥類和哺乳動物失明，但這是否是絕對的？如果失明是因傷口對其他部位的影響或行動受限所致，那麼這一功能的暫時喪失並不意味著視覺區域被永久破壞。

布朗西誇和戈爾茨主張，手術引起的暫時干擾可能是視覺功能喪失的原因。這一假設的價值逐漸顯現出來，特別是在哺乳動物的研究中更為明顯。鴿子的視覺喪失是暫時的，並非視覺區域的永久損壞，而是由於手術後的影響導致其暫時失去功能。

這些研究揭示了大腦與功能之間的微妙關係，提醒我們在探索大腦奧祕時需保持謹慎。功能喪失與保留之間的差異可能蘊含著更深層次的生物學機制，這些機制尚待未來的科學家們去探索和理解。

動物視力研究的多重發現

在動物視覺研究的領域，科學家們對不同物種的視覺能力進行了深入探索。生物學家克里斯蒂安尼的觀察指出，兔子即便失去整個皮層，依然能保有一定的視力以避開障礙物。然而，

049

研究者馬克卻發現他的實驗對象在皮層受損後完全失明。在狗的實驗中，馬克進一步發現，若枕葉被切除，狗也會完全失明。他繪製了皮層中與視網膜特定區域相聯的部分，認為這些部分一旦受損，就會導致視覺的喪失。

然而，其他科學家如希奇格、戈爾茨、盧西亞尼、洛布和埃克斯納等人提出了不同的觀點。他們的研究顯示，無論狗的哪一側皮層被切除，都會造成雙眼偏盲。洛布認為，這種視覺缺陷其實是視覺模糊，即便受到損傷，視網膜中心仍然能看得最清楚。洛布進一步提出了半側弱視和運動干擾的概念，描述了視覺系統中不斷增長的惰性。這種惰性使得動物對來自另一側的刺激反應更加強烈。

這些觀察帶來了實驗的多樣性。例如，若狗的右側視力較弱，當面前有兩塊肉時，牠通常會先撲向左邊的那塊。然而，若右側的肉稍作晃動以增強刺激，狗可能會改變方向，先撲向右邊的肉。這顯示了視覺損傷的程度和刺激強度對行為的影響。

馬克對視覺區域的研究標記了特定的皮層區域，認為它們的損傷會導致失明。然而，盧西亞尼和其他研究者則報告，即便進行了完整的雙向切除，許多狗在幾週後仍然恢復了視力。這表明視覺恢復的可能性比預期的更高，並且單純失明的狗在熟悉的環境中幾乎不會顯露出失明的跡象。

戈爾茨的實驗為狗的視力提供了證據，顯示它們會避開陽光的投影或地上的紙，這是失明狗不會有的行為。盧西亞尼則在飢餓狀態下對狗進行實驗，發現它們能區分不同的物體，選

擇性地撲向肉塊而非無意義的軟木塊，進一步證實了視覺選擇性的存在。

這些研究揭示了動物視覺的複雜性，也提示我們視覺損傷後的恢復可能遠比想像中靈活多樣。

大腦視覺區域的定位與功能：
從枕葉到視覺恢復的科學探索

在科學史上，大腦的視覺定位一直是個謎題，吸引著眾多研究者投入大量時間與精力。馬克的實驗在這領域中扮演了重要角色，他的研究揭示了枕葉在視覺功能中的關鍵地位。馬克的實驗中，儘管在 85 隻狗中只有 4 次完全切除「視覺區域」後導致失明，但這已足以引發關於枕葉重要性的討論。盧西亞尼的研究進一步證實，枕葉對於視覺功能的維持至關重要，損傷枕葉幾乎必然導致失明。

對猴子的實驗進一步支持了這一觀點。醫生們普遍認為，猴子的枕葉與視覺功能密不可分。即使枕葉大部分被切除，視覺功能仍可能保持完整，這引人深思。費里爾的研究發現，即便枕葉幾乎完全損壞，動物的視覺功能未必會立即受影響。但若同時損壞角回，則會導致無可挽回的失明。這一發現與馬克、布朗和謝弗的結論相左，他們認為單純的角回損傷不會影響視覺，失明可能是由於枕葉的白色視覺纖維被切斷。

布朗和謝弗的實驗中，一隻猴子的枕葉被完全毀壞後，顯

示出永久性失明，這進一步強化了枕葉在視覺中的核心作用。盧西亞尼和賽皮里的研究則表明，猴子的失明可能更多是心理上的，而非單純的感官失能。在幾週後，這些猴子能夠看見食物，但仍無法分辨細微差異，這表明視覺功能的恢復可能需要時間和適應。

在人類的研究中，由於無法進行活體解剖，科學家們依賴病理學研究來探索大腦的奧祕。病理學家們一致認為，枕葉是人類視覺功能中不可或缺的部分。枕葉損傷通常會導致雙眼偏盲，甚至完全失明。這種現象不僅僅是因為枕葉本身的受損，還可能與角回及其他相關部位的損傷有關。偏盲症的加重常伴隨大腦皮層運動區的大面積損傷，這可能是由於遠距離行為或纖維中斷所致。

儘管個體之間存在差異，但大量的實驗數據支持枕葉在視覺中的重要地位。這些研究不僅揭示了大腦的複雜性，也為未來的神經科學研究奠定了基礎。透過這些科學家的努力，我們對大腦的理解得以不斷深化，為破解視覺的奧祕提供了新的視角。

心理失明，視覺與記憶的斷裂

心理失明是一種有趣且複雜的現象，並非因無法看到視覺對象，而是因無法理解或辨識這些對象。這種現象的本質在於

心理失明，視覺與記憶的斷裂

視覺中樞與其他觀念中樞之間連繫的喪失。當視覺與聽覺或其他感知中樞的連繫被切斷時，患者可能會出現失讀症，即無法將視覺符號與其代表的聲音或意義連繫起來。

枕葉是大腦中主管視覺的主要區域，然而，特定部分如楔葉和第一腦迴與視覺的理解和記憶有著更緊密的連繫。當這些區域受到損害時，可能會導致心理失明。這種失明並不意味著患者完全喪失視覺能力，而是無法將看到的對象與其記憶中的形象或名稱連繫起來。例如，患者可能將一把衣刷誤認為是一副眼鏡，或將雨傘視作開花的植物。這些錯誤表明，儘管患者的視覺記憶似乎儲存得完好，但他們在實際辨識時卻出現困難。

心理失明的研究揭示了視覺記憶在大腦中的重要性。即使患者的視覺中樞能夠正常工作，若與記憶的連繫被切斷，便無法正確辨識物體。諾斯內格爾和塞甘的研究顯示，若楔葉是視覺的主要區域，其他枕葉區域則負責視覺記憶的儲存。當這些記憶區域受損，心理失明便會發生。

心理失明的案例中，患者常常因偏盲症而無法看見視線範圍內右側的文字，這與左側枕葉區域的損傷有關。這些案例顯示，心理失明不僅是視覺中樞與記憶中樞之間的連繫問題，更是大腦不同區域間複雜互動的結果。

心理失明的研究讓我們對大腦的理解更加深入。它提醒我們，視覺不僅僅是眼睛的功能，更是大腦多個區域協同作用的結果。只有當這些區域正常運作並互相連繫時，我們才能完整地感知和理解周圍的世界。

大腦感知機制的奧祕：
從視覺喪失到聽覺的交叉與適應

在人類大腦的奇妙世界中，感知的紛繁複雜令人驚嘆。當患者失去視覺辨識能力，卻仍能憑藉觸覺辨識物品並說出其名稱時，我們便能窺見大腦中那些未被完全理解的神祕通路。這一現象揭示了從大腦到語言的多元通道，即使視覺路徑被阻斷，觸覺路徑依然暢通無阻。然而，當心理失明惡化到極致時，視覺、觸覺和聽覺的辨識能力均被剝奪，從而導致所謂失示意能或失用症的出現。患者無法理解最簡單的文字，行為也變得混亂無序，這正是大範圍腦損傷的後果。

在動物實驗中，視覺通路的損傷會導致枕骨區域的退化，反之亦然。這些現象雖然不完全一致，但卻揭示了視覺與枕葉之間的特殊連繫。長期失明的人，枕葉往往也會出現萎縮。然而，與視覺不同的是，聽覺定位並不那麼明確。以狗為例，盧西亞尼的研究顯示，當受傷時，聽覺區域會遭受直接或間接的損害。大腦一側受損常常影響兩側，這種交叉與非交叉連繫的混合，並未使我們獲得精確的區域解剖圖，但顳葉在所有區域中仍然是關鍵。

在盧西亞尼的實驗中，即便狗的顳葉受到了雙向徹底的損傷，它並不會完全耳聾。費里爾和約的研究顯示，猴子若兩側上顳回被毀壞，可能會永久耳聾。然而，布朗和謝弗的研究卻發現某些猴子即使顳回被毀，聽力仍然完好。事實上，顳回完

全破壞後，經過一段時間的適應，猴子甚至可能在群體中表現得更加聰明，聽覺敏銳依舊。這些結果引發了科學界的爭論，費里爾和謝弗各執一詞，但布朗和謝弗的觀察似乎更具洞察力。

大腦的感知機制仍有待深入探索，儘管結果充滿爭議，但這正是科學研究的不懈追求所在。透過不斷的試驗與反駁，我們將逐漸揭開大腦的神祕面紗，理解其如何操控我們的感知世界。

聽覺失語症的奧祕

在人類大腦中，顳回是負責聽覺的重要區域，特別是位於上部的顳回與西爾維厄．斯氏組織相鄰的部分，這裡的損傷常與失語症有關。失語症可分為運動失語症和感覺失語症，而後者主要涉及顳葉損傷。感覺失語症的研究經歷了布洛卡時期、韋尼克（Wernicke）時期以及夏爾科（Charcot）時期。布洛卡的發現已被廣泛討論，而韋尼克則進一步將感覺失語症細分為不同的類型。

韋尼克的研究集中於聽覺失語症，也被稱為詞聾。他發現有些患者能聽懂卻無法流利表達，而有些患者完全不能理解語言的含義，後者的病因通常是顳葉的損傷。艾倫斯塔爾（Allen Starr）博士在其研究中觀察到，如果患者能閱讀、寫作、甚至談話，但無法理解他人言語，那麼損傷通常位於第一、第二顳回的後三分之二部分。這種情況在右撇子中尤為常見，因為他們

的語言中樞通常位於左側顳葉。

即使左側顳葉的聽覺中樞受損，基本聽覺仍然可能存在，因為右側中樞可以部分補償。然而，語言的理解和使用卻高度依賴於這些中樞的完整性。這意味著，語言不僅僅是聲音的產生，還需要在心理上將詞語與其代表的事物連接起來。當這些連接受損時，患者可能無法將思維轉化為語言，即使他們能夠進行基本的發音。

在斯塔爾博士的研究中，50個案例中多數患者表現出命名或連貫說話能力的損傷，這表明語言的生成需要聽覺線索的支持。患者的想法必須首先引發心理聲音，然後才能刺激運動中樞進行發音。如果左側顳葉的通道受損，則語言的發音會受到影響，甚至無法進行。

夏爾科的貢獻在於他對個體差異的細緻分析，這有助於解釋為何部分患者即使顳葉損傷仍能正常發音。這些患者可能依賴於大腦的其他區域，如視覺或觸覺中樞，而非聽覺中樞來進行語言理解和表達。這種情況被稱為心理失聰，患者的語言理解能力受損，但不會出現典型的失語症狀。

因此，聽覺失語症的研究揭示了語言生成與大腦不同區域之間的複雜關係。理解這些關聯有助於我們更深入地認識失語症的病理和治療方法。

大腦與語言：
失語症與感官功能研究的奧祕

　　在對大腦研究的歷史中，失語症一直是研究者們耐心和智慧的試金石。透過對腦部損傷的深入分析，科學家們揭示了語言和感官功能之間錯綜複雜的關係。瑙因（Naunyn）在其腦半球圖中，詳細描繪了71例失語症病例，這些病例無一例外地集中在特定的腦區：布洛卡中樞、韋尼克中樞，以及緣上回和角回。這些區域的損傷直接影響語言的產生和理解，甚至影響到視覺中樞與大腦其他部分的連接。

　　在這一背景下，斯塔爾博士的研究成果進一步佐證了這些發現，揭示了純感官疾病的複雜性。隨著研究的深入，我們開始理解嗅覺在海馬迴中的定位，這一觀點得到了馬克和費里爾的支持。費里爾認為嗅覺局限於海馬迴的小葉或溝的突起，而其餘部分則與觸覺有關。這一觀點在解剖學和病理學上得到了一定的支持，但從心理學的角度來看，嗅覺的研究並不如視覺和聽覺那樣深入。

　　另一方面，觸覺的研究也揭示了大腦功能的神祕面紗。希奇格的實驗顯示，當狗的大腦運動區被切除後，動物的運動功能會出現混亂，這被解釋為肌肉意識的喪失。這一發現引發了對運動區功能的廣泛討論。費里爾認為運動區的切除並不會導致真正的痛覺喪失，而僅僅是運動反應的遲鈍。與此相反，馬克和希夫則堅持認為運動區本質上是感覺性的，運動障礙是痛

覺喪失的結果。

這些觀點的分歧揭示了大腦皮層作為感官投影表面的複雜性。馬克的理論將動物大腦的整個皮層視為感官的反映，這一觀點如果成立，將對意志心理學產生深遠影響。儘管費里爾的觀點得到了一些支持，但大多數研究者並不認同他的結論。運動區的切除可能會導致皮膚痛覺的喪失，這一事實在一定程度上否定了費里爾的假設。

在這些研究中，我們看到科學家們不懈探索大腦功能的奧祕，努力將看似無序的現象轉化為可理解的科學知識。這一過程不僅揭示了大腦的複雜性，也為未來的神經科學研究奠定了基礎。

感覺與運動，腦部功能的交會

在神經科學的領域中，感覺與運動功能的交織一直是個迷人的課題。研究者們不斷試圖揭示這些功能在大腦中的具體位置和相互作用。盧西亞尼、馬克、希夫等科學家們的研究顯示，運動失調和感覺喪失並非總是同時發生，這意味著運動和感覺功能可能是獨立的變數。

例如，霍斯利和謝弗對猴子的實驗顯示，切除海馬迴會導致對側身體失去感覺，而破壞胼胝體延續部分則可能引發永久的感覺喪失。這些發現表明，特定腦區對感覺的維持至關重要。費

感覺與運動，腦部功能的交會

里爾則提出，猴子的運動區切除不影響感覺，這進一步支持了感覺與運動功能的獨立性。

盧西亞尼的研究則指出，運動區也可能具有感覺功能。他在猩猩身上進行的實驗顯示，運動區受損後感覺性會減弱，而在人類中，半邊身體的癱瘓可能伴隨或不伴隨痛覺喪失。這些觀察突顯了運動區在感覺中的潛在角色。

在更低等的動物中，腦部功能區域的差異性較小，這可能反映了一種原始的功能狀況。在這些生物中，頂部區域似乎充當著感覺和運動功能的交會點。然而，隨著生物進化，這些區域逐漸專門化，負責更具體的功能。但即便如此，運動區可能仍然具有感覺功能，這解釋了為何運動區受損後癱瘓不一定伴隨痛覺的喪失。

諾斯內格爾（Nothnagel）認為，肌肉感覺僅與頂葉相關，而與運動區無關。這一觀點指出，運動失調與癱瘓是不同的，前者可能不影響感覺，而後者不一定導致感覺喪失。儘管這一觀點尚未獲得一致認同，但它揭示了感覺和運動功能的複雜性。

整體而言，感覺與運動的關係尚待深入探索。現有研究顯示，感覺和運動功能可能存在互動作用，但尚無確鑿證據證明它們是完全獨立的。然而，可以確定的是，枕葉、額前葉和顳葉似乎與肌肉——皮膚感覺無關，而運動區及其周邊區域則密切相關。這些發現為未來的研究奠定了基礎，並為我們理解大腦功能的複雜性提供了新的視角。

觸覺與失語症：
大腦功能定位與交融的奧祕

在探討觸覺與失語症的關聯時，我們不得不驚訝於某些患者的奇特表現。他們能夠寫下文字，卻無法用視覺辨識這些文字。然而，若是讓他們在空氣中用手指書寫，他們竟然能夠透過手指的感覺來「閱讀」。這種現象揭示了視覺與文字中樞之間的某種獨特連繫，而視覺與聽覺、發聲中樞之間的路徑卻是不通的。這樣的患者需要在閱讀時準備一支筆，以加強他們的書寫感覺，這是因為這種感覺與他們的聽覺和發音中樞有著某種連繫。

這種現象表明，某些心理功能的損傷可能導致特定的連繫被阻斷，而其他功能則保持正常運作。這種情況下，患者可能仍然可以用手指進行閱讀和書寫，這表明他們可能使用一個共同的「文字」中樞，這一中樞在感覺和運動功能之間進行協調。

然而，這些連繫的損傷對於心理功能的影響是深遠的。如果某一心理功能的要素被徹底摧毀，那麼患者將面臨更為嚴重的能力喪失。這種現象的研究不僅限於人類，我們也從動物實驗中獲得了啟示。戈爾茨的研究顯示，被切除額前葉的狗會表現出過度的運動和情感反應，而猴子則在額前葉的刺激和切除後沒有明顯的症狀變化。

這些研究揭示了大腦功能定位的演化趨勢。隨著進化，大腦的功能定位越來越專門化。在低等動物中，功能定位並不明

顯，而在人類和猴子中，大腦皮層的損傷往往導致更為嚴重和持久的癱瘓。即便如此，馬克將大腦皮層劃分為專門區域的方法仍然存在局限性。儘管每個區域可能與特定的身體功能相關聯，但這些功能的多個部分實際上由整個大腦區域所代表。

這種功能的交融和專門化在大腦中是普遍存在的。不同的大腦區域以相同的混合方式彼此交融，形成了複雜的功能網路。正如霍斯利所指出的，某些邊緣中樞與代表臉部的區域交融，從而成為上肢的表徵。若這些區域受到損傷，則可能導致多個功能同時受到影響。這種現象不僅在人類中存在，帕內斯（Paneth）的研究也發現，這在動物身上同樣適用。這些發現促使我們更加深入地探索人類大腦的神祕運作。

大腦的多層次意識與運動中樞的角色

在我們探索大腦的奧祕時，橫向和縱向的定位揭示了大腦皮層結構的複雜性。表層細胞小而精細，深層細胞則大而強壯，這種結構差異引發了關於其功能的諸多假設。一種觀點認為，表層細胞與感官相關，而深層細胞則負責運動控制。這些假設雖然具有吸引力，但仍需進一步驗證。

梅納特和傑克森的研究為我們提供了一個理論框架，將感官刺激與運動反應的匹配視為大腦中樞的核心功能。當感覺器官接收到外界的資訊時，這些資訊會傳遞到大腦，啟用特定的

神經排列，最終導致運動反應的釋放。在這一過程中，大腦皮層不僅是感覺的，也是運動的，兩者密不可分。

運動中樞在這一過程中扮演著重要角色。馬克、埃克斯納和帕內斯的實驗顯示，切斷運動中樞與皮層其他部分的連繫會導致行為混亂，這表明運動中樞如同一個漏斗，讓神經刺激流通過，並伴隨著意識的變化。當流在不同區域最強時，意識的焦點也會發生轉移，例如在枕部時專注於視覺，在顳部時專注於聽覺。

然而，大腦皮層活動的意識是否是人類唯一的意識？低階中樞是否也擁有自己的意識？這是一個難以解答的問題。催眠現象顯示，大腦的某些意識可以被暫時抹去，但在某些情況下仍能獨立存在，這暗示著低階中樞可能擁有獨立於大腦皮層的意識。這種意識對於大腦皮層而言是「外部的」，難以透過反省獲得證據。

在動物實驗中，枕葉的損壞可能導致視覺功能的喪失，但低階視覺中樞（如四疊體和丘腦）是否具有意識仍然不明。相比之下，低等動物可能不具備這種現象，顯示出視覺皮層中樞的獨特性。這些觀察促使我們反思人類意識的本質以及大腦不同中樞的角色，並為未來研究提供了新的方向。

大腦皮層損傷與功能恢復：
抑制效應與神經重建的奧祕

　　大腦皮層受損後功能的恢復是神經科學中一個引人注目的現象。動物在經歷大腦損傷後，常常會在數天或數週內恢復原有的功能，這一過程引發了科學家的廣泛興趣和研究。對於這種恢復，主要存在兩種理論解釋。第一種理論認為，恢復是由於大腦皮層其餘部分或低等中樞開始承擔那些原本未曾負責的功能。第二種理論則認為，恢復是由於那些受損中樞的抑制效應消失，從而恢復了它們本來就具有的功能。戈爾茨和布朗西誇（Brown-Sequard）是這一理論的熱心支持者。

　　抑制在神經系統中扮演著至關重要的角色。舉例來說，迷走神經可以抑制心臟的活動，內臟神經則對腸道運動有抑制作用。這些抑制機制在生理學中被廣泛研究和記錄。我們關注的是，受傷神經中樞對身體各部位活動的抑制作用。當青蛙因休克而短暫失去行動能力，或因延髓被切除而導致四肢無力時，這些都是受傷中樞所施加的抑制作用的結果。然而，這些抑制通常會很快消退，功能也隨之恢復。

　　然而，人類的情況稍有不同。所謂的「手術休克」可能會持續更長時間，這種抑制效應包括昏迷、臉色蒼白、內臟血管擴張以及暈厥和虛脫等症狀。戈爾茨、福羅斯伯格（Freusberg）等人透過對狗的脊髓進行切除研究，證明這種損傷引起的抑制持續時間更長，但只要動物仍然存活，抑制就會消退，功能也會恢復。

在動物模型中,脊髓的某些區域被證明含有獨立的中樞,這些中樞負責特定的功能,如血管收縮或括約肌控制,這些功能可以透過感覺刺激被啟用,但亦容易受到其他同時存在的刺激的抑制。這些觀察支持了大腦皮層損傷後功能迅速恢復的現象,可能是因為受傷部位的抑制作用逐漸消失。

然而,並非所有的功能恢復都能如此簡單地解釋。是否在某些情況下,恢復是因為其他中樞形成了新的神經路徑,從而承擔了受損中樞的功能?抑制理論的支持者認為,大腦損傷後的功能恢復,更多是因為抑制效應範圍的擴大,而非簡單的功能轉移。這一觀點在查爾斯‧梅西（Charles Mercier）和布朗西誇的研究中得到了支持,他們認為,抑制是有序行為的必要條件,肌肉的活動如果沒有抑制,將無法停止。

這些研究揭示了抑制在大腦損傷和功能恢復中的關鍵作用,並暗示著大腦的恢復能力可能比我們想像中更為複雜和多樣。在未來的研究中,深入探索抑制機制及其在功能恢復中的作用,將有助於揭開大腦損傷恢復的奧祕。

神經路徑的重塑與恢復

在我們探索大腦功能恢復的奧祕時,必須考慮中樞再訓練的潛能。假使我們否認這一潛能的存在,那麼就必須重新構想原本位於丘腦下甚至四疊體下的中樞功能。當我們思考手術後

神經路徑的重塑與恢復

功能恢復的原因時，不可避免地會面臨這一挑戰。早期的科學家如卡維爾（Carville）和杜萊特（Duret），進行了關於大腦功能重塑的實驗。他們切除狗一側的前腿中樞，待功能恢復後，再切除另一側。若另一側是恢復功能的區域，那麼切除應導致永久性癱瘓，但實驗結果並不支持這一假設。

另一種假設是，受損區域附近的部分會代替其功能。然而，實驗結果顯示，至少對運動區而言，這種假設並不成立。相反，似乎是大腦皮層下的中樞在恢復後負責活動。戈爾茨曾破壞狗的整個左半球以及左側的丘腦和紋狀體，觀察到運動和觸覺功能的極小損失。甚至，他在切除狗的兩個腦半球後，狗仍能坐立生存 51 天。這些結果表明，或許我們應該將目光轉向更低階的神經節，甚至是脊髓，作為替代功能的器官。

這一過程中，功能的暫時喪失可能完全由於抑制作用。假使如此，我們必須承認這些低等中樞也是完善的器官，即便大腦半球完整，它們也需承擔恢復後的功能。從理論上，它們應該是如此。然而，這一觀點面臨挑戰，因為大腦的本質是一個流動的有序系統。功能的喪失意味著要麼流入受阻，要麼流出受阻。恢復意味著儘管路徑被暫時封鎖，流動最終仍會沿著既定路線進行。

例如，當「伸爪」的指令在功能恢復後傳達給狗的肌肉時，動物的反應與術前無異。皮層的存在目的之一是創造新路徑，只要皮層能運作，形成特殊替代路徑不應被視為過分的要求。

即便視覺纖維或錐體束纖維的目的地受損，我們仍可透過另一半球、胼胝體及脊髓之間的連繫，想像出一些通路，使舊的肌肉最終受阻前的神經流支配。

對於不涉及「向皮層」纖維進入或「離皮層」纖維出去中斷的情況，受影響的腦半球必然存在一些迂迴路徑，因為每一點都在與其他點潛在交流。正常路徑是阻力最小的路徑，一旦受阻，過去阻力較大的路徑便成為新的最小阻力路徑。流入的流必須流出，若只能偶然經由流入的路徑流出，則術後殘留大腦的意識會加強並固定這些路徑，使其更容易再次使用。這樣，過去的習慣回歸成為新的刺激物，接納當前的神經流。成功的感覺是否留存於記憶中，則是經驗的問題，我們將在《意志》一文中進一步探討。

低等中樞與行為調節：
大腦半球切除對動物行為的影響

在對動物行為和神經系統的研究中，我們逐漸揭開了大腦與中樞神經系統之間微妙的關係。這些研究顯示，動物的行為並不僅僅依賴於大腦半球的存在，而是受到更複雜的神經機制的支配。施耐德及其他科學家的實驗為我們提供了許多啟示，顯示出低等動物在大腦半球被切除後，仍能表現出相當程度的自發行為。

施耐德在戈爾茨實驗室中進行的研究顯示，青蛙在大腦被切除後，仍能進行如游泳和鳴叫等基本行為。這些行為表明，

神經路徑的重塑與恢復

脊髓等低等中樞在某些情況下能夠替代大腦的功能，這一點挑戰了我們對動物行為的既有認識。同樣的，斯坦納（Steiner）對鴿子的觀察也揭示了延髓在運動控制中的重要作用。這些實驗結果顯示，動物的某些行為可在大腦半球缺失的情況下得到保留，這意味著低等中樞具有比我們想像中更大的行為自主性。

在研究大腦半球被切除的魚類時，伍爾皮安發現金魚在手術後三天仍能追逐食物，並能夠區分不同的物體。這表明，即使在大腦半球缺失的情況下，金魚依然能夠展現出一些基本的認知能力。這種行為的持續性和選擇性，顯示出低等中樞在行為調節中發揮的作用。

此外，對於大腦半球切除的鳥類，施耐德的觀察指出，這些鳥類在手術後不久便恢復了活動能力，並能夠適應環境變化。這表明，即使在大腦半球受損的情況下，鳥類依然能夠進行複雜的導航和行為選擇。

這些研究的結果表明，動物的行為不僅僅依賴於大腦的意識控制，而是由更廣泛的神經網路協同運作。低等中樞在某些情況下能夠替代大腦的功能，這一點為我們理解動物行為的多樣性提供了新的視角。隨著研究的深入，我們需要重新審視大腦與中樞神經系統之間的關係，並考慮它們在行為調節中的協同作用。這些發現不僅挑戰了傳統的神經科學理論，也為未來的研究指明了新的方向。

心理現象的奧祕與解構

從低等動物到人類的行為解析

在神經科學的研究中，低等動物的大腦功能提供了豐富的啟示。實驗顯示，即使在大腦被部分切除的情況下，小兔與老鼠仍能進行基本的行為活動，這暗示著中腦中樞和脊髓在這些動物中發揮了重要作用。這一現象支持了梅納特的觀點，即低等動物的大腦半球可能僅僅是中樞神經系統的補充。然而，這些行為並非僅僅是機械性的。實驗觀察中，動物對外界刺激的反應顯示出某種程度的自主性和選擇性。

然而，這一觀點在高等動物，如猴子和人類中，顯然不適用。高等動物的大腦半球並非僅僅是低等中樞的重複，而是擁有獨特的功能和能力。當人或猴子的大腦運動皮層受損時，他們會出現無法逆轉的癱瘓，這表明大腦半球在運動控制中扮演著不可或缺的角色。塞甘博士的研究中，一位因大腦皮層受損而導致半盲的人，症狀持續了 24 年，這進一步證實了大腦半球在處理視覺資訊中的關鍵作用。

更為重要的是，大腦半球並非如某些理論所稱的那樣，是一個未開發的器官。相反，它自出生起便具有特定的傾向，這些傾向構成了情感和本能的基礎。這些情感和本能是對特定知覺對象的反應，並且最初表現為反射行為，這些反射行為是自發的，沒有計畫性。然而，隨著經驗的累積，這些本能反應會被修正，從而減少其盲目性。

大腦半球的作用還不止於此。它不僅接受低等中樞的訓練，也進行自我訓練。複雜的情緒和本能反應，以及廣泛的聯想能力，使得人類能夠重新配對原始的感覺和運動反應。這種能力在嬰兒與火的例子中得到展現：最初的本能反應可能是接觸火焰，但隨著經驗的累積，這一反應會被抑制。

　　總而言之，大腦半球在高等動物中扮演著更為複雜和獨特的角色。它既是情感和本能的泉源，也是學習和適應的基礎。我們將在後續章節中深入探討這些機制，揭示大腦如何塑造行為和心理。

大腦切除與行為缺失：
意識、選擇性與中樞神經系統的進化

　　在科學研究中，對於大腦被切除的動物的觀察揭示了一個引人深思的現象：這些動物失去了情感的觸動，彷彿生活在一個對所有事物都無感的世界。施耐德詳細描述了被切除大腦的鴿子，它們失去了本能，卻依然在定位和發音方面保持活躍。這樣的動物在其世界中，無論是鴿子還是石頭，都沒有區別，因為沒有情感的牽引，它可能會一樣地對待任何障礙物，甚至試圖攀爬。

　　科學家們一致認為，這些動物對於周圍的刺激反應如出一轍，無論面對的是無生命的物體還是其他動物。雄鴿在這種情況下，會整天發出求偶的叫聲，表現出強烈的性衝動，但這

行為卻沒有特定的對象。即使雌鴿就在身邊，牠也完全視而不見。同樣地，雌鴿對雄鴿的呼喚也毫無反應。這種缺失大腦的動物行為明顯地表明，意識的缺失使得牠們的行為如同機械般運作，缺乏選擇性和自發性。

綜合這些觀察，我們不再需要堅持梅納特的觀點，雖然這一觀點可能適用於低等生物，但即使是在這些生物中，低等中樞也表現出一定的自發性和選擇性。這導致了一個更為普遍的結論：動物的行為，雖然在某些方面是機械的，但它們必然在其他方面（至少曾經）是意識的產物。意識在大腦中發展得最為完善，但它在所有地方都傾向於選擇某些感覺，而不是其他感覺。這些被選擇的感覺成為慾望的目標，意識會記住它們，即便記憶模糊不清。

如果意識能夠將記憶中的運動釋放與目標連繫起來，那麼這些運動釋放就可能成為慾望的手段。因此，意志的發展與意識的複雜程度成正比，即使脊髓也可能有一點意志力，源於新的感覺經驗而修正行為的努力。

神經中樞的基本功能是「智慧」行動，它們有感覺、好惡和目標。這些中樞隨著進化，低等中樞向下進化為更快的自動機制，而高等中樞向上進化為更大的智慧機制。最終，這些功能可能與心靈的連繫減少，脊髓變成一個愈加無靈魂的機器。這時，適應環境變化的功能更多由大腦承擔，伴隨動物進化，腦半球的結構和意識變得愈加精細。

大腦的進化與反射行為

　　在生物進化的漫長歷程中，大腦的發展扮演了至關重要的角色。從低等生物到高等生物，神經系統的功能逐步從基礎神經節向大腦半球轉移，這是一種進化的趨勢。以青蛙、魚等低等生物為例，牠們的神經反射主要依賴基礎神經節，而在猴子和人類身上，這些功能更多地由大腦半球承擔。大腦半球的發展，無論是透過幸運的基因變異還是遺傳選擇，都是生物進化的一部分。

　　這種轉變不僅僅是生理上的，也是心理上的。人類的大腦反射行為，不僅僅是基礎神經節的產物，而是經過大腦半球訓練後的結果。與延髓、腦橋等低等中樞的反射不同，大腦反射形成了一個良好的基礎，幫助人類獲得記憶及產生心理上的各種聯想。

　　以嬰兒和蠟燭的例子為例，當嬰兒因為觸碰蠟燭而被燙傷時，這一經驗會在大腦皮層留下印象。如果這種印象能夠透過聯想被喚起，那麼下次看到蠟燭時，嬰兒就會避免再次觸碰，還會自然而然地縮回手。這種聯想過程，將視網膜的影像與疼痛的記憶配對，從而形成一種新的行為模式。

　　這樣的過程讓我們看到，意識與中樞進化之間存在著密切的關聯。大腦半球的發展不僅僅是生理結構的變化，更是功能和意識的進化。這種進化讓人類能夠不斷適應環境，並在複雜的心理活動中遊刃有餘。

然而，我們對大腦運作的理解依然有限。現代科學雖然已經揭示了一些大腦的奧祕，但仍有許多未知的領域等待探索。每一次新的發現，都可能改變我們對大腦功能的認識。未來的生理學研究或許能解開更多關於大腦運作的謎團，讓我們更容易理解這個複雜而神祕的器官。

刺激聚合與神經中樞反應：
情感與行為的生理學基礎

在神經科學的世界裡，我們經常會遇到一個有趣的現象：刺激訊號的聚合。這種現象對理解大量神經和心理現象至關重要。在深入探討之前，讓我們先弄清楚這個概念。如果單一的刺激不足以引發神經中樞的反應，那麼它可以與其他刺激共同作用，最終導致神經中樞的釋放。這過程就像壓力的累積，最終克服阻力，達到臨界點。第一個壓力創造了「潛在的刺激」，而最後一個壓力則是壓死駱駝的最後一根稻草。如果神經中樞在這一過程中有意識參與，最終的爆發會伴隨著強烈的情感狀態。

然而，我們不應該誤以為即使壓力沒有達到最高峰，它也能在決定個人的意識中發揮決定性作用。接下來的章節將提供大量證據，證明這種聚合作用確實存在並發揮作用。這裡引用的細節大多屬於生理學範疇，對此感興趣的讀者可以參考附註。

例如，對大腦皮層中樞的電刺激實驗發現，單一刺激需要非常強的電流才能引發行動。然而，弱電流的連續刺激同樣可以

引發行動。我從一項出色的調查中整理出數據，進一步證明了這一法則。對狗的大腦皮層施以剛剛能夠引發最低程度肌肉收縮的電流，經過一段時間，收縮量會逐漸增加，直至達到最大程度。這表明每次刺激都留下了效果，增強了後續刺激的效力。

此外，實驗還顯示，如果能迅速重複足夠多次，即使原本無效的單一刺激也能變得有效。若使用的電流強度低於初次引發肌肉收縮的強度，則需要大量連續刺激，可能多達 20 至 50 次，甚至有實驗記錄達到 106 次。

刺激的聚合效果與刺激的間隔時間成正比。當電流間隔時間為 3 秒時，聚合效果不明顯；而縮短至 1 秒便可見效。除了電刺激，所有能引發肌肉收縮的刺激物都能留下影響，覆蓋後續刺激。

有趣的是，在特定情況下，比如在嗎啡麻醉的某一階段，相對無效的刺激會變得非常有效。如果在運動中樞接受電刺激之前，皮膚受到輕微的觸覺刺激，電流的效果會顯著提升。這種易感性持續幾秒，哪怕只是輕輕撫摸一下，也能讓原本無效的電流產生微弱的收縮，而重複這一觸覺刺激會進一步增強收縮。

刺激聚合與反應速度的奧祕

在我們的日常生活中，經常會遇到刺激聚合的現象。這種現象揭示了多種刺激同時作用時，如何能夠有效地影響行為和

反應。例如,當一匹馬不願意前進時,車伕可以採取多種刺激手段來驅動牠:拉韁繩、吆喝聲、拉頭、抽打後腿,甚至讓乘客下車推車子。這些動作如果同時進行,會比單一刺激更能促使馬匹重新上路,因為多重刺激能夠產生協同效應。

類似的,當我們試圖回憶某個名字或事件時,調動盡可能多的相關線索會提高成功的可能性。單一的記憶線索可能不足以喚醒記憶,但多個線索同時作用則可能突破這一障礙。

動物的行為也常常受到刺激聚合的影響。對於一隻野獸而言,靜止不動的獵物不會引發追逐的慾望,但如果獵物在移動,那麼野獸的本能就會被激發。同樣地,布呂克的實驗顯示,母雞在大腦被切除後不會啄食靜止的穀子,但如果穀子被撒在地上並伴隨聲音的刺激,牠們就會開始啄食。

這一現象在人類社會中同樣適用。商販們知道,當他們依次向行人推銷商品時,行人往往會拒絕前幾個推銷者,但可能會在最後一個推銷者處購買同樣的商品。這是因為反覆的刺激逐漸削弱了行人的抵抗。

關於刺激聚合的例子不勝列舉,但更深入的分析將在後面的章節中展開,我們將探討本能、意識流、注意力、辨識、聯想、記憶力、美學和意志等領域的相關案例。

另一方面,赫姆霍爾茨(Helmholtz)在研究青蛙坐骨神經流的速度時揭開了神經反應時間的奧祕,這一研究迅速成為科學界的焦點,被稱為「閃念速度」測量法。然而,「閃念速度」這個

刺激聚合與反應速度的奧祕

詞語可能會誤導人們,因為測量某一思維活動的時間往往不夠精確。

事實上,這些測量反映的是神經對刺激的反應時間,而非具體的神經過程時間。雖然我們能測量神經反應的速度,但對於神經活動的具體過程和心理活動的精確時間仍然知之甚少。這些反應的條件已經準備好,但真正的過程究竟花費多少時間,仍然是未解之謎。

反應時間測量與心理過程:
從旋轉鼓到現代裝置的演變

在科學研究的領域中,準確測量時間是揭示人類心理反應奧祕的關鍵。無論是古老的旋轉鼓還是現代的電子裝置,這些計時裝置都承擔著記錄刺激訊號與反應之間微妙時差的重任。這些裝置的核心原理並不複雜:當刺激訊號發生時,計時裝置開始執行,並在被試者做出反應時停止。這一過程的精確記錄讓我們能夠深入了解人類的反應速度和心理過程。

旋轉鼓是早期的一種測時工具,紙上覆蓋著燻紙,電筆在其上劃出一條連續的線。當刺激訊號介入時,這條線會被中斷,而被試者的反應則重新連接這條線。透過這種方式,我們可以清晰地看到刺激與反應之間的時間間隔。另一電筆則連接著一個鐘擺或震動的金屬棒,畫出一條時間線,這條線的每一次起伏都代表著 $1/n$ 秒,讓我們能夠精確測量反應時間。

除了旋轉鼓，碼錶也是一種常見的計時裝置。其中，希普（Hipp's）的千分秒錶能夠測量 1/1000 秒的時間間隔。刺激訊號啟動碼錶，而反應則停止其運作，觀察者只需閱讀錶盤上的指標即可得知反應時間。

然而，這些裝置並不僅僅局限於機械結構。埃克森納（Exner）和奧博斯坦納（Obersteiner）發明的「心理反應測時器」是一種更為簡單的裝置。儘管效果不如前者精確，但經過 H.P. 鮑蒂奇（Bowditch）的改良後，這種裝置在實驗中變得更加實用。

不同的實驗環境需要不同的刺激訊號和反應機制，這使得計時裝置的設計必須靈活多變。最為簡單的計時法是眼應時間法，這種方法僅需一種已知的訊號和已知的運動。被試者用手合上一個電子栓，或用腳、下巴等作為反應器官，透過這些簡單的動作，我們能夠在短短的十分之一秒到十分之三秒時間內捕捉到反應時間。

在瞬間的測試中，被試者常常感覺自己主動啟動了反應，這種錯覺源於知覺和意志在快速反應過程中似乎毫無作用。刺激訊號的知覺彷彿是在回顧中產生，而非與刺激同步發生。這種現象不僅是我的個人經驗，許多研究者也有類似的觀察。這一切都揭示了人類心理反應的複雜性與神祕性。

意識與反應，心靈的瞬間變遷

在試驗中，我們面臨的核心問題是：被試者的大腦或心靈究竟發生了哪些變化？要解答這個問題，首先需要深入探討反應過程的每個步驟。試驗中，刺激訊號透過一系列的生理過程，從外圍感覺器官到肌肉收縮，這些過程在時間上有明確的分割。然而，我們的重點在於第三階段，即生理——心理過程，因為它是涉及意識的高級中樞過程。

馮特將這一階段分為知覺和統覺兩部分。知覺是刺激訊號進入感覺系統的初步過程，而統覺則是訊號占據知覺主體的過程。這兩者在意識中的作用不同：知覺是無意識的察覺，而統覺則是有意識的注意。此外，馮特還引入了「行為意志」，將這三者統稱為生理——心理過程，並認為它們在時間上是依次發生的。

確定第三階段所需的時間是一項挑戰。最簡單的方法是分別測量其他階段的時間，然後用總反應時間減去這些時間。然而，這種方法得到的數據過於粗略，無法精確反映第三階段的時間。因此，我們將第三階段的時間視為總反應時間的一部分。

我個人認為，第三階段並不存在馮特所說的意志與情感的連續性問題。這一階段是中央刺激和釋放的過程，儘管可能伴隨某些情感，但具體情感難以捉摸，因為過程過於迅速，且被更精確的記憶和反應干擾。在不同的條件下，被試者對刺激物

的感知、注意、反應和行動意願都可能在這一階段發生，並在更長時間後產生相似的反應。

然而，這些不同的條件不在我們當前的實驗範疇內。如果兩種心理過程引發相同的結果，其內在主觀構成必然相似，這屬於神祕心理學的討論範疇。因此，我們推測第三階段的情感是模糊的，可能僅僅是一種反射釋放的感覺。

最終，我們測量的反應時間只是單純的反射行為，而非完整的心理活動。事前的心理狀態，如注意力和意志的準備，被試者對刺激訊號的期待等，都是形成新的反射路徑的前提。因此，這些過程在被試體內創造了新的反射弧形路徑，從而影響了反應的時間與方式。

注意力與反應時間：
感覺與肌肉反應的交互作用

在神經科學中，注意力和反應時間的相互作用是一個重要的研究領域。當我們接收到一個刺激時，從感覺器官到運動中樞的神經路徑已經預先受到刺激，這種「預期注意力」使得該路徑變得高度敏感。因此，當訊號發出時，能夠引發快速反應。然而，這種反應並非總是準確，特別當訊號與預期的相似時，可能會錯誤地做出反應。

如果被試者處於疲勞狀態或訊號變得微弱，反應時間可能會延長。這是因為在這種情況下，需要更明顯的知覺或意願才

意識與反應，心靈的瞬間變遷

能驅動反應，這使得反應過程發生了本質的變化。實驗證明，「預期注意力」是對特定神經路徑的區域性刺激的命名，具有強烈的主觀性。

赫爾·蘭格的實驗對這一領域的理解提供了新的視角。他區分了兩種反應方式：「純粹感覺」和「純粹肌肉」。在「純粹感覺」反應中，被試者專注於預期訊號，避免考慮動作，而「純粹肌肉」反應則忽略訊號，僅專注於動作準備。結果顯示，肌肉反應比感覺反應更快速，時間差異約為 1/10 秒。

蘭格和馮特將肌肉反應視作「短縮反應」，認為它是一種單純的反射。馮特雖然最初堅持感覺反應是完整的，但事實似乎不支持這一立場。蘭格指出，感覺反應耗時較長，需剔除不具代表性的時間，只有當反應者能精確協調自願衝動與感覺印象時，才能獲得典型的感覺反應時間。

這些過長的反應時間，可能是真正的完整時間，代表了知覺和意志的產生。而所謂的「典型感覺時間」，可能只是一種反射，與訓練有素的肌肉反應相比不夠完善。肌肉反應的時間差異較小，只有在錯誤反應或提前反應時，才會出現介於兩者之間的時間。

蘭格的研究強調了兩種反應時間的區別，並指出「純粹肌肉」反應方式能提供最短且穩定的時間，適合用於比較實驗。他的實驗顯示，肌肉反應平均時間為 0.123 秒，而感覺反應為 0.230 秒。這些發現對我們理解反應時間的奧祕提供了重要的洞見。

心理現象的奧祕與解構

反應時間的奧祕

在科學界，反應時間的研究並非旨在測試思想的速度，而是揭示人類在面對刺激時的複雜心理運作。反應時間的長短取決於多種因素，包括刺激的性質、被試者的身心狀態以及訓練的程度。這些因素共同影響著我們的反應能力，並提供了對人類心理活動的深刻見解。

首先，反應時間並不僅僅是對刺激的直接反應，而是涉及一系列複雜的心理過程。在這些過程中，辨識和選擇扮演著重要角色。當面對多種可能的訊號時，被試者需要辨識並選擇適當的反應，這一過程與智慧活動緊密相關。然而，這與我們通常所理解的智慧活動有所不同。反應時間的測量是生理學中的基本常量，為我們提供了理解人類心理活動的基礎。

反應時間的變化也受到個體差異和年齡的影響。例如，某些人對特定感覺訊號的反應時間可能較長，而對其他訊號的反應時間則相對較短。年齡也是影響反應時間的重要因素，老年人和兒童的反應時間通常較長。布克拉和埃克森納的研究顯示，老年乞丐的反應時間接近 1 秒，而兒童的反應時間約為半秒。持續的訓練可以顯著縮短反應時間，甚至將其降低至個人的最低值。如同埃克森納所觀察到的，經過多次訓練，乞丐的反應時間從 1 秒縮短至 0.1866 秒。

此外，身心疲勞會延長反應時間，而注意力的集中則能縮

短反應時間。刺激訊號的性質也會影響反應時間。馮特的研究指出，皮膚對電刺激的反應時間比對觸碰感覺的反應時間短。根據資料，對聲音刺激的平均反應時間為 0.167 秒，而對光刺激則為 0.222 秒。皮膚對電刺激的反應時間為 0.201 秒，而對觸覺刺激為 0.213 秒。

這些資料顯示，反應時間是一個多變的指標，受到多重因素的影響。理解這些變化不僅有助於科學家探索人類的心理反應，也為我們提供了提升個人反應能力的途徑。在日常生活中，透過訓練和注意力管理，我們可以更有效地應對各種挑戰，提升我們的反應效率。

感官反應時間與影響因素：
從熱刺激到化學物質的探索

在研究人類感官反應時間的過程中，科學家們發現了許多有趣的現象和影響因素。A. 戈爾德舍伊德（Goldscheider）和溫特施高（Vintschgau）的研究揭示，熱刺激的反應時間比觸覺長，而這些時間差異的根本原因在於皮膚中的神經末梢。溫特施高的研究還顯示，味覺反應時間會因材料的不同而變化。當被試者需要辨別材料時，味覺反應時間可達 1/2 秒。而對舌尖上的物質作出反應時，時間則縮短至 0.159 到 0.219 秒。

嗅覺反應時間也經過深入研究，溫特施高、布克洛和博尼士的實驗指出，其平均時間約為半秒。相比之下，聲音的反應

速度明顯快於視覺和觸覺，而味覺和嗅覺則是最慢的。一個對舌尖觸覺反應時間為 0.125 秒的人，卻需要 0.993 秒才能對舌尖上的奎寧作出反應。而另一個人的觸覺反應時間為 0.141 秒，對糖的反應時間則為 0.552 秒。布克洛發現，氣味的反應時間範圍在 0.334 至 0.681 秒之間，這與香料的種類和個體差異有關。

刺激訊號的強弱也會影響反應時間，訊號越強，反應越快。赫茨恩（Herzen）的研究顯示，若訊號微弱到僅能察覺，所有感官的反應時間約為 0.332 秒。觸覺訊號的位置也有影響，G.S. 霍爾和 V. 克瑞斯發現，指尖的反應時間短於上臂中央，儘管後者的神經路徑更長。

季節、毒品和其他因素同樣影響反應時間。夏天的反應時間比冬天短 1/100 秒。咖啡和茶能縮短反應時間，而酒精則有複雜的影響：少量酒精能先縮短再延長反應時間，但大量酒精則完全消除這一縮短效應。J.W. 沃倫（Warren）博士更深入的觀察表明，普通劑量的酒對反應時間無顯著影響，而嗎啡和亞硝酸戊酯會延長反應時間。吸入亞硝酸戊酯則可能使反應時間縮短至正常以下。乙醚和氯仿同樣會延長反應時間。

這些研究顯示，人類感官反應時間受多方面因素影響，從物理刺激到環境條件，甚至是化學物質的攝取，都可能改變我們的感知速度和準確性。這些發現不僅豐富了我們對人類生理反應的理解，也為未來的心理學和神經科學研究提供了寶貴的基礎。

大腦的血液律動，思維與循環的微妙共舞

在我們的日常生活中，無論是思考、感知還是情感波動，都伴隨著大腦內部的血液變化。這種現象在科學界引起了廣泛的研究和討論。著名的研究者莫索（Mosso）透過一系列創新的實驗揭示了思維活動與血液循環之間的密切連繫。

莫索發明了一種名為「體積掃描器」的裝置，用以測量心智活動對於血液流動的影響。他的研究顯示，當一個人進行思考或情感活動時，流向手臂的血液會減少，而流向大腦的血液則會增加。這一發現表明，大腦在活躍思考時需要更多的血液供應，以支持其高強度的活動。

更為引人注目的是，莫索的實驗發現，這種血液的重新分配是瞬間的。當一位被試者開始思考或被外界刺激時，他的顱內血壓會立即升高，顯示出思維活動對大腦血液供應的直接影響。莫索還觀察到，這種變化並不僅限於思維活動，情感波動同樣會引發類似的反應。

這一系列的實驗結果挑戰了傳統的觀點，即精神活動是血液集聚的結果。相反，莫索的研究證實，精神活動是先行的，而血液流動的變化則是隨之而來的結果。這一觀點得到了生理學的支持，因為大腦內的血管舒張和收縮機制與其他肌肉和腺體中負責血液供應的機制一樣精細。

此外，莫索的實驗還揭示了大腦血液供應的波動與呼吸變

化的獨立性。他觀察到，即使在呼吸平穩的狀態下，思維活動仍然能夠引發顯著的血液流動變化，這進一步證實了大腦活動對血液供應的主導作用。

這些研究不僅深化了我們對大腦運作的理解，也引發了對於思維活動如何影響生理狀態的新思考。未來，隨著科技的進步，我們或許能夠更深入地揭示這種微妙的生理連繫，從而更容易理解人類的思維和情感活動如何影響整體健康。

大腦活動與溫度變化：
從思維到肌肉收縮的熱反應

自 1867 年 J.S. 隆巴德博士首次研究大腦的局部放電現象以來，人類對於大腦活動引起的溫度變化有了更深入的理解。隆巴德博士透過對 60,000 多次觀察實驗的記錄，揭示了思維活動，無論是計算、作曲還是背誦詩詞，甚至情緒的波動如憤怒，都會引起大腦溫度的微幅上升，通常不超過 1 華氏度。特別有趣的是，他發現默默背誦詩歌比大聲朗誦時大腦溫度升得更高。隆巴德解釋這種現象是因為默背時額外的能量以熱的形式表現，而大聲背誦時這些能量則轉化為神經和肌肉的運動。

進一步的研究由 1870 年的希夫博士展開，他在活體動物如狗和雞身上進行實驗，將熱電針直接插入大腦以避免外部因素干擾，這樣可以更準確地測量大腦內部的溫度變化。希夫的實驗顯示，當動物接觸不同感官刺激時，大腦的溫度也會瞬間波

動。例如，當一張捲起的空白紙被放在狗的鼻子下時，溫度變化不大，但如果紙上有肉，溫度的變化則更為顯著。這些結果表明，感覺活動確實會使大腦組織升溫，且無論刺激類型如何，溫度增量會同時出現在兩個大腦半球。

到了 1880 年，R.W. 阿米頓博士更深入地探討肌肉主動收縮時的大腦溫度變化。他發現，當動物的肌肉持續收縮超過 10 分鐘時，頭皮不同區域的溫度顯著上升，且上升幅度常常超過 1 華氏度。阿米頓的研究進一步細分了大腦不同區域的溫度變化，並與費里爾的運動中樞研究結果相一致，但他的研究更為詳盡，涵蓋了更多的腦區。

此外，大腦活動與化學活動密切相關。儘管我們對這些化學過程的具體性質了解有限，但已知大腦中含有膽固醇和氨基酸等成分。這些化學物質的存在和變化，對於大腦功能運作至關重要。這一章節僅略觸化學與大腦活動的關聯，指出人們對於大腦與磷的認識仍存在普遍誤解。未來的研究或許會揭示更多大腦的化學奧祕，進一步完善我們對大腦運作的整體認識。

思維的化學，磷與大腦的關聯探討

1860 年代，德國有一句引人深思的口號：「沒有磷，就沒有思維。」這句話將磷視作大腦運作的基石，然而，為何磷能夠被賦予如此重要的地位卻並不明確。大腦，如同身體的其他器

官，確實含有磷和其他多種化學物質。若以此邏輯推展，我們同樣可以說「沒有水就沒有思維」或「沒有鹽就沒有思維」，因為缺乏這些元素同樣會導致大腦功能的停滯。

在美國，這一關於磷的觀念受到 L. 阿加西斯教授言論的影響，導致一些人相信漁民比農民聰明，因為漁民攝取大量富含磷的魚類。然而，這種觀點實際上缺乏科學依據。驗證磷對大腦重要性的唯一辦法是觀察它是否是思維活動，而非休息狀態下的分泌產物。然而，直接觀察這一點是不可能的，因此我們只能透過測量尿液中磷酸鹽的變化來間接推測。

伊甸（Edes）博士曾形容這一研究方法如同在密西西比河口測量河水的漲幅來預測明尼蘇達的風暴。即便如此，仍有許多研究者採用這一方法，部分發現腦力勞動者的尿液中磷酸鹽含量降低，另一些研究則顯示增加。這些矛盾的結果顯示，磷與大腦之間的關聯性尚無法確定。狂躁狀態下磷的分泌量減少，而在睡眠中則會增加，這一變化也無法提供確鑿的證據。

磷的製劑對神經衰弱的療效並不證明其在心理活動中的作用。和鐵、砷等藥物一樣，磷是一種刺激物或毒藥，其在動物體內的精確作用仍不明確，僅在少數病例中表現出正面效果。哲學家常將思維比作分泌物，認為「大腦分泌思維，如同腎分泌尿液，或膽分泌膽汁。」這一類比聽來頗具說服力，但對於其科學性，我們無需過多爭辯。

大腦確實會分泌一些物質，如膽固醇、肌氨酸、葉黃素

等，這些物質可被視為排洩物。然而，與大腦分泌物相伴而生的思維流，尚無其他臟器的分泌物能與之比擬。大腦的另一個重要特徵在於其習慣的形成能力，這一點將在後續章節中進一步探討。

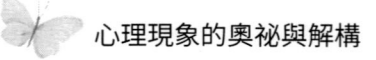

習慣的塑性與變遷

習慣的塑性與變遷

在觀察自然界的生物時，我們首先注意到的便是這些生物的各種習性和習慣。野生動物的行為似乎是天生的，而家養動物尤其是人類的行為，則多半是教育或訓練的結果。本能是一種內在驅動的習慣，而經過學習和訓練形成的習慣則是後天的結果。這些習慣在人的生命中占據了極大的比重，對於研究大腦運作的人來說，明確界定習慣的範圍至關重要。

從廣義上來看，習慣是自然法則的一部分。自然界的基本物質在相互作用中遵循一定的法則，這些法則本身就是一種習慣。然而，有機世界的習慣更為多變，即便是本能也隨環境變化而調整。根據原子理論，基本物質微粒的習慣是不變的，因為它們本身是穩定的。然而，複合物的習慣是可變的，因為其結構可以受到外界力量或內部壓力的影響而改變。

如果一個化合物具有足夠的可塑性以保持其完整性，那麼即便其結構改變，習慣也會相應改變。這種結構變化可能是無形的，像是分子的變化，例如鐵棍在外力作用下變成磁鐵，或橡皮變得易碎。這些變化通常是緩慢的，因為物質對於塑造力會有阻力，需要時間來克服。然而，這種漸變的過程可以防止物質的解體，結構改變後，新的穩定性成為新的習慣。

可塑性是指結構具有足夠的彈性，能夠在外力影響下保持穩定而不被徹底改變。這種結構平衡的每一個階段表現為一系列的新習慣。有機物，特別是神經組織，顯示出高度的可塑性，因此我們可以得出結論，生物的習慣現象是由於構成生物

的有機物質具有可塑性。習慣首先是一個物理學的概念，然後才是生理學或心理學的概念。

許多現代作家都了解到習慣是一種物理原則，他們將注意力集中在無生命物質的習慣性行為上。正如 M.L. 杜蒙在他的哲學論文中指出的那樣，習慣的形成與物質的可塑性密切相關，這一觀點為我們理解習慣提供了一個新的視角。

習慣的力量與神經的塑造

習慣是一種奇妙的現象，它影響著我們的生活，從我們穿的衣服到我們的身體反應，無不受到習慣的支配。一件大衣，穿久了，會更適合身體的曲線，這是因為大衣的纖維與我們的動作相互適應，形成了新的習慣。這種現象在我們日常生活中無處不在。比如，一塊手錶經過一段時間的佩戴會運作得更為流暢，這是因為它的機械部件逐漸適應了使用者的習慣。

同樣地，克服機械裝置的初始阻力是習慣現象的展現。就像一張已經折過的紙，再次摺疊時會變得容易，這是因為習慣讓這個過程不再需要那麼大的力氣。小提琴在經過大師的手中演奏後，音色會變得更加美妙，因為木材的纖維已經習慣了與音樂聲相協調的振動。

水流經管道會拓寬它的路徑，這正如外界刺激在我們的神經系統中留下的印記，即使中斷一段時間，類似的刺激也會喚

習慣的塑性與變遷

醒這些印記。這種現象不僅發生在神經系統，還在我們的身體上展現。曾經受過傷的部位更容易受傷，這是因為這些地方的抵抗力較弱。對於受過傷的腳踝或骨折過的手臂來說，舊傷容易復發，除非徹底康復。

在神經系統中，很多功能性疾病一旦發作，便容易反覆出現。這是因為神經器官的活動在某種程度上已經習慣了這種病態。當我們採用「斷念」療法來治療那些過於放縱情感的病人時，可以看到，這些病態行為往往是由於神經系統的一次失職引發的，隨後形成了慣性。

當神經系統習慣改變時，器官內部會發生什麼生理變化？我們可能無法給出確切的答案，但透過對外在現象的分析，我們可以逐步理解其內在運作。習慣的形成與大腦的可塑性密不可分。大腦不受外力的直接影響，因為它被保護在骨骼之中，只有透過血液和感覺神經末梢才能刺激大腦。這些刺激在大腦中留下痕跡，或加深既有的神經路徑，或開關新的路徑，這正是習慣的力量所在。

大腦可塑性與習慣形成：
神經流動的物理基礎

大腦作為一個精密的器官，其運作依賴於感官輸入的神經流，這些神經流在大腦中形成了穩定而持久的通道，這一現象可以用兩個字來概括：可塑性。無論是簡單的習慣，如抽鼻子、

將手放進口袋或咬手指,還是更為複雜的行為模式,這些都可以追溯到神經系統中某種反射路徑的存在。這些路徑是有序的,它們的連續啟用引發了一系列的肌肉反應,直到某個最終的刺激關閉了整個反應鏈。

探討這一機制的核心問題在於理解這些神經路徑是如何首次形成的。神經系統本質上是一個連接感覺末梢與肌肉、腺體等效應器的路徑網路。每當一個神經流穿過某條路徑,這條路徑就會變得更加易於通行,這是因為每次神經流經過時,阻礙其形成通路的障礙物會逐漸被清除,最終形成自然的通道。

這一過程的物理基礎可以類比於物質的再組合波,這些波不會使物質消失,而是透過化學變化或區域性轉化來實現路徑的開通。這使得神經流能夠更容易地再次穿過已經形成的路徑。法國的一句諺語「功能造就器官」正是對這一過程的精妙總結。當一道神經流第一次穿過一條路徑後,後續的通行便會變得更加容易。

然而,問題的根源在於:什麼促使神經流首次穿過一條路徑?這涉及到神經系統的物質組成及其內在壓力狀態。這些物質始終在尋求平衡,因此任何能促成神經流兩點之間平衡的通道都能夠促進神經流的穿行。這些通道可能會隨著營養狀態的改變而偶然發生變化,導致神經流選擇新的路徑,最終形成新的反射弧。

儘管這些理論看似模糊,但它們代表了我們對神經流動及

其與習慣形成相關性的最新理解。這一過程或許是偶然事件在神經物質中發生的結果,但它深刻影響著我們的行為和習慣的養成。

神經組織的恢復與適應:生物體的奇妙潛能

在生物體中,神經組織的恢復與適應能力是極其驚人的。這種能力不僅限於恢復受損的功能,還包括優化和強化習得的技能。生物體內的營養不斷更新,加強和鞏固了在組織中留下的印跡,這使得生物體能夠更有效地應對環境變化,並在學習新技能時展現出令人驚訝的進步。這種現象在學習樂器或運動技能時尤為明顯,因為生物體在休息後恢復訓練時,技能的進步往往令人驚訝。

德國作家曾建議在冬天學游泳、夏天學滑雪,這種建議正是基於生物體對於不同環境和技能的適應能力。卡彭特(Carpenter)博士指出,發育中的生物體比成熟的生物體更能有效地進行訓練,因為其組織對於新習慣的適應和鞏固更為快速。這一點在體操訓練中尤為明顯,特定肌肉的增強和關節靈活性的提升,都是生物體適應訓練的結果。

神經組織的強大恢復能力,尤其在大腦中表現得最為明顯。大腦的神經節物質具有極高的再創造能力,這不僅是因為其獲得了大量的血液供應,還因為其修復機制的獨特性。不同於肌

神經組織的恢復與適應：生物體的奇妙潛能

肉組織需要低階的物質修復，神經組織能夠完全複製正常的組織，實現真正的恢復。布朗——西誇實驗展示了這一點，他們成功觀察到脊髓在被完全分解後，其功能活動的逐漸恢復，證明了神經組織的再生能力。

神經系統的修復過程與生物體整體的營養過程顯示出顯著的一致性。神經組織在早期發展階段尤為活躍，並且在機制的組成中展示了可修復性，這使得二級自動運動模式得以形成。這種機制在人類中取代了低等動物的本能機制，使得感知模式成為可訓練的技能。

在個體成長過程中，透過訓練形成的習慣會成為成年後的素養組成部分。這些習慣中，有些是人類共同的，如直立行走，而有些則是個人獨有，需要特殊訓練。訓練過程中，個體的靈活性和運動能力得到提升，這些習得的機制被保留在日常操作中，隨時可以呼叫，即使經過長時間的閒置。這種適應性和恢復能力，讓生物體在面對不同挑戰時，展現出極大的潛能和活力。

習慣的形成與神經機制：
心靈與身體活動的協同

在我們的生活中，習慣不僅僅是一種行為模式，它是心靈與神經系統深刻交織的結果。從動物到人類，神經機制支持著心靈自動活動的運作，這種運作建立在心理學與生理學的共同基礎上。習慣的形成與運作，無疑揭示了心靈與身體活動的一

習慣的塑性與變遷

致性,並且證明了思維和感覺機制的密切連繫。

心理學中的聯想原則與生理學中的營養原則,從不同的角度揭示了同一現象:經常重複的心理活動會在大腦中留下有機的印象。這些印象在適當的刺激下,能夠再次啟用,使我們在相似的情境中自發地重複以往的思考、感覺和行動模式。這種重複的慣性源於神經機制中功能活動條件的再現,而大腦並不例外。

「早期聯想強度」這一概念指出,成長階段的大腦最容易受到引導性影響,這使得早期記憶的痕跡深深植入大腦,即使意識中已經忘卻,這些痕跡仍然存在於腦海中。這種有機變化一旦固定,便成為大腦組織的一部分,並在生命過程中被不斷維持。

習慣的力量在於它能夠簡化和精確化行動。例如,初學鋼琴者在學習初期,會不自覺地動用整個身體來完成手指的運動,甚至會不必要地收縮腹部肌肉。然而,隨著練習次數的增加,運動變得更加輕鬆,神經流的透過性增加,使得手指的運動不再需要過多的刺激。

這一過程揭示了神經系統的適應性:刺激從影響整個身體逐漸集中到特定的運動神經,從而實現更為精確的控制。這種改變使得思維與特定運動神經之間的連繫愈加緊密,從而提高了行動的效率和精度。

因此,習慣不僅是行為的重複,更是心靈與神經系統的協同結果。理解這一過程,能夠幫助我們更好地運用習慣的力量,

優化行為模式，達到更高的效率和更精確的效果。習慣的形成與神經機制的互動作用，揭示了人類行為背後的深層次運作機制。

從無意識到自動化

想像一下，我們的神經系統就像一個複雜的排水系統，水流的方向則是我們的行為模式。當某些「出口」被阻塞時，水流便會尋找其他途徑，最終衝開阻塞，形成一股奔流。這與鋼琴演奏者的情況相似。當他專注於彈奏時，衝動會集中於手指，然而，在激情澎湃的時刻，他的整個身體也會不由自主地投入其中，甚至頭部和身軀都會隨之晃動，彷彿它們才是敲擊琴鍵的真正工具。

人類天生就有一種超越自發行為的傾向，即便神經中樞已經安排好一切，我們仍然渴望做得更多。然而，這種渴望伴隨著大量的學習和磨練。如果我們無法透過練習來減少神經和肌肉的能量消耗，那麼我們將被困於無盡的痛苦之中。正如心理學家莫茲利所言，如果某種行為始終無法變得更容易，且每次都需要意識精心引導，那麼我們可能一生也只能做一兩件事情。

隨著習慣的形成，我們的行為逐漸變得自動化，從而減少了有意注意的需求。例如，當我們學習走路、游泳或彈奏樂器時，最初會因為頻繁的錯誤和不必要的動作而中斷。然而，當這些行為變成習慣後，它們便能在最小的肌肉活動下完成，且

習慣的塑性與變遷

這些行為的結果已經內化為一條即時的「線索」。神射手在看到獵物的瞬間便已經下意識地瞄準並射擊；鋼琴家在瞥見樂譜的瞬間便已經彈奏出音符。

然而，習慣並不總是正確的。許多人在走到朋友家門前時會不自覺地拿出自己家的鑰匙；有些心不在焉的人甚至會在準備晚餐時，因為習慣性動作而開始脫衣上床。這些行為是習慣的副作用，顯示了習慣的強大力量。

記憶中最深刻的例子是作者十年後重返巴黎，發現自己站在曾經上學的必經之路上。當他回過神來時，已經不知不覺地走到了過去居住的地方，這條路徑早已深深嵌入他的記憶中。習慣的力量不僅影響著我們的行為，還塑造著我們的生活方式和記憶。透過理解和利用習慣，我們能夠更有效地掌控自己的行為，將無意識的動作轉化為自動化的技能。

習慣性行為與大腦運作：
無意識中的精準協作

日常生活中，我們往往依賴一套固定的行為模式來完成例行事務，從開關壁櫥到穿衣穿鞋。這些習慣性動作由我們的大腦低等中樞掌控，它們深諳這些行為的順序，並在遭遇改變時表現出「驚訝」。有趣的是，我們的高等中樞，或者說是意識，對這些流程知之甚少。試問，誰能不假思索地說出自己每天先穿哪隻襪子、哪隻鞋子，或是先穿哪條褲腿？在大多數情況下，我

們需要在腦中預演這些動作,即便如此,有時仍不免出錯。然而,當實際執行時,我們的手腳從未失誤。

這種現象表明,在習慣行為中,引導肌肉按固定順序運動的並非思維或知覺,而是剛剛完成的肌肉收縮所產生的感覺。這類感覺可能來自肌肉、皮膚、關節,甚至運動對視覺和聽覺的影響。正是透過這些感覺,我們能夠判斷動作的正確性。當我們熟悉某一系列動作後,這些感覺便成為獨立的心靈知覺對象,幫助我們檢驗每一個行為,確保其準確無誤。

在自發的動作中,思維、知覺和意志全程引導著行為。然而,在習慣性動作中,簡單的感覺足以引導過程,這讓大腦的高級區域和心靈得以解放。習慣性動作僅需一個初始刺激,即開始的指令,便可自動進行。這個指令可能是第一步行動或最終結果的想法,亦或是對習慣條件的知覺。

這種習慣的力量讓我們能夠在不假思索的情況下完成複雜的行為,從而將意識資源用於更具挑戰性的任務。理解這一過程不僅揭示了人類行為的深層運作機制,更讓我們得以善用習慣,優化日常生活。

自動化的奇蹟

在我們的日常生活中,許多動作和行為似乎是自然而然地發生的,幾乎不需要經過意識的努力。這種現象在心理學和神

習慣的塑性與變遷

經科學中被稱為「自動化」，它的本質令人著迷且耐人尋味。

當我們思考一個熟練的音樂演奏家如何能在彈奏複雜樂曲的同時進行對話時，我們便觸及了自動化的核心。這位音樂家能夠將他的手指精確地在琴鍵上舞動，因為他的肌肉記憶已經被訓練到不需要主動的意識參與。這種自動化不僅僅是技術的展現，更是神經系統效率的極致展示。

著名的魔術師羅伯特・胡定（Robert Houdin）便是自動化訓練的典範。他曾經透過長時間的練習，達到同時拋接四個球而不失手的境界。在此基礎上，他進一步挑戰自己，試圖在拋接球的同時閱讀書籍。他的成功不僅證明了人類大腦的可塑性，也展示了自動化的潛力：即便多年未練習，他仍能在年老時輕鬆重現這一技巧。

這些例子揭示了自動化行為的神經學基礎。當一系列動作被重複到足夠的程度，它們便會從需要意識參與的行為轉變為由神經系統自動執行的模式。這種轉變意味著我們的注意力可以被解放，用於其他更加需要認知參與的活動。這一過程如同神經訊號在大腦中的捷徑，讓複雜的行為變得輕而易舉。

然而，這並不意味著意志在這些行為中完全消失。正如卡彭特博士所指出的，這些自動化行為起初是由明確的意志驅動的。隨著時間的推移，意志的需求逐漸減少，直至僅需最低限度的意識參與。這種現象並不應被誤解為行為缺乏意志，而是意志已經被轉化為一種精簡、高效的形式。

自動化的奇蹟

　　自動化的奇蹟在於它讓我們的生活變得更加高效，讓我們能夠在不經意間完成複雜的任務。它是人類大腦適應性和學習能力的最佳例證，展示了我們如何能夠透過訓練和重複，將最初需要大量意識投入的行為轉化為幾乎無意識的反應。這種能力不僅提升了我們的效率，也拓寬了我們的可能性，使得我們能夠探索更高層次的認知挑戰。

無意識中的精妙協調：
感覺、習慣與行為的深層連繫

　　在我們的日常生活中，許多活動看似不假思索地進行著，但其實背後有著微妙的意識和感覺在支撐著這些行為。施耐德曾指出，即使我們在走路時不專注於腳步，我們仍然能感受到肌肉的運作，並保持身體的平衡。這種微弱但不可或缺的感覺，讓我們能夠自如地進行各種動作。

　　類似地，編織毛衣的人在同時從事閱讀或交談時，仍能持續編織。這並非針和線的自主運動，而是因為她對編織的動作有著深刻的感覺，即使注意力不在編織上，這些感覺仍能喚起並調整動作。這種現象在其他手工藝者中也普遍存在，無論是鐵匠、木匠還是織工，他們對於手頭工作的操作都有良好的直覺，這種直覺源自於長期的經驗和熟練度。

　　在這些活動中，感覺的作用雖然微弱，但卻是行為得以持續的關鍵。如果手部失去感覺，那麼行為只能由意識驅動，注

習慣的塑性與變遷

意力的游離將導致行為的中斷。然而，這種情況很少發生，因為感覺與動作間的連繫非常緊密。

拉小提琴的過程中也展現了這種微妙的協調。當學習者夾著書以避免抬起右肘時，肌肉的感覺和與書接觸的感覺會產生緊緊夾住書的衝動。初學者可能會因過於專注於音符而導致書掉下，但隨著熟練度的提高，這種情況會逐漸減少。最終，僅僅是輕微的接觸感就能維持住夾書的動作，而注意力則可以集中在音樂的演奏上。

這些例子表明，熟練的動作和思維過程使我們能夠在不投入注意力的情況下，依然進行複雜的行為。這種無意識中的精妙協調，是人類行為中一個神奇而自然的現象。它提醒我們，即便在看似自動化的行為中，意識和感覺仍然扮演著不可或缺的角色。

生活的隱形推手

習慣是我們生活中無形的力量，它塑造著我們的行為和思維方式。卡彭特博士在他的著作中強調了這一點，他認為我們的器官和心靈都習慣於它們的常態運動，這一現象對我們的生活有著深遠的影響。在他的書中，他將這些觀察視為一種啟迪，讓我們重新審視習慣對我們的影響。

威靈頓公爵曾經具體指出：「習慣是人的第二本性！習慣相

當於十倍的本性。」這句話揭示了習慣的強大力量，尤其是在軍隊中，這種力量尤為顯著。老兵們經過長期的訓練，他們的行為習慣已經深深刻在神經系統中。甚至有一個故事講述了一位退伍老兵，由於習慣的驅使，在聽到「立正」的口令時，瞬間放下手中的食物，顯示出訓練對他潛意識的影響。

習慣不僅影響個人，也在更大範圍內成為社會的穩定力量。它如同一個巨大的飛輪，推動社會在法律和秩序的框架內運作。正是因為習慣的存在，漁民、水手、礦工和農民才能在艱苦的環境中堅持不懈，面對惡劣的自然條件和孤立的生活而不退縮。習慣幫助我們抵禦外來的侵擾，使我們能夠依賴早期的教育和選擇，迎接生活中的各種挑戰。

隨著年齡的增長，習慣逐漸在我們的生活中占據主導地位。到25歲時，年輕的專業人士，如商人、醫生、部長和法律顧問，已經開始展現出各自職業特有的習慣和思維方式。這些習慣和成見使他們在各自的領域中表現出色，並逐步形成獨特的性格特徵。

習慣的力量不可忽視，它在我們30歲時便如同石膏一樣將我們的性格定型，這對於個人和整個社會都是一種穩定的力量。理解並利用習慣的力量，能夠幫助我們更好地掌控生活，實現長久的成功和幸福。習慣是我們生活的隱形推手，引導我們在看似乎凡的日常中，走向非凡的未來。

習慣的塑性與變遷

習慣的力量：
早期培養與心智成熟的關鍵

在個人成長的過程中，20歲以下的時光對於習慣的培養具有深遠的影響。這段時間塑造的習慣，如發音、動作、手勢等，會伴隨一生，影響深遠。研究顯示，成年後學習的語言往往帶有明顯的外國口音，這是因為早期形成的語音習慣已經根深蒂固。同樣地，社會習俗和穿著品味也在這一時期被奠定，成年後再想改變，難度可想而知。

在所有的訓練中，讓我們的神經系統成為盟友至關重要。這意味著，我們需要儘早將有用的行為變成自動的、習慣性的行為，同時警惕不良習慣的滋生。將日常行為交給自動機制管理，能夠釋放心靈的高級力量，讓其專注於更具創造性的工作。若每一件小事都需要意識的介入，那麼我們將大部分時間耗費在思考而非行動上。

為了改變或建立新習慣，我們必須擁有強烈的動機。貝恩教授在《道德習慣》中強調，獲得新習慣或放棄舊習慣時，我們應該將所有可能的正面動因集中起來，並讓自己處於有利於新習慣養成的環境中。這意味著，我們需要做出與舊習慣勢不兩立的承諾，甚至可以公開宣誓，以此來鞏固決心。

貝恩教授的另一個座右銘提醒我們，在新習慣尚未穩固時，切勿接觸舊習慣。每次回到舊習慣，就像是鬆開一個捲好的毛線球，稍一鬆懈，之前的努力就會化為烏有。持續的訓練

是保持神經系統正確運作的良好方式，這需要不斷地戰勝錯誤的力量，直到正確的行為成為自然而然的選擇。

習慣的力量不容小覷。它是塑造未來的基石，是我們在生活中不斷前進的動力。持續的勝利，直到行為重複到能夠在任何情況下戰勝對方，是心智成熟的最佳途徑。讓我們在習慣的塑造中，尋找那條通往卓越的道路。

成功的種子，從小勝利開始

成功的種子必須在一開始就被小心呵護，因為最初的失敗可能會讓人對未來的努力感到絕望。相反，早期的成功經驗則能激勵人們在未來的道路上充滿活力。歌德（Goethe）曾對一位想創業卻缺乏自信的人說：「啊！你只需要向手裡吹一口氣！」這句話生動地展現了歌德自身不斷獲得成功的激勵效果。這個故事是我從鮑曼（Baumann）教授那裡聽來的，他指出，當歐洲入侵時，某些蠻荒國家之所以滅亡，正是因為他們對勝利已經絕望，而侵略者則始終保持著勝利的姿態。在舊的方式解體而新的方式尚未形成之際，這種絕望變得尤為致命。

當我們談到放棄酗酒、吸毒等不良習慣時，我們面臨的就是所謂的「遞減」問題。在這方面，專家們對於具體個案的最佳解決方案存在分歧，然而大多數專家都認同，形成新的習慣是最佳途徑。我們需要謹慎，不能給意志施加過於艱難的任務，

習慣的塑性與變遷

以免在最初階段就遭遇失敗。相反，我們應該在個人能夠忍受的範圍內，先讓他經歷一段漫長而痛苦的時期，隨後再給予他一段自由的時間。這種方法無論是對戒毒，還是對改變起床習慣、調整工作時間，都被認為是最佳的策略。

如果慾望從未得到滿足，它很快就會因空虛而消逝。這種方法並不僅限於戒除成癮行為，它同樣適用於任何需要改變的習慣。重要的是，我們要在可控的範圍內，逐步引導個人走向新的生活方式，而非一開始就要求他們達到過高的標準。這種漸進的改變不僅能夠提高成功的機率，還能在過程中不斷為個人提供小小的勝利，進而增強他們的信心和動力。

因此，無論是個人習慣的改變還是組織的轉型，我們都應該從小勝利開始，讓成功的種子在一開始就被悉心培育，為未來的豐收奠定堅實的基礎。

堅定行動與性格塑造：
從決心到實踐的力量

在學習走路的過程中，我們首先要學會站穩，這意味著不被周圍的干擾所左右，始終專注於眼前的目標。這種專注和堅定是自由行走的基礎。同樣地，生活中的每一個決心，都必須伴隨著堅定不移的行動，否則它們只會像無法跨越的水溝，讓我們止步不前。只有透過堅持不懈的努力，我們才能夠累積道德力量，最終達到日常工作的最高成就。

在這條前進的道路上，我們需要一些指導原則。這些原則告訴我們要抓住每一個機會，堅定地行動，並從每一次勝利中汲取力量。決心和壯志並不是在我們形成習慣的那一刻產生，而是在它們開始影響我們行動的瞬間，才真正被大腦認可。不論我們擁有多少座右銘，或是多麼堅定的決心，如果不付諸行動，性格就不會因此而改善。

正如 J.S. 米爾所言，性格是經過完整塑造的意志，而意志則是我們在生活中每一個重要時刻採取堅定、迅速和確定行動的傾向之總和。行為必須不斷發生，這樣我們的行為取向才能夠深植於心，而大腦也會因此而被驅使。好的決心或意志如果沒有帶來實際的結果，便會消失得無影無蹤。這種情況比錯失一個機會更為糟糕，因為它會阻止未來的決心和情感以正常的方式釋放。

沒有比那些缺乏勇氣的多愁善感者和夢想者更可憐的人了。他們終其一生都在情感和情緒的海洋中翻滾，卻未曾採取任何實際行動。真正的勇氣在於行動，只有行動才能夠帶來改變。我們必須勇敢地踏出第一步，讓每一個決心化為行動的力量，這樣才能在生活中不斷前進，塑造出堅韌而有力的性格。

情感的懈怠與行動的力量

盧梭以其富有感染力的言辭，曾在法國掀起一股母親親自撫養孩子的熱潮。然而，令人矛盾的是，這位倡導自然養育的

習慣的塑性與變遷

哲學家卻將自己的孩子送到了育嬰院,這正是多愁善感的理想主義者的典型表現。這種矛盾在我們的日常生活中比比皆是。人們常常沉浸於小說和電影建構的虛幻世界中,卻忽視了現實生活中的責任和關懷。例如,一位俄羅斯女士可能會因為電影中虛構的人物而淚流滿面,而她的馬車伕則在寒風中艱難地守候,這種不平衡的情感投入在全球各地都屢見不鮮。

即便是音樂這樣的藝術形式,若過分沉溺於其中,對一些非專業人士而言,也可能導致精神上的懈怠。當我們的內心充滿情感,卻未能將其轉化為實際行動,這些情感就會逐漸消逝,最終變成一種慣性的怠惰。要克服這一問題,我們應該學會在音樂會上保持冷靜,不被情感牽動,並在事後不對其產生過多的反應。

實際上,習慣的培養並不需要刻意的表達方式。就如跟我們如果能夠自主地消除某種情緒,這些情緒便會逐漸習慣於消失。因此,我們不應該想當然地認為,行動前的退縮是不可避免的。事實上,行動力的喪失常常是在我們尚未意識到的時候悄然發生的。

專注力與努力,這兩者不過是同一心理現象的不同表述。我們尚未能確切地了解它們在大腦中是如何運作的,但它們顯然遵循著習慣的法則。這一法則的存在,讓我們相信專注力和努力並非僅僅是精神層面的表現,而是深刻依賴於大腦的生理過程。因此,培養專注和行動的習慣,並將情感轉化為實際的行動,才是避免情感懈怠的關鍵所在。

習慣的力量與道德鍛鍊：
小小努力構建堅韌人生

　　每一天的微小訓練，正如一個座右銘般，提醒我們保持行動的能力。這種訓練不僅僅是為了完成日常瑣事，而是為了在微小的、不必要的地方有計畫地節制慾望，並且嘗試做一些崇高的事情。這種小小的努力，使我們在面對未來的艱難挑戰時，能夠自信、從容地應對。

　　這類禁慾和苦行就像為房屋和財產買的保險。保險的價值往往在於不確定的未來，或許它永遠不會被用到，但一旦危機來臨，它將使我們免於一無所有。同樣地，透過日常的自我鍛鍊和習慣的建立，我們在面對人生的風暴時，將能如磐石般堅定不移，而不會像被風吹散的穀殼般脆弱。

　　心理狀態的生理學研究，正是激勵道德學的重要盟友。我們所經歷的地獄，不會比因為走錯方向而形成的性格所造成的地獄更為可怕。若年輕人能夠意識到，他們將很快變成行動著的習慣集合，那麼在可塑的階段，他們就會更加注意自己的行為。我們編織著自己的命運，無論善惡，這都是無法避免的事實。每一個微小的善行或惡行，都會留下深刻的印記，從嚴格的科學角度來看，我們所做的每一件事都不會被抹去。

　　這種習慣的培養，既有好的一面也有壞的一面。多次酗酒會讓人成為酒鬼，而持之以恆的善行和努力則會造就道德上的聖徒，或是在某一領域的權威和專家。因此，年輕人應該放下

習慣的塑性與變遷

對教育結果的焦慮。只要在每一個工作日中堅定不移地努力工作，最終的結果便不再那麼重要。某天，他們會發現自己已經成為當代中最為出色的一員，甚至在某些領域中獨領風騷。

在這些努力中，心中的判斷力將變得更加敏銳，這種能力將成為他們永遠不會消失的財產。年輕人應該提前了解這一真相，因為忽略它可能會在面對艱鉅任務時感到沮喪和膽怯。習慣的力量，是我們抵達成功彼岸的堅韌之路。

每日修行，堅定不移的自我鍛鍊

在追求卓越的過程中，微小的日常訓練是不可或缺的。這種訓練不僅是為了強化我們的身體，更是為了鍛鍊我們的意志。每天稍微克制自己的慾望，並進行一些高尚的行為，即使這些行為看似微不足道，卻能在不知不覺中強化我們的內心。就像為房屋投保一樣，這種訓練可能不會立即顯現出效果，但在關鍵時刻，它會成為我們面對困境的堅實後盾。

當緊急情況出現時，那些習慣於每日自我約束和自我提升的人，將如堅固的塔樓般穩若泰山，而其他人則可能如風中殘葉般不堪一擊。心理學的研究證明，這種自律和禁慾的訓練對於提升道德品格有著不可或缺的作用。

我們的性格和命運就像一張無形的網，由我們的行為一點一滴編織而成。每個微小的善行或惡行都在這張網上留下印記，

每日修行，堅定不移的自我鍛鍊

無法抹去。這種不可逆轉的特性既是我們的警惕，也是我們的動力。若年輕人能夠在性格塑造的關鍵時期意識到這一點，他們將更加謹慎地選擇自己的行動。

長期的自我鍛鍊會讓我們逐漸成為自己想要成為的人。多次的飲酒會讓人成為酒鬼，而多次的自我提升則會讓人成為道德上的聖徒或是某一領域的專家。因此，年輕人不必過於擔心教育的結果，只需在每一個工作日中堅持不懈地努力。他們將會在不知不覺中成為同齡人中的佼佼者。

這種持續的努力和自律將賦予我們洞察一切的判斷力，這種能力將成為我們的財富，永不磨滅。年輕人若能提前意識到這一點，便能避免在面對艱巨任務時產生的沮喪與膽怯，從而勇敢地迎接未來的挑戰。這種心理學原理和自動機理論的結合，為我們提供了一條通向成功的堅實道路。

神經活動與意識的重構：
自動性、智慧行為與意識功能的辯證

生理學家的研究使我們不得不重新審視神經活動的複雜性。假如神經活動能像心理過程一樣複雜，若在交感神經和脊髓中能觀察到無意識的神經活動竟然能表現出智慧的行為，那麼我們是否可以推斷這種神經行為是獨立存在的呢？智慧行動背後的真正刺激是否會出現呢？

這些問題引發了進一步的思考：既然簡單的神經機制可以

單獨產生複雜行為,那麼更精密的神經機制為何不能產生更為複雜的行為呢?反射行為的概念無疑是生理學的重要成就之一,那麼我們能否在這個基礎上更進一步呢?脊髓是一個幾乎沒有反射的機器,而大腦半球則擁有許多反射,這是否就是它們之間的本質區別呢?

這引出了關於意識功能的根本問題。意識是否有其獨特的功能?它似乎沒有明確的機械功能。感覺器官啟用大腦細胞,這些細胞以合理的順序相互啟用,最終導致行動的產生。這一過程似乎是一個自動執行的鏈條,無論有何種心理活動伴隨,都只是如霍奇森所說的「附帶現象」,如同「一種泡沫、一個光環或曲調」,對事件本身並不起任何作用。

作為生理學家,我們在研究中不應該說動物是由「考量」引導的,而應該說是由「此前神經流在大腦皮層中留下的道路」引導的。這種觀點強調了神經系統的自動性和先前經驗對行為的影響,而不是依賴於意識的介入。

這種觀點挑戰了傳統對意識及其功能的認識,促使我們重新思考意識在複雜行為中的角色。或許,我們需要承認,意識並不是行為的驅動力,而是伴隨著更深層次自動化神經過程的一種現象。這種重新定位可能會改變我們對於神經活動、智慧行為以及意識之間相互關係的理解,並揭開生理學研究的新篇章。

理性與神經系統的交響曲

在哲學的長河中,有時一些簡單而強大的概念會被忽略,直到某個時刻才引起廣泛的關注。生理學中的自給自足神經機制便是這樣一個概念。這一機制的構想最早由笛卡兒提出,他大膽地設想了一個能夠進行複雜智慧行為的神經系統。然而,笛卡兒的研究受到了一個異乎尋常的限制,他認為野獸的行為完全由神經機制驅動,而人類的高等行為則是理性作用的結果。這一觀點雖然在當時引起了一些關注,但因其狹隘性,很快被哲學家們拋在腦後。

隨著時間的推移,對動物意識的認識逐漸改變,神經系統能獨立承擔智慧工作的可能性重新被考慮。然而,這一轉變直到 19 世紀才真正開始。反射行動學說的發展提供了理論基礎,讓人們重新審視神經機制的潛力。霍奇森(Hodgson)在 1870 年做出了關鍵的貢獻,他提出感覺本身無法產生因果效應,將其比作馬賽克表面的顏料,而神經系統中的事件則如同石頭。這一比喻清晰地說明了,神經系統內部的事件是如何彼此作用的,而不受表面顏色的影響。

這一理論的提出,讓人們開始重新思考理性與神經系統之間的關係。笛卡兒的時代,人類被視為理性主導的生物,而動物則僅僅是反射行動的集合。然而,隨著神經科學的進步,這一界限變得模糊。人類和動物的智慧行為可能都依賴於複雜的

神經機制，而這些機制不僅僅是簡單的反射行為，而是能夠產生類似於理性思考的結果。

因此，當我們反思理性與神經系統的關係時，或許應該意識到，智慧並非人類所獨有，而是存在於更廣泛的生物範疇中。這種觀點不僅拓展了我們對智慧的理解，也促使我們重新審視自己在自然界中的地位。在這個過程中，我們或許會發現，理性與神經系統的交響曲，正是我們理解自身與世界的關鍵。

意識與身體的關係：
赫胥黎的自動機制與意識的副產品理論

在 19 世紀末的哲學與科學討論中，意識的本質和其與身體的關係成為熱門話題。斯伯丁爾、赫胥黎（Huxley）和克利福德（Clifford）等思想家提出了一種獨特的觀點：意識並非主動影響身體行為的力量，而僅僅是身體機制運作的副產品。

赫胥黎教授以一個引人入勝的比喻形容這種關係。他認為，獸類的意識就如同機車發動機的汽笛聲，僅僅是機器運作的伴隨現象，對其功能毫無影響。即便意志存在，也只是身體狀態的反映，而不是改變這種狀態的驅動力。這種觀點進一步延伸到靈魂與身體的關係，赫胥黎認為它們如同鐘鈴與機件，意識的反應僅是鈴響後的被動回應。

赫胥黎的研究主要集中在獸類的自動機制上，但他大膽推

論這些觀點同樣適用於人類。他指出，人類和獸類的所有意識狀態都是大腦皮層分子變化的結果，沒有證據顯示意識能夠改變這一物質運動。這意味著，我們的心理狀態僅僅是對變化的感知，而這些變化自動在我們的組織機制中發生。

這種觀點挑戰了傳統對意志和意識主動性的理解。赫胥黎進一步指出，我們所謂的意志感情並非自願行為的原因，而是大腦狀態的表現，行為的直接驅動力在於大腦的物理狀態。因此，人類被視為有意識的自動裝置，意識的存在並不意味著對行為的控制。

這一論點在當時引發了廣泛的討論，因為它重新定義了人類自我意識的角色，將其從行為的主導者降格為旁觀者。這種觀點不僅影響了後續的哲學討論，也對心理學和神經科學的發展產生了深遠影響，促使學者們重新思考意識的本質以及其在行為中的作用。

心靈與物質的雙重奏

克利福德教授在他的著作中闡述了一個引人深思的觀點：物質世界在宇宙法則的驅動下，自行運作，形成了一個完整的物理序列，這一序列的每一步都是機械作用的結果。而在另一個層面上，心理事實也同樣自我運作，兩者之間雖有相似之處，但彼此卻互不干預。這種對立的觀點似乎在提醒我們，意

習慣的塑性與變遷

識與物質的互動並非如表面上那麼簡單。

當有人聲稱意識可以影響物質時，這一論點的確存在，但克利福德教授認為這樣的說法並沒有實際的意義。他將這種觀點歸為原始唯物主義，因為在他看來，只有物質的位置和運動才能對物質產生影響。至於另一個人的意志是否能成為物理事實序列的一部分，則既不對也不錯，而是缺乏意義的。

教授進一步解釋，我們在敘述故事時，有時會聚焦於心理事實，有時則著重於物質事實。比如，一個人因為感到寒冷而開始跑步，從物質的角度來看，是神經系統的反應驅使他跑步；而從心理角度來看，則是寒冷感驅動了腿部運動。這種雙重視角揭示了感知與行為之間的複雜關係。

當我們試圖理解從感覺寒冷的皮膚接收到的訊息，到讓腿部運動的訊息之間的物理連繫時，答案或許是「一個人的意志」。這種解釋似乎與我們日常經驗中的直覺相符，但在科學分析中卻顯得有些模糊。

最後，克利福德教授用一個幽默的比喻來總結這種探討。他講述了一個情景：當我們問朋友，前面的大砲是用什麼顏色畫的，朋友卻回答「熟鐵」。這種錯位的回答讓我們發笑，正如跟我們在探討意識與物質的關係時，常常會面臨的錯位理解。這種幽默感提醒我們，或許在這兩者之間的界限上，我們需要更多的謙遜和包容，才能更容易理解這個複雜的世界。

意識與神經活動：
感覺、運動與因果關係的哲學辯證

在探索意識與神經活動的關係時，我們面對一個極具挑戰性的推論，這推論首次由霍奇森提出，並在哲學界引發了廣泛的討論。這一推論的核心在於，感覺不僅不能直接引發神經活動，甚至無法在感覺之間形成直接的因果關聯。

從常識的角度來看，感覺如疼痛通常會伴隨生理反應，如流淚和尖叫，並引發情感上的反應，如悲傷或悔恨。類似地，愉快的刺激常被認為直接導致喜悅的感覺，理解某個前提也被認為會自然地增強對結論的信心。然而，霍奇森的自動化理論卻提出了一個截然不同的觀點：所有的感覺都僅僅是與某個神經運動相關，而這些神經運動是由前一個神經運動所驅動的，無論第二個神經運動引發何種感覺，都只是附帶產生的結果。

根據這一理論，神經序列中的事件才是因果關係的真正所在，而意識序列中的感覺僅是這些神經事件的附屬品，無論其內在的合理性如何，都不具因果能力。這一觀點將意識的自動化視為一種極端的概念化方式，挑戰了我們對於感知和神經活動之間關係的傳統理解。

然而，這一理論的挑戰在於缺乏直接的證據支持。當我們試圖從動物行為中尋找證據時，例如青蛙的脊髓反應，其動作的智慧性似乎表明高級中樞的智慧可能是機械性的，但這樣的推論立即遭到質疑。事實上，像弗呂格和路易斯這樣的學者強

烈反對這種機械化的解釋，他們主張意識和神經活動之間必然存在更為複雜的互動作用。

這場辯論揭示了我們在理解意識的本質時所面臨的哲學悖論：究竟意識是如何在神經活動中產生的？我們是否能完全將其歸結為一系列的神經運動，抑或意識本身擁有獨立於神經活動的因果能力？這些問題不僅挑戰著我們的哲學思維，也推動著科學研究的不斷探索。

科學與意識的雙重探索

在探討人類智慧的起源時，我們常常將注意力集中在大腦半球的活動上。這些活動被賦予了意識的標籤，而相較之下，脊髓行為的智慧則被認為是低等意識的產物。這種區分引發了一連串的哲學思考，尤其是在心理與物理世界之間的巨大鴻溝上。這道鴻溝似乎比任何其他的認知差異都難以踰越。

在這個背景下，有一種哲學信仰頑強地存在著，它源於某種審美和邏輯上的需求。無論是科學家還是哲學家，都承認在心理現象與物理事實之間存在著難以調和的差異。當我們談起神經的顫動和身體的行為時，這種差異似乎不會對我們的理解構成威脅。然而，當談論到情感時，我們可能會堅持使用同一種類的術語來進行描述。

實驗室中受過訓練的人，通常對於將推理能力與感覺這類

不可靠的因素混合在一起持有強烈的牴觸情緒。他們希望自己的研究能夠保持在純粹的理性範疇內，不受情感的干擾。我記得有一位非常有智慧的生物學家曾經指出：「科學家們現在是時候反對將意識這類概念引入科學研究中了。」這句話道出了很多科學家的心聲：他們希望在科學研究中能夠排除任何非科學成分，保持概念和術語上的一致性。

然而，這樣的立場也意味著承認某種形式的二元論，即心靈和物質是兩個獨立的存在。這種二元論為科學家提供了一個避免與意識相關的複雜問題的避風港。然而，這樣的分割是否能夠真正解決我們對人類智慧和意識的理解，仍然是一個值得深思的問題。

在這個二元論的框架下，我們需要重新審視意識在科學研究中的地位。或許，科學與哲學的交叉點並不應該是彼此排斥的，而是可以形成一種豐富的對話，為我們揭示人類智慧的更多面向。這種對話可能會帶來新的視角，幫助我們更全面地理解心靈與物質之間的複雜關係。

意識與物質的連繫：
探索心理與物質之間的哲學謎題

在探討意識與物質的關係時，我們面臨著一個長久以來困擾哲學家和科學家的問題：意識如何影響物質，特別是大腦的物質？我們無法形成一個清晰的表象來理解一個想法如何促使

習慣的塑性與變遷

一個動作。我們可以假設大腦皮層的分子在某種力的影響下會分解成更簡單的組合,但這種想法無法解釋意識如何在這個過程中發揮作用。

我們設想一個想法,比如對食物的渴望,如何促使我們伸手將食物送入口中。這個過程需要一種力量來捆綁大腦中的分子,而不是分解它們。試圖想像一個牛排的概念能夠捆綁兩個分子,這幾乎是不可能的。同樣地,透過想像來減少分子之間的吸引力也無法實現。因此,我們常常將意識視為一種多餘的伴隨物,認為物質擁有所有的力量。

然而,這種觀點忽略了心理與物質之間的密切連繫。心理學學生通常被教導這兩者是完全分離的,但實際上,它們的關係極其緊密,以至於一些偉大的思想家認為它們是同一過程的兩個方面。當大腦的分子在高級區域重組時,意識也可能同時發生變化。這種變化的同步性讓我們感到困惑,因為我們無法理解它們為什麼會同時發生,也不知道什麼將它們連繫在一起。

許多權威人士認為我們可能永遠無法解開這個謎題。心理學學生需要理解兩個重要概念:心理與物質的絕對分離,以及身體和心靈變化的始終伴隨。這些概念是心理學學習的一部分,但它們也揭示了另一個困難,即「伴隨」這一概念本身是非理性的。

在我看來,意識與其所關注的事物之間的關聯不應該被忽視。心理學有義務考慮這個問題,即意識與什麼相關。事物之

間的相互作用和相互影響是一個形而上學的問題，這是我們不能輕易放棄的探索領域。或許，理解意識與物質的連繫需要我們超越現有的知識框架，不斷探索和反思這個深奧的哲學問題。

心理學視角下的因果關聯

在探討分子間的緊密連繫時，無法避免地會觸及到因果關係這個古老而深邃的問題。自從休謨的時代開始，哲學家和科學家們就一直在試圖理解這種關聯的本質。儘管大眾科學常用「力」或「吸引力」等詞語來描述分子間的結合，但在更精確的科學世界中，這些詞語僅僅是簡化複雜現象的工具。對於那些追尋更深層原因的人而言，這種簡化遠遠不夠，他們渴望找到某種具體的「決定」來解釋這些規律。

當我們嚴肅地思考因果關係時，便開始遠離大眾科學的淺薄解釋，進入一個充滿挑戰的哲學領域。這是一個「牛排想法」的宇宙，即使其中的事實與其他事實並非完全獨立，也不見得容易理解。對於常識來說，無論宇宙中的因果連繫多麼複雜，只要我們堅信想法和感覺具有因果效應，就能觸及真理的核心。這比起那些機械行為論者的觀點更接近事實，後者完全否認思維與感覺之間的因果性。

形而上學的批判中，所有的原因都顯得模糊不清。然而，無論是接受或批判這些觀點，我們都必須全面而徹底地重建我

習慣的塑性與變遷

們對因果關係的理解。心理學作為一門自然科學，通常不會質疑其基礎術語，這與物理學的研究方法類似。如果在研究中發現想法似乎是某種原因，那麼我們應該就此討論，而不必一味地背離常識。

感覺和想法或許無法創造新事物，但它們能夠強化或抑制大腦內部的運動。這些運動的細節，對我們來說仍然是未知的。未來的某一天，我們可能會用情感或觀察到的運動效應來解釋大腦中的變化。大腦將被視作一個容納情感和運動的容器，其中發生的事情雖然繁複，我們卻只能獲得其統計結果。這樣的情況下，拋棄我們從小習得的語言似乎毫無意義，尤其當它與生理學的語言相契合時。

最終，從心理學的角度來看，意識的存在確實具有因果效應。意識的分布細節暗示了其有效性，這是我們繼續探索這一領域的積極理由之一。隨著研究的深入，我們將更清楚地理解這些微妙而重要的關聯。

意識與神經系統的動態平衡：
不穩定性與生物適應的關聯

在生物進化的漫長歷程中，人類的意識達到了前所未有的複雜程度。這一現象讓我們不禁思考：意識究竟是如何在動物的生存中發揮作用的？從某種角度來看，意識就像是一個器官，與其他器官一起合作，維持著動物的生存。然而，若意識不能在

心理學視角下的因果關聯

某種程度上影響動物的發展,那麼它的存在似乎就失去了意義。

意識的特殊之處在於它的選擇性。無論是低階的感官感知還是高階的智力活動,意識都似乎在無數的外界刺激中選擇性地關注某些特定的事物,並將其強調,壓抑其他不相關的刺激。這種選擇性往往與生物的生存利益密切相關。在神經系統高度發展的動物中,意識的這種選擇性尤其顯著。

然而,高度發展的神經系統本身卻存在著不穩定性。大腦半球作為高級神經中樞,與基本的神經節和脊髓相比,表現出更多的不確定性和不可預測性。這種不穩定性並非缺陷,反而是其優勢所在。正是這種不穩定性,使得大腦能夠靈活適應環境中最細微的變化,從而在瞬息萬變的環境中得以生存。

這種不穩定性可以類比於自然界中的偶然現象,就像落在山脊的雨滴會滾向哪一側,或是將要出生的孩子是男孩還是女孩。這種偶然性使得大腦在面對各種刺激時,保持了一種動態平衡。這種平衡的狀態,雖然不穩定,卻讓大腦能夠以極小的暗示來做出多種反應。

然而,這也帶來了一個兩難困境:一個神經系統若要對環境中的所有變化作出反應,其複雜性必然增加,出錯的機率也隨之增大。我們無法確定這種平衡會在哪一方面失去控制。簡而言之,高級的大腦擁有極大的潛力,但這種潛力的發揮依賴於其不穩定的特性。這種不穩定性,是意識存在的基礎,也是生物在自然選擇中得以生存的關鍵。

習慣的塑性與變遷

意識的意圖與生存的抉擇

　　在這個充滿變數的世界裡，大腦的運作就像是一場無法預測的賭博。其組織的脆弱性使得它在某些時刻可能展現出非理性的瘋狂，而在另一些時刻卻又顯得理智而清醒。這樣的對比展示了低階大腦的局限性——它只能專注於少數幾項任務，卻在此過程中放棄了其他潛在的功能。而高級大腦則如同擲骰子般，隨機性中卻帶有一定的規律，然而在這場賭局中，意識是否能夠如同給骰子灌鉛般，提升其效能？

　　給骰子灌鉛，象徵著施加一種持續性的壓力，迫使大腦傾向於那些長遠來看有益於個體的行為，同時抑制那些容易導致錯誤的衝動。這正是意識的核心任務——在無形中塑造行為，為自身創造利益。如果我們從達爾文主義的角度來看，生存被視作物質世界的終極目標，那麼大腦和其他器官的功能便是助力或阻礙這一目標的實現。

　　然而，若從物理學的角度來審視，這些器官的存在與生存之間僅僅是偶然的結果，並不帶有任何目的性。它們對於生或死都沒有偏好，只要環境變遷，便可能欣然接受毀滅的結局。生存，於是成為一個由旁觀者假設的概念，僅僅在心理學的框架中獲得討論的空間。

　　但當意識介入時，生存不再是一種假設，而是一種迫切的命令。意識將生存的需求轉化為具體的行動指導，要求器官

以特定的方式運作，從而確保生存的達成。將意識視為純粹的認知形態，是對生理學的誤解。意識如同一位為目標而戰的鬥士，若無其存在，許多目標將無法成為目標。它的認知能力服從於目的，判斷何者能推進目標，何者則會阻礙。

因此，意識不僅是對現實的反映，它更是一種積極的力量，指引著生存的方向。它評估環境，調整行為，確保個體在不確定的世界中能夠持續前行。這就是意識的意圖，和生存的抉擇。

意識與大腦的協同作用：
在不確定性中選擇最佳行動路徑

在我們探索意識與大腦的複雜互動作用時，意識的角色逐漸浮現為大腦活動的一個穩定器和指引者。當大腦在一片不穩定的狀態中試圖達成某些目標時，意識就像一位隱形的導師，幫助它篩選和選擇合適的手段。儘管大腦天生具備產生多種可能性的方法，但這些方法不一定總是符合動物的最佳利益，反而常常偏離其應當追求的目標。

大腦是一個充滿潛能的工具，但缺乏確定性。若意識能夠產生因果效應，那麼它將強化那些有利的可能性，並抑制那些不利或無關的選擇。在這種情況下，神經流動的路徑會因為意識的介入而被調節：某些意識的喚醒會增強神經流，而另一些則會減弱它。雖然我們尚未完全理解神經流引起的意識反應如何具體發生，但其存在的意義不可忽視，這也顯示出大腦並不

習慣的塑性與變遷

像機械運動主義者所想的那樣簡單。

在意識的自然歷史中，有趣的現象為這種觀點增添了色彩。例如，當神經過程處於猶豫不決的狀態時，意識的強度會顯著增加；而在快速、自動化的習慣性行為中，意識的存在感卻降到最低。如果意識具有我們所設想的目的論功能，那麼這種現象再恰當不過了。習慣性的動作已經確定，無需外界干預，因而不需要額外的意識參與。但在面對猶豫不決的行為時，最終的神經釋放存在著多種可能性。此時，意識就像一個調節器，根據每一個神經束的激發所引發的感覺，決定是否中止或完善這種激發。

當面對一個需要勇氣的舉動時，比如進行一個危險的跳躍，人們往往會經歷強烈的意識反應，這種反應正是為了在多種可能性中，找到最適合當下情境的目標。從這個角度看，意識就像是神經釋放鏈中的一個關鍵節點，確保在面對未知和不確定時，能夠選擇出最為恰當的行動路徑。這種能力使得意識在大腦的運作中，成為一個不可或缺的指導力量。

意識的選擇與自然的和諧

在我們探討意識與生理現象之間的微妙關係時，替代功能現象為我們提供了一個獨特的視角。當一臺機器失去某個部件時，它必然以另一種方式運作，這種運作方式可能偏離我們所

意識的選擇與自然的和諧

謂的「正確」模式。類似地，大腦在經歷部分切除後，初期會以不正常的方式運作，但隨著時間推移，常常能夠恢復其功能。這種恢復過程需要一種內在的調節機制，這正是意識可能發揮作用的地方。

意識不僅僅是被動地察覺錯誤，更可能在大腦功能偏離正常時，主動進行調整與補償。當大腦的一部分組織被移除後，剩餘的部分如何快速而有效地承擔起那些損失的功能？這似乎需要一種超越生物機械的力的介入，一種由意識導向的適應過程。這種適應使得大腦能夠依賴習慣法則，回歸到一種目的論的功能執行。

然而，這種過程也可能受到潛在的快樂與痛苦之間的因果效應的影響。愉悅與痛苦的感知似乎並非隨機，而是與生物體的生存與繁衍息息相關。史賓賽提出，這種現象並非出自預設的和諧，而是源於自然選擇的結果。愉悅往往與有益的行為相連，而痛苦則多與有害的行為相關。這種關聯促使生物體趨吉避凶，從而提高其生存機會。

假若痛苦並不伴隨有害的行為，或愉悅並不伴隨有益的行為，那麼我們的行為選擇將變得難以解釋。例如，燒傷引發痛苦而並非快樂，呼吸則是愉悅的，而不是痛苦的。這些現象表明，愉悅與痛苦之間的因果關係對於生物行為的選擇具有重要意義。

當然，這一法則並非絕對無例外。醉酒雖然有害，卻為許

習慣的塑性與變遷

多人所喜愛,這是文化與生物本能的複雜交織。然而,這樣的例外情況在整體生物行為模式中仍屬少數。

這種愉悅與痛苦的因果效應,或許正是意識在生物演化中扮演關鍵角色的證據。它不僅幫助生物體適應環境變化,還引導其行為選擇,從而在自然選擇的長河中獲得優勢。這一推論,正如格蘭特・艾倫(Grant Allen)在其著作中所強調的,為我們理解生理和心理之間的連繫提供了重要的理論框架。

意識與心靈要素理論:
心理學中的形而上學挑戰與理論探索

在探討意識的複雜性與其在心理學中的重要性時,我們必須承認這是一個充滿形而上學挑戰的領域。大腦行為和意識行為的先驗分析顯示,意識在管理我們複雜的神經系統中扮演了不可或缺的角色。這種期待並非毫無根據,因為意識的存在不僅符合我們的期望,更是透過選擇性地影響大腦運作,修正其不確定性。

如果我們承認意識的有用性,那麼它在因果效應的整個過程中必須持續地顯示出其價值。同時,自動化理論必須與常識理論相協調,以確保我們對意識功能的理解是合理且一致的。

然而,當我們進一步深入心靈要素理論時,會發現這個理論是形而上學思維的極致展現。心理學的基本概念雖然已被清晰地闡述,但其理論框架依然模糊不清。這種模糊性常常導致

人們在不自覺中做出最晦澀的假設，進而難以擺脫這些假設所帶來的理論困境。

為避免陷入這樣的困境，我們必須在提出假設之前，對之進行嚴格的審查，並清晰地表達出這些假設的內容。心靈要素理論中最晦澀的一個假設便是：我們的精神狀態是由更小的狀態結合形成的複合物。這一假設表面上看似有其優勢，對學者而言具有莫大的吸引力。然而，其內在的合理性卻值得懷疑。

許多心理學作家對心靈要素理論中的模糊狀態未能充分意識到。因此，我們有必要對這一特別的概念進行深入的分析，以便更容易理解其背後的意義和潛在的影響。這樣，我們才能在心理學的研究中，擁有更加清晰的方向和更為堅實的理論基礎。

透過這一分析，我們不僅能夠更好地意識到意識在心理學中的重要性，也能更有效地探索心靈要素理論的深層意義，為未來的研究鋪平道路，進而解開人類意識與心靈的奧祕。

從物質到心靈的進化之謎

進化心理學的進化論視角提供了一個關於生命起源和發展的驚人畫面。從最初的無機物，到低等動植物，再到具備思維能力的生物，最終演化出我們這樣擁有高級思維的生命形式。這一過程似乎是一條線性而自然的進化路徑。然而，當我們僅

習慣的塑性與變遷

僅考慮外部的事實，即便是生物學中最複雜的現象，作為進化論者的我們依然能夠以一種相對輕鬆的方式來理解這一切。因為在我們的觀點中，所有新出現的生命形式都僅僅是原始物質的重新分配。

這種觀點認為，組成星雲的原子，即便在最初的混亂狀態下，只要在特定的條件下被暫時限制，便能促成如人類大腦這般複雜的結構。而大腦的進化，也不過是對於這些原子為何如此被限制的描述。然而，當意識出現時，似乎有一種全新的本質誕生了，這種本質在原本混沌的原子中是無法獲得的。

這正是進化理論的挑戰所在。反對者立刻指出了數據中存在的不連貫性，並試圖從進化論的角度證明其失敗，進而推斷這一理論在各方面都不具說服力。感覺與物質運動之間的不可調和性成為批評者的主要論點。「運動變成了感覺！」這句話對於任何人來說都是難以理解的，即使是進化論最堅定的支持者，在深入比較物質與心理現象之後，也不得不承認內心世界與外部現實之間存在著一條難以踰越的「深淵」。

這條深淵揭示了進化論在解釋意識出現時的困境。意識的本質與物質世界的執行規則似乎是兩個截然不同的領域。這不僅引發了關於心靈和物質關係的深刻哲學思考，也推動了科學界對於意識起源的探索與研究。進化論者和反對者在這一問題上展開了激烈的辯論，而這場辯論也促使我們重新審視人類在宇宙中的地位，並思考我們所謂的「生命」究竟意味著什麼。

從物質到心靈的進化之謎

思維與物質的交錯：
意識與神經系統的未解之謎

史賓賽曾經指出，意識的衝擊和分子的震盪是同一現象的主客觀面向。然而，我們仍然無法將這兩者結合起來，以構想出某種由兩者共存的事實。這種無法融合的現象讓我們在尋找共同特徵的過程中陷入困境。正如廷德爾在他那段經常被引用的名言中所說：「大腦物質進入意識的相應事實是不可想像的。」即便我們假設大腦中的某一特定思維與特定的分子運動同時發生，我們仍然缺乏必要的智力工具來推理出思維與運動之間的過渡。

廷德爾（Tyndall）進一步解釋，我們可以追蹤神經系統的發展，並將其與類似的感覺和思維現象連繫起來。然而，一旦我們企圖理解這些現象之間的連繫，就會進入一個認知的真空。這兩類事實之間沒有可能的融合，而人類的智力中也不存在能夠同時處理這兩者而不造成邏輯斷裂的力量。

然而，隨著進化論觀點的出現，許多曾經對這種二元對立持批評態度的作者迅速否認了他們先前的立場。史賓賽在回顧他對心理進化的研究時指出，在探索這一過程的增長中，我們不斷從身體活動的現象過渡到心理活動的現象。這種連續性的發現似乎在暗示著某種潛在的連繫，即便它在我們的智力範疇中仍然難以捉摸。

廷德爾在《貝爾法阿斯特演講》中表達了類似的觀點，強調

131

了思維與運動之間不可見的交錯之路。這條路徑，即便在最先進的科學理論中，仍然是一個未解之謎。我們或許能夠理解並描繪出神經系統的構造和其功能，但要將這些物理現象轉化為意識的體驗，仍然超出了我們當前的智力範疇。

總之，儘管我們在科學上取得了長足的進步，但在思維與物質的交錯領域，我們仍然面臨著巨大的挑戰。未來的探索或許能揭示出更多的奧祕，讓我們更靠近理解這個複雜而神祕的世界。

探索心靈與進化的連續性

在這個充滿未知的宇宙中，我們曾經因無知和對造物主的敬畏而掩蓋了許多真相。如今，我們需要勇敢地承認，心理生命的存在和意識的起源是值得深入探討的課題。連續性這一強大的假設，正是我們理解生命和意識的關鍵所在。在科學界，連續性不僅是一個理論，更是一種擁有預言力的真實力量。

本書的目的是闡明心理假設的重要性，並在這個過程中，揭示意識如何在宇宙的進化中扮演不可或缺的角色。傳統觀點認為，意識是一種新生的現象，然而這種觀點卻忽略了進化中的連續性。如果意識是新生的，那就意味著存在不連續性，這與進化理論的平穩性相悖。因此，我們必須假設某種形式的意識在宇宙誕生之初便已存在。

探索心靈與進化的連續性

　　一些深具洞察力的進化論哲學家已經開始將意識納入他們的考量。這些學者相信，宇宙中的每一個原子都伴隨著一個意識原子，這些意識原子透過聚合，形成了更大的意識結構。物質原子聚合形成了我們的身體和大腦，而心理原子則透過類似的過程，形成了我們的心靈和意識。

　　這種觀點不僅適用於人類，還適用於其他動物。意識並非人類獨有，而是遍布自然界的一種普遍現象。某些原子物活論學說認為，心靈元素透過不同程度的組合，創造出無數層次的意識。這一理論為進化論的哲學基礎提供了支持。

　　由於意識的存在無法透過直接感知獲得證據，心理學進化論的首要任務便是證明這些不同意識層次的存在。透過這樣的努力，我們不僅能更容易理解自身，也能更全面地看待整個宇宙的運作。

　　這場探索心靈與進化連續性的旅程，將引領我們進入一個全新的視野，讓我們看見意識如何在宇宙的星雲中閃耀著光芒。這不僅是一個科學的探險，更是一場對人類自身存在的深刻反思。

心靈元素與感知的交織：
菲克實驗與心靈與大腦的關係

　　在哲學與生理學的交會點上，心靈元素的存在成為一個令人著迷的議題。即便許多哲學家對進化論並不感興趣，他們仍

習慣的塑性與變遷

提出了心靈潛意識的存在可能性。這種潛意識的精神活動，儘管在表面上難以捉摸，但其存在的證據卻在某些實驗中得到了揭示。

1862年，德國生理學家A. 菲克（Fick）首次提出了一組論點，旨在證明心靈元素在感覺形成中的角色。他進行了一個精細的實驗，透過在卡片上打小洞，將刺激精確地施加到皮膚的特定小區域，同時保護周圍的皮膚不受影響。這樣的設計試圖區分溫暖與觸覺的感覺，並觀察受試者在感覺判斷中所犯的錯誤。菲克的觀察顯示，受試者經常混淆這兩種感覺，這暗示了感覺的細微程度超出了受試者的辨識能力。

菲克提出，這種錯誤可能是由於感覺單元的聚合方式不同所致。在某些情況下，這些單元可能會以一種方式排列，產生溫暖的感覺；而在其他情況下，則形成了觸覺。他認為，當感覺單元的強度增加到足以使 a 與 b 兩個元素之間沒有其他單元干預時，溫暖的感覺便會產生。若條件不滿足，則可能產生觸覺。

然而，這種解釋面臨挑戰。更為合理的說法是，這些感覺並非源自心靈元素的聚合，而是大腦過程的直接結果。當大腦的某一區域受到菲克所描述的刺激時，可能會產生不同的心理伴隨物——在一種情況下是熱，另一種則是痛。這些感覺並不是由心靈單元組成的，而是完整的大腦過程的產物。因此，儘管菲克的實驗揭示了一些有趣的現象，但他並未充分證明心理聚合的存在。

這段歷史上的科學探索提醒我們，在探究心靈的奧祕時，必須謹慎區分心靈與大腦的角色。心靈元素的證據或許微妙，但它們促使我們思考感知的本質及其背後的機制。這些問題仍然是現代科學與哲學的研究焦點，激勵著我們不斷探索心靈與物質的交界。

音樂中的情緒解碼

史賓賽和泰恩（Taine）在他們的哲學探討中，對意識和情緒的本質提出了深刻的見解。史賓賽的觀點尤其引人深思。他指出，儘管我們的感覺和情緒似乎是簡單且不可分割的，但事實卻不然。某些情緒看似基本，卻可能是由更簡單的情緒單元組成的複合體。音樂便是一個典型例子。

音樂，作為一種情緒表達形式，可以被分解成更簡單的情緒元素。研究顯示，當吹奏和敲擊的頻率在每秒 16 次以下時，這些聲音被分別聽作獨立的聲音。然而，當頻率超過每秒 16 次時，這些聲音便被感知為一種連續的音調。隨著頻率的增加，音調的音階隨之上升，直至音調變得尖銳，超出音階的範疇。

赫姆霍茲教授的研究進一步揭示了音色的複雜性。他指出，當一個快速重複的聲音序列與另一個更快但不響亮的序列結合時，音色會發生變化。不同樂器的演奏證明，即使音色和強度相似的音調，也可以因聲音的刺耳或甜美、洪亮或柔和的

習慣的塑性與變遷

特性而區分開來。這些特性源於多個重複誦音序列的組合，其中包括主要的重複序列。

因此，音階和音色的差異是由聲音組合的不同和序列間結合程度的差異所造成的。這表明，我們所感知的大量看似基本的意識，實際上是由一個簡單的意識單元透過多種組合方式形成的。

如果聲音的不同感覺來自於同一情緒單元，那麼味道、氣味和顏色的不同感覺也可能源於相同的情緒單元。或許存在一種原始的意識要素，這一要素透過與自身的組合，產生了多樣化的意識。隨著再組合的程度增加，情緒的多樣性和複雜性也隨之增加。

這種觀點不僅揭示了情緒的複合本質，也讓我們重新審視人類感知的多樣性。這種多樣性可能源於一個共同的意識單元，透過不同的聚合模式，形成了我們所經歷的豐富而複雜的情感世界。

感知的瞬間與持續：
時間、神經衝擊與情緒的交織

我們是否真正理解那些構成我們感知的原始要素？這些要素並不僅僅是孤立的印象，而是與其他來源的簡單心理印象交織在一起。當我們聽到咯吱聲或噪音時，這些聲音不過是瞬間的神經衝擊。雖然我們直覺上將這些衝擊歸類為聲音，但在本質上，它們與其他類型的神經衝擊並無二致。這些衝擊在身

體內引發的情緒反應，猶如閃電伴隨的巨大爆裂聲所帶來的驚嚇，這種情緒遍布全身，並與外界干擾密切相關。

這種由神經衝擊引發的意識狀態，在某種程度上與音樂吹奏帶來的最初意識狀態相似。音樂的吹奏可以被視為神經衝擊的最初典型形式，因為它在持續的時間中塑造了我們的感知。如果我們承認情緒的可分辨性取決於持續時間，那麼我們就會明白為何不同的瞬間刺激在神經系統中引發的干擾，幾乎不會造成明顯的情緒差異。時間是關鍵——當刺激的持續時間足夠長時，我們才能清晰地感知紅色，分辨音調的高低，或者體驗甜味的細微變化。

但是，當刺激的持續時間過短，無法在我們的意識中留下痕跡時，它就不能被清晰分類。這樣的刺激只會引發短暫的心理變化，這些變化與其他瞬間的變化相似，不會在我們的心靈深處留下持久的印象。這揭示了感知的微妙平衡：唯有在時間的流動中，感知才能真正成形。正因如此，感知的瞬間與持續之間的關係，成為理解我們如何經驗世界的核心問題。這種關係不僅影響我們對世界的理解，也塑造了我們的情感和思維方式。

神經衝擊與意識的微妙協奏

在探索人類意識的奧祕時，我們常常將神經衝擊視作意識的最終單元。這些衝擊的不同組合模式，形成了我們情緒中的

習慣的塑性與變遷

豐富多樣性。當我提及「神經衝擊」時，指的是那些源自多種原因的情緒反應，它們在本質上雖然相似，卻因強度和排列的不同而展現出截然不同的面貌。

令人驚奇的是，儘管我們認為這些神經序列在某些方面大致相同，它們的強度卻千差萬別。劇烈的神經衝擊可以瞬間席捲我們的意識，但在日常生活中，這些衝擊往往以更溫和、更輕柔的形式出現。若每一次神經衝擊都如強烈的情緒般猛烈，我們的生活將難以承受，甚至可能瞬間終結。因此，我們可以將這些神經衝擊看作是意識中微弱而持續的變化，每一微小的衝擊都與強大的情緒衝擊在性質上相似，卻以更柔和的力度影響著我們的感知和情緒。

在這樣的背景下，史賓賽的觀點提供了一種引人入勝的解釋：音調與其外在原因之間的關係，似乎簡化了複雜的神經過程。音調本身是簡單而連續的，而其外因則分散而多變。這種轉化、縮減或融合究竟發生在神經層面還是心理層面，仍然是個未解之謎。史賓賽的理論認為，這種融合應發生在心理世界，而不是物理過程中。這一觀點雖然具有一定的吸引力，但缺乏實驗證據的支持，使得這一推論仍然停留在理論的領域。

總之，神經衝擊在意識的形成中扮演著不可或缺的角色。它們的多樣性與複雜性，正是我們情感世界豐富多彩的來源。理解這些衝擊如何在我們的神經系統和心理世界中運作，將有助於揭開人類意識的更深層奧祕。

神經過程與意識：
物理過程與心理事實之間的界限

　　假設我們將意識的界線描繪為一條 a-b 線，這條線以下代表著物理過程，而以上則代表心理事實。想像一個吹奏的物理過程 (X)，圓圈象徵著在神經細胞中不斷增多的事件，而橫線則代表感覺事實。根據史賓賽的觀點，神經細胞的輸出與輸入的衝擊量是等量的。假如吹奏以每秒 20,000 次的頻率發生，那麼大腦皮層細胞也會以相同頻率釋放，且與每一個頻率相對應的情緒單元相互結合，形成一種連續的意識狀態。

　　然而，這種理論在物理類比和邏輯推理上存在矛盾。以鐘擺為例，當外界吹氣頻率過高時，鐘擺不會有明顯的擺動，只會稍微偏離，這表明外界刺激的增加未必會導致結果的明顯增強。類似地，吹氣到一根管子中，樂聲的強度會在一定限度內增強，但超過某一點後，樂聲不僅不會增強，反而會消失，被更高的音階取代。

　　這種現象在其他物理過程中也可觀察到。當增加煤氣供應時，火苗的半徑會增大，但在某一時刻，火苗會轉化為不穩定的光柱，並發出異響。同樣地，對青蛙的腓腸肌神經施加微弱電流會引發痙攣，但增加電流強度卻會導致痙攣停止，肌肉進入持續的靜止狀態，這被稱作肌肉強直。

　　這些例子揭示了神經細胞與感覺纖維之間的真實關係。神經細胞的反應速度較慢，纖維中的迅速振盪只會引發簡單的細

胞過程。高等細胞的反應速度甚至比低等細胞更慢。

此外，感覺不能簡單地混合成一種中間物。儘管我們可以將感知到的對象混合並獲得新的感覺，但每一個感覺對象在意識中始終保持其獨立性，不受比較結果的影響。

最終，從邏輯上講，「心理單元與自身結合」的理論難以理解，因為它未考慮到組合的基本特徵。所有已知的組合都是由已結合的單元在其外部形成的實體。若無此特徵，結合的概念便失去了意義。

力量協奏曲，能量聚合的奧祕

在自然界中，力量與能量的合作猶如一場精妙的交響樂。大腦中數以萬計的拉伸單元，如同樂團中的樂器，透過協同作用，創造出驚人的動力學效果。這種現象不僅僅是個體能量的簡單相加，而是它們在共同目標下的和諧運作。肌腱與肌肉纖維的關係，骨頭與肌腱的連結，無不展現出機械能量的聯合接收。這種能量的聚合過程中，媒介的存在是至關重要的。沒有媒介的存在，單元的結合便無法實現，從而無法產生預期的機械效果。

設想一下，若所有的肌肉拉伸單元都被從附著點上切斷，它們或許仍能在原有的能量作用下收縮，但卻無法產生任何動力學效果。這些獨立的能量單元在孤立的情況下將失去其功能

力量協奏曲，能量聚合的奧祕

意義。只有在一個組織化的整體中，這些能量單元才能發揮其真正的潛力。

雕像的例子進一步闡釋了這一點。大理石的微粒聚合在一起形成了雕像，然而作為一個整體，它並不具備統一性。對觀者而言，雕像是一個有形的整體，而對於一隻爬在其上的螞蟻來說，雕像僅僅是一個由無數顆粒組成的聚合體。這種多重視角下的理解，揭示了聚合物在不同情境中的多樣性。

同樣地，在力學中，單純的力並不會自動結合形成合力。這些力需要一個可以承載其結合效果的實體，正如音樂需要耳朵這一媒介才能形成和諧的音調。音調並非樂聲的簡單相加，而是樂聲透過耳朵這一媒介所產生的協同效果。

因此，力量的協奏曲並非僅由個體音符組成，而是需要一個統一的指揮，將其轉化為有序的旋律。正是這種協同作用，使得自然界中的力量能夠以如此多樣且精妙的形式展現，成為我們所見的奇妙世界。

感覺的獨立性與意識的整合：
心理學中的基本單元與聯想問題

在心理學的探討中，我們常將感覺視為心靈的基本單元，這種觀點揭示了一個有趣的現象：即使將感覺攪亂重組，它們依然保持獨立性，彼此之間不會產生互動影響。假設我們將100個感覺混合後重新排列，這些感覺仍然是孤立的，彼此不會感

習慣的塑性與變遷

知到其他感覺的存在。然而,當這些感覺形成某種特定的序列時,第 101 個感覺可能會出現,這是一種全新的存在,與之前的感覺完全不同。

這種現象類似於一個有趣的物理法則,前 100 個感覺的聚合或許能引發第 101 個感覺的出現,但這並不代表它們之間有著直接的因果關係。就像我們無法僅憑前 100 個感覺推演出第 101 個感覺的特性,這種關係更像是一種巧合,而非必然。

舉個例子,我們可以將一個由 12 個單字組成的句子分配給 12 個人,讓每個人只專注於一個單字。即使這 12 個人排列成一行或圍成一圈,專心思考自己的單字,他們依然無法意識到整個句子的存在。這種現象揭示了感覺和意識之間的界限:單獨的感覺無法自動聚合成更高層次的意識。

在我們談論「時代精神」或「公民道德」時,這些概念僅僅是象徵性的表達,並不意味著它們能形成一種超越個體意識的集體意識。這種集體意識與「時代」、「人民」或「公眾」這些詞所指的個體意識是截然不同的。心理學中,唯心論者對聯想主義者的反駁便在於此。聯想主義者認為,心靈是由眾多相互關聯的想法構成的,然而,這種觀點忽略了想法之間的獨立性。

就像數學中的錯誤公式,想法 a 加上想法 b 並不等於想法 (a+b)。後者是一個整體的想法,而前者則是兩個獨立的想法。知道 a 不等於知道 b,這種獨立性使得「相關聯」的想法無法自然地融合成一個新的想法。這種獨立性在心理學的研究中一直

是一個重要的現象，它提醒我們即使在心靈的基本單元中，獨立性依然占據著核心地位。

心靈的多元拼圖

　　唯心主義者一直堅持精神的獨立性，但面對複合思想的實際存在，他們提出了另一種假設：獨立的想法可以影響靈魂這一實體，從而產生新的心理事實。他們認為，這種複合思想並非由獨立觀念構成，而是偶然的產物。然而，聯想主義者對此觀點的反駁卻從未得到有效的回應。這種反駁同時適用於任何關於感覺自我「結合」或「心理化學」的理論。心靈要素理論因此被視為不可信，因為單獨的感覺元素無法構成更高層次的感覺，就如同獨立的物質原子無法組成物質事物一樣。

　　對於原子進化論者而言，任何「事物」的存在都是一種幻象，它們不過是原子的不同組合方式。然而，這些由於同時知覺多種事物而承認的心理狀態，卻是「無」的存在。儘管如此，這些狀態確實存在，並且必須被視為獨立的新事實，或者作為心理的新效果，而它們又必須是完整的，不依賴於心理元素。

　　某些人強烈地追求統一性，儘管這些結論在邏輯上看似清晰，卻無法被廣泛接受。它們在物質與精神之間，從低等精神到高等精神的過渡中，排除了任何「安全通過」的可能性，將我們推回意識多元論中。這種多元論認為，精神和物質的各個部

習慣的塑性與變遷

分是分開產生的,這一觀點甚至比過去認為每個靈魂都是獨立產生的更為複雜。

然而,反對者往往不會直接攻擊這些推論,而是選擇忽視或迂迴地削弱它們,直至其邏輯變得混亂不堪。在這種情況下,任何結論都難以成立。假設一千個心理單元的結合並不產生新的事物,而僅僅是這些單元的重複或增補,那麼這就成為一個現實的事實:一千個感覺的集合本身並不是一個感覺,因為感覺的本質是被感知的。如果這種感覺與一千種感覺不同,如何能說它是其中之一?

一元論者,尤其是信奉黑格爾理論的人,試圖調和這種矛盾,認為精神生活的美在於其統一性和多樣性。我無法完全反駁這種觀點,就如同以棍子擊打無法被破壞的蛛網。因此,我選擇不再深入探討這一學派的思想。

無意識的力量:
隱藏的思維操控者

在探討精神狀態的無意識與有意識的區別時,我們面臨一個看似矛盾的挑戰:如何在區別中打破區別。這種做法在心理學中被視為一種聰明的策略,因為它能夠幫助人們更堅定地相信自己的信仰。支持這種觀點的理由充足,值得我們深入探討。首先,我們要問:無意識的精神狀態是否真的存在?

在這裡,我們將像學術書籍一樣,先列出一些證據,然後

心靈的多元拼圖

對每個證據進行反駁。第一個證據涉及「微知覺」的概念。萊布尼茲（Leibnitz）曾用大海的咆哮作為例子來解釋這一點。當我們聽到海浪的聲音時，我們其實是在聽每一個海浪的集合聲音。雖然每個海浪聲音單獨存在，但我們卻無法單獨感知它們。這表明，即使微小的感官刺激無法被單獨感知，它們仍然對我們的整體感知有影響。然而，這一觀點也面臨挑戰。反駁者指出，這種推理存在「區分謬誤」，即假設如果集合能夠被感知，那麼每個組成部分也必然能夠被感知。這種邏輯並不總是成立，正如一磅的重量能使天平傾斜，但一盎司的重量卻不一定能夠單獨做到這一點。

　　第二個證據涉及習得的機敏和習慣行為。通常，這些行為需要有意識的知覺和意志參與，但在實際操作中，我們的意識似乎專注於其他事物。因此，這些行為被認為是由無意識的知覺和意志驅動的。然而，這一解釋也有其局限性。反駁者提出，這些行為中的知覺和意志可能只是過於迅速或不引人注意，以至於我們對其沒有記憶。此外，這些行為的意識可能與大腦其他部分的意識分離。我們可以在其他研究中找到許多意識成分分離的例子。

　　在這些討論中，我們看到無意識與意識之間的界限並不總是清晰可見。無論是微小的感官刺激還是習得的行為，這些現象都提醒我們，精神狀態的運作遠比表面看來複雜。理解這一點，不僅有助於我們更深入地認識自我，也促使我們重新思考

145

習慣的塑性與變遷

人類意識的本質。

第三個證據：當我們想到 A 時，自然而然地會聯想到 C，儘管 B 是 A 與 C 之間的邏輯連結，但我們卻不自覺地忽略了 B。因此，B 必然是在我們無意識中運作，並影響著我們的思維鏈。這個現象似乎揭示了無意識對於思維的操控。然而，這一結論仍有其他可能的解釋。解釋一是，B 確實曾經在我們的意識中閃現，但在下一秒就被遺忘了；解釋二是，或許大腦中負責 B 的區域已經足夠強大，可以在無需喚起 B 的情況下，自動將 A 與 C 連繫起來，無論這是有意識的還是無意識的。

第四個證據：我們常常在睡前無法解決的問題，醒來後卻有了解答。夢遊者在無意識狀態下也能做出理性行為，甚至能在預定的時間醒來，這些都顯示出無意識對思維、意志和時間感知的掌控能力。這些事實似乎表明，無意識在我們的大腦中扮演著重要的角色。然而，這些現象也可能只是意識被迅速遺忘的結果。就像催眠一樣，如果在催眠中告訴受試者他會記得一切，那麼醒來後他就能記住所有事情；反之，若不告知，他便不會保留任何記憶。人們迅速遺忘普通夢境的現象，也是類似的情況。

第五個證據：一些癲癇患者在發作時能完成複雜行為，例如在餐廳用餐並付帳，或進行暴力行為。在恍惚狀態中，他們能夠持續進行複雜的動作和推理，卻對所做的一切毫無記憶。這類現象再次引發了對無意識力量的思考。然而，這也可能是

迅速遺忘的結果，就如同催眠狀態一般。如果在催眠中未告知受試者要記住，那麼醒來後他便不會記得。這表明，無意識的力量或許並不是單純的思維操控者，而是與記憶的運作息息相關。這些證據和反駁，讓我們更深入地思考無意識在大腦中的角色，以及它如何影響我們的日常生活。

理性與潛意識：
無聲的智慧與日常判斷

　　人類的思維是一場複雜而又迷人的交響樂，無數的音符匯聚成和諧的旋律，這些音符有著各自的振動比率，許多時候是相對簡單的比率。大腦在無意識中計算這些振動，因為這種簡單性，我們感到愉悅。然而，這種愉悅不僅僅來自計算，或許這些比率的簡潔本身就能帶給我們直接的快樂，不需要任何有意識的思索。

　　進一步思考，我們的日常行為和判斷常常也在無意識中進行。每個人都在正常狀態下表現出理性和情緒反應，這些反應基於我們的經驗和感知，即使我們無法用明確的邏輯來解釋它們。這種現象就像一個小孩子，他可能不知道兩件事情與第三件事情的相等性，但是在具體的情境中，他卻能準確地應用這些概念。同樣地，一個農民可能無法用抽象的語言來描述複雜的理論，但他卻能在實際操作中運用自如。

　　我們對周圍環境的細微變化並不總是有意注意，但一旦它

們改變,我們便能迅速察覺。想像一下,你家的門是如何開合的?或許在正常情況下,你不會去思索它是向左還是向右開,但當你需要開門時,你卻不會將手伸錯一邊,也不會推錯方向。同樣地,我們能辨識朋友的腳步聲,這種能力並不是來自於有意識的分析,而是一種潛意識的辨識。

這種潛意識的辨識能力也展現在我們的日常生活中。你是否曾經思考過撞上一個堅硬物體會有什麼後果?即便你沒有明確地思考過這個問題,你仍然會自然地避免碰撞。這種能力並不是來自於刻意的思考,而是源於我們對世界的直觀理解和經驗累積。

人類的理性和潛意識在生活中交織成一幅豐富的畫卷,每一個細節都在無聲地訴說著我們對世界的理解。這種理解不僅僅是透過有意識的思考獲得的,更是潛意識中那無形的智慧所賦予的。正如音樂的和聲,這種智慧在我們心中激起共鳴,讓我們在不知不覺中做出最合適的選擇。

潛意識中的知識力量

我們生活中所擁有的大多數知識,似乎總是處於一種潛伏狀態。這些知識儲存在我們的腦海中,構成了我們行為的基礎,但在實際行動時,我們卻很少去思考它們。儘管如此,我們可以隨時回憶起其中的大部分內容。這種現象引發了思考:這些知識是如何影響我們的意識和行動的?

要理解這一點，我們可能需要假設有大量的想法潛伏在無意識中，這些想法對我們的意識思維施加著持續的壓力，影響著我們的行為。許多與意識相連的想法，時常會轉變成為意識的一部分。這種轉變過程解釋了潛在知識如何與我們的實際思維合作。然而，若要想像這種想法的集合，我們可能會感到困難。

人類的大腦擁有各式各樣的捷徑，即使是喚起過程不足以形成一個明確的「想法」，它也能夠成為一個前提，影響隨後的決策和行動。這種前提可以是某種調值的特色，就像朋友的聲音可以喚起某些記憶一樣，儘管我們可能未意識到這個調值的存在。

學習過程也是如此。我們學到的每一件事都會改變大腦的結構，進而影響我們對未來事件的反應，形成不同的行動趨勢。儘管我們對這些變化沒有直接的意識，但如果我們有意識地思考某一對象時，行動的傾向就會顯現出來。這種傾向的顯現可以被視為大腦變化的結果。

正如心理學家馮特所言，這是一種能夠產生對原始對象有意識傾向的能力。這種傾向可能會被其他刺激和大腦過程轉化為具體的行為。然而，這樣的傾向並不是有意識的想法，而是大腦某些區域中分子特定搭配所形成的無意識潛力。

這些潛伏的智慧，無論是在學習中還是在日常生活中，都是我們行為和決策的一部分。它們是我們無意識中的盟友，默

習慣的塑性與變遷

默地塑造著我們的世界觀和行動方式。理解這些潛在力量的運作，將有助於我們更好地掌控自己的思維和行為。

本能與理智：
無意識推理與感知錯誤的交織

在探索人類智慧的運作時，我們常常會面臨這樣一個問題：本能與理智之間的界限究竟如何劃分？第八個證據指出，本能行為雖然看似智慧的表現，但其結果往往是無法預見的，因此智慧中也包含了無意識的成分。然而，這種看法可以從神經系統的行為中得到解釋，透過外界刺激物的機械性作用，神經系統會自動地將反應傳遞給感官。

接下來的第九個證據進一步探討了感性知覺中的無意識推理。許多感知結論是在無意識過程中推匯出來的。例如，當我們看見遠處的人在視網膜上呈現的小人形象時，我們並不認為那是一個小矮人，而是知道那是遠處的一個正常人。同樣，當我們在昏暗的燈光下看到灰色的物體時，我們會知道它實際上是白色的。

這些現象有時會引導我們走入失誤。比如，在綠色背景下，淺灰色看起來可能像紅色。這導致我們錯誤地推測綠色幕布下的紅色物體呈現灰色。這些錯誤的感知曾被解釋為無意識邏輯運算的結果。然而，赫林的研究顯示，光色對比是一種純感覺的現象，並不涉及推理。

關於尺寸、形狀和距離的判斷，則被解釋為大腦的簡單聯想過程。某些感覺刺激直接啟用大腦中樞，並與已有的有意識概念直接對應。這些活動是透過一種天生或習得的機制完成的。馮特和赫爾霍茲早期的研究認為無意識推理是感性知覺的重要因素，但後來他們修正了這一觀點，承認即便不透過無意識推理，推論的結果依然成立。這一轉變或許受到哈特曼（Hartmann）對相關概念的濫用影響。

這些探討提醒我們，人類的感知和推理過程中，無意識的成分不可忽視。理解這些過程有助於我們更深入地認識自身的感知錯覺和智慧的本質。

無意識的迷思與思維的界限

哈特曼對無意識思維原理的堅持，彷彿是一場循環的旅程，從起點又回到了原點。對他而言，這一原理是所有可命名事物的展示。然而，他的邏輯似乎過於鬆散，忽略了其他明顯的可能性，讓人不禁懷疑深入研究他的論點是否值得。這種懷疑同樣適用於叔本華的觀點，他將神話推向了他的研究頂峰。

依照叔本華的說法，人類對空間中事物的視覺效果是無意識行為智慧活動的結果。這些活動包括：獲得顛倒的視網膜形象並將其正過來，形成平面空間；透過眼球的視差角計算出兩個視網膜形象必須是一個物體的投影；創造出 3D 影像，並感知

物體的立體性；確定物體距離；最終，無意識地將物體視為自身感覺的唯一原因，從而獲得對物體的客觀屬性認識。對此觀點，我們不需過多評論，如我所言，這純粹是神話。

在試圖證明無意識狀態下存在想法的過程中，所引用的事實卻無一例能正面支持這一概念。這些事實要麼證明當前有意識的想法下一刻會被忘記，要麼顯示快速的大腦反應能產生類似推論結果的某些結果，這些反應似乎不伴隨任何思維過程。

然而，我們還需探討一個更具說服力的觀點，目前尚無相反意見提出。這個觀點或許能為無意識思維的研究提供新的方向，而不是僅僅依靠傳統的神話來解釋複雜的心靈現象。我們需要的是一種能夠將無意識與意識思維的界限明確劃分的理論，這樣我們才能真正理解人類思維的深度和廣度。只有在這樣的基礎上，我們才能對無意識思維的本質有更清晰的認識，並避免陷入循環的思考迷霧中。

無意識與有意識：
探索人類精神世界的深層動機與潛能

第十個證據揭示了一個我們常常忽視的真相：在人類精神世界的深處，潛藏著一個龐大的經驗集群，這些經驗往往與我們自認為的主觀條件截然不同。這種發現猶如一道驚雷，讓我們意識到自己對事情的興趣可能只是表面，實際上卻是厭煩的；或是對一個人以為的喜歡，其實已經轉變為愛。當我們深入洞

無意識的迷思與思維的界限

察自己的動機時，會驚訝地發現其中竟然隱藏著未曾察覺的嫉妒與貪婪。

這些情感與動機的泉源，並非自知之明，而是透過反思與內省方能顯現。日常生活中，我們習以為常的感覺中，其實蘊藏著許多新的要素。這些要素雖然存在於我們的感知中，但往往處於無意識的狀態，讓我們難以單獨辨識。然而，正是這些細微的要素，使我們能夠區分不同的感覺，並賦予每一個經驗獨特的意義。

哲學家們早已在書籍中提供了大量類似的例子。他們指出，我們的思維中混雜著無數的聯想，這些聯想構成了我們對世界的認知。各種不知名的情感從我們的內部器官流出，塑造了我們對身體世界的感受。神經刺激所引發的情感，以及肌肉運動在距離、形狀、大小判斷中所扮演的角色，這些都是我們未曾完全了解的。

此外，我們還需要考慮感覺與注意力之間的微妙差異。注意力的聚焦往往能帶來創新的結果，但這些結果所喚起的感覺和要素，早已存在於我們的無意識中。這意味著，我們的內心世界充滿了未開發的潛能，等待著我們去探索與揭示。

正如我們不斷發現自身的潛力與局限，我們的精神世界也是不斷變化的實驗場。在這個場域中，無意識的要素與有意識的反思交織，構成了我們對自我與世界的獨特理解。這種內心探索不僅是對自我的重新認識，也是對人類精神深度的探究。

153

心靈的無意識運作

在我們日常的語言交流中，濁音和清音的區別似乎是自然而然的，幾乎不需要多加思考。D、B、G、V 這些濁音與 T、P、S、K、F 等清音之間的差別，對大多數人來說，僅僅是語音習得過程中的一部分。然而，若從理論的角度來探討，這其中的奧祕卻鮮少有人深入了解。事實上，濁音與清音的根本區別在於濁音包含了一個額外的聲音要素，這個要素在所有濁音中都是一致的，那就是來自喉嚨的震動音。清音則缺少這個震動。因此，當我們聽見濁音字母時，這些聲音的組成要素雖然早已存在於我們的腦海中，但我們並未有意識地分辨出這些要素。

這種無意識的感知現象並不僅限於語音。在生活中，我們經常經歷各種感覺，卻很少真正注意到它們。例如，開啟或關閉聲門、拉緊耳膜、調整眼睛晶體以適應不同距離的物體等，這些感覺幾乎融入我們的日常生活。每個人每天都經歷這些感覺多次，但卻很少有人會特意去意識到它們的存在。

這樣的現象表明，許多想法和感覺可以以無意識的方式存在於我們的心靈中，並不總是需要有意識地去感知或理解。無意識中的想法與有意識的想法在本質上並無二致，只是存在的方式不同。這一觀點削弱了那些反對心靈要素理論的論點，因為它證明了心靈的運作不僅僅依賴於有意識的思考。

心靈的無意識運作

　　心靈的運作是複雜而深邃的，無論是語音的分辨還是感知的細微差別，都展示了人類無意識心靈的豐富性和潛力。理解這些無意識的運作，不僅能讓我們更深入地理解人類的認知過程，還能幫助我們更好地探索心靈深處的奧祕。這種探索，不僅是對語音的研究，更是對整個心靈運作的深刻洞察。

思想的複雜性與無意識的界限：
區分精神狀態與客觀事實

　　在我們探討思想的複雜性時，常常會遇到一個看似簡單但實際上相當棘手的問題：兩個精神狀態如何指向同一個外部事實？或者，更具挑戰性的是，當一個精神狀態指向另一個精神狀態時，它們又如何被誤認為是相同的「想法」呢？這樣的混淆往往源於對精神狀態的誤解，甚至在哲學的歷史中也是如此。理智的人竟會犯下如此顯而易見的錯誤，這似乎難以置信，然而，這正是一些作者在心理學概念中所陷入的陷阱。他們將關於一個對象的兩種思維視為一個思維，並期待在隨後的反思中，這個思維會自然而然地越來越意識到其本質。

　　然而，若我們能對某些現象進行明確的區分，就能避免這樣的混亂。首先，我們需要區分在想法存在時簡單地擁有一個想法，與其後深入了解與這一想法相關的所有事實之間的差異。其次，我們必須區分主觀的精神狀態與精神狀態所了解的客觀事實。這一區分至關重要，因為許多基於新感覺特徵的論點，

無論是透過感覺還是注意力揭示出來的,往往是站不住腳的。

舉例來說,當我們注意到 B 和 V 的發音,並進一步分析它們與 P 和 F 的區別時,對 B 和 V 的感覺就不再只是簡單的了解。雖然它們代表相同的字母,意味著相同的外部現實,但它們引發的是不同的精神情感,並依賴於截然不同的大腦活動過程。這些精神活動的差異,正是我們理解思想複雜性的關鍵。

在這樣的框架下,無意識狀態不再是一個神祕的概念,而是可以透過對精神狀態的細緻分析而被理解。無意識不僅僅是思想中未被察覺的部分,而是思想的自然延伸和深層次的運作。我們的任務是將這些無意識的界線劃清,從而更全面地理解思想的執行。如此一來,我們便能在思想的領域中更加自如地導航,避免被表面的混亂所迷惑。

聲音的心靈之旅

在我們的日常生活中,聲音的存在是如此的自然,以至於我們很少去思考我們是如何感知它的。然而,聲音的感知其實涉及到兩種截然不同的心理活動。首先,我們有一種被動的接受,聲音以一種整體的方式進入我們的感官,這是一個自然而然、不需刻意關注的過程。其次,當我們有意識地去注意聲音時,我們會將其分解成不同的成分,進行分析和理解。這兩種心理活動看似相反,卻都源自於同一個過程,這樣的想法似乎

難以令人信服。

心理學告訴我們，這兩種狀態並不是簡單的意識和無意識的對立。它們之間的差異甚至比兩個清音之間的差異還要顯著。以學習如何關閉聲門為例，當一個人第一次掌握這一技巧時，他會感受到一種全新的心理變化，這種變化在此之前從未經歷過。這與他之前關於聲門的感覺截然不同，儘管兩者都以相同的身體器官為起點。這種新的感知並不是舊感覺的無意識形式，而是完全獨立的心理體驗。

這樣的現象告訴我們，相同的事實可以被無數種精神狀態所感知，這些狀態之間可能存在巨大的差異。然而，它們都指向著同一個現實。每一種狀態都是一個有意識的事實，因此，將它們簡單地歸為同一思維的不同版本，無論是有意識還是無意識，都是不合理的。

這種對聲音的不同感知方式揭示了我們心靈的複雜性。它提醒我們，對於同一現實，我們可以有多種不同的理解和感受，每一種都獨立且有意識地存在。這不僅豐富了我們的心理體驗，也讓我們更深刻意識到人類感知的多樣性和深度。聲音，作為心靈之旅的一部分，讓我們在日常中感受到更深層次的心理變化，這種變化不僅改變了我們對聲音的理解，也讓我們重新思考我們如何與世界互動。

有意識的想法與精神狀態：
探索認知的清晰與區別

　　「想法」始終處於一種完全有意識的狀態，這是一個不容置疑的事實。如果某個想法不在有意識的範疇內，那它就等於不存在，或被其他事物取代。這個取代的事物，可能是一個單純的大腦過程，或者是另外一個有意識的想法。無論是何者，它們的功能和第一個想法是一致的，皆指向同一個事物。這種現象不會使心理學中的邏輯同一性原理失效。大腦無論在外部世界呈現何種樣貌，始終具備這樣的特性：既能保持自身的完整性，又可以轉化成其他各式各樣的狀態。

　　讓我們進一步探討另一個區別，即擁有精神狀態和精神狀態所認識的客觀事實之間的分別。假如我在無意識的情況下，感覺自己已經愛上一個人，那麼我只是給自己以前未命名的狀態賦予了一個名稱。這個狀態是完全有意識的，除了意識本身，別無其他存在方式。即便這只是一種對愛人的情感，即便它不斷地向無意識狀態靠攏，並足以用同一個名稱來描述，這個狀態仍然與無意識狀態存在本質差異。

　　此外，來自我們內臟、其他不明顯器官的感覺、神經刺激的感覺以及肌肉運動的感覺，正是我們所感知到的狀態，是完全確定的有意識狀態，而非其他有意識狀態的模糊版本。這些感覺可能微弱，可能只能模糊地辨識那些能夠確定認知且命名的同一事實，但這並不使它們自身變得模糊、微弱或無意識。

只要它們存在，那麼它們就永遠是它們的感覺，無論在現實還是潛在的層面上，它們都不會與其他任何事情混同。

在這個思維的領域中，每一個感知都是獨立且清晰的，正如每一個想法都是獨立且鮮明的。這種絕對的清晰讓我們能夠在複雜的內心世界中保持一種穩定與認知的清晰，讓我們的意識不斷地探索與理解自身。

心靈的微觀拼圖

在意識流中，我們可以透過微弱的感覺與其前後感覺之間的連繫來觀察、理解並將其分類。然而，這種理解並不是單一心理狀態的兩種表現，一種有意識，另一種無意識。我們早期的想法被後期的想法截斷，這是思維發展的必然結果，帶來了對同一事實更完整的描述。但即使在這樣的過程中，早期和後期的想法，以及介於兩者之間的眾多精神狀態，仍保留著各自的特徵。若不相信這一點，我們便無法建立穩固的心理學基礎。

我們相繼的想法中唯一的一致性，便是它們在認知和表達功能上對同一物體的統一性。因此，認為「一個心理事實能同時是兩件事」這樣的觀點是不可理解的。我們也發現這些心理事實可以用其他方式表達，且看似相同的感覺，例如對藍色或仇恨的感覺，實際上是無數種與藍色和仇恨截然不同的基本感覺處於無意識狀態下的表現。

159

習慣的塑性與變遷

儘管心靈要素的理論存在諸多缺陷，但不必完全摒棄。如果我們假設單細胞生物具有意識，那麼每一個細胞便擁有其獨立的意識。透過類比，我們可能推論每一個大腦細胞都有獨立的意識。如果心理學家能將這些獨立的細胞意識結合起來，將思維視作某種可測量的要素或物質，那麼他們便能任意增加或刪減這些要素，甚至可以自由組合。這將為心理學家帶來極大的便利，使他們能夠人工建構所描述的精神狀態。

心靈要素理論輕易地接受了這種人工建構的可能性。如此一來，人類「不可戰勝的心靈」將在未來付出更多的努力和智慧來恢復其完整性。因此，我將提出一些對於這一論題現存困難的思考，這些都是我們必須面對的挑戰。透過深入探討這些問題，我們或許能在心靈的拼圖中找到更為精細的答案。

心靈與大腦的協同交響：
探索意識、感知與大腦功能的連繫

描述心靈與大腦之間的連繫，無疑是一項極具挑戰的任務。在過去的討論中，我們曾批評過「連續意識單元聚合為樂音音調感覺」的理論。這一理論試圖解釋神經系統中的物質變化如何將空氣波動轉化為音調感知。然而，我們主張，無論如何聚合，這一過程不過是將複雜的波動簡化為一種物理結果。在大腦皮層的聽覺中樞，這樣的轉化過程產生了一些相對簡單的神經活動，這些活動與音調感覺直接對應。

在探討大腦功能的定位時，我們觀察到意識似乎伴隨著神經刺激流經過大腦。這種流動的性質決定了功能的特徵：當枕葉大量參與時，大腦主要反應於視覺刺激；若神經流集中於顳葉，則大腦主要處理聽覺資訊。這種觀點雖然看似簡單，卻為我們提供了一種理解心靈與大腦連繫的框架。

心理失聰、聽覺失語症及視覺失語症的現象進一步揭示了整個大腦協同作用的重要性。這些現象告訴我們，某些思維的產生需要大腦各部分的協同運作，而非單一區域的獨立活動。意識不是由部分組成，而是與大腦的整體活動相符，這種整體性使得意識能夠反映大腦當下的所有活動，無論這些活動具體是什麼。

這種描述心靈與大腦關係的方式將在本書中反覆出現，因為它基於事實，沒有假設成分，也不會被任何邏輯上的反駁所動搖。這種方法不同於觀念組合理論，後者常常伴隨著邏輯上的挑戰。我們的觀點強調，心靈與大腦的關係是一種協同的交響，而非簡單的因果關係。在接下來的章節中，我們將更深入地探討這一主題，揭示心靈與大腦之間的微妙連繫。

思維與大腦，尋求最小共通點

在科學的領域中，探究大腦與思維之間的關聯一直是令人著迷的課題。儘管從表面上看，將大腦活動與思維過程以經驗

習慣的塑性與變遷

法則並列似乎無懈可擊,但若要讓這樣的法則代表更深層次的本質連繫,問題便隨之而來。研究大腦與思維的最終目標,是理解這兩者為何以及如何相互連繫。然而,在解答這一宏大問題之前,我們首先需要處理一個基礎的挑戰:陳述大腦與思維之間連繫的基本形式。

這項任務並不簡單。要將大腦與思維的連繫還原為最基本的形式,我們需要辨識出兩者之間最低階的關係。這意味著,我們必須辨認出哪些心理事實和大腦事實有直接的並列關係,並找出最細微的心理事實,其存在依賴於特定的大腦事實。同樣,我們也需鑑別最小的大腦事件,並確保其在心理領域中有相應的對應。

這些最小的心理和大腦事實之間的直接連繫,構成了我們所謂的基本的心理──生理法則。這一法則將整個思想看作處理心理問題的最小單位,從而避免了將心理元素進一步分解所帶來的理解困難。然而,當我們嘗試將整個大腦過程視作處理物質問題的最小單位時,挑戰便浮現出來。

此時,問題在於如何將這樣一個複雜的生理過程簡化為可理解的基本元素。每一個心理事實都應有其在大腦中的對應事件,這樣的對應關係應該是直接且不可分割的。然而,將大腦的整體過程簡化為最小的物質單位,不僅需要對大腦內部運作有深刻的理解,還要求我們能夠準確地將這些運作與心理現象相匹配。

總而言之,探索思維與大腦之間的關聯,不僅是尋求兩者之間的基本連繫形式,更是對人類認知與生理機制的深刻思考。儘管面臨種種挑戰,我們仍在不斷努力,試圖揭示這一複雜而迷人的科學謎題。

大腦與思維的微觀對應:
重新審視心理與生理學的關係

在探討大腦與思維的關聯時,我們常面臨一個根深蒂固的觀念:即大腦與思想都由不同的部分組成,這些部分之間存在著某種對應關係。批評者們強調這種類比,認為這是理解心智運作的關鍵。大腦的運作由視覺、聽覺、感覺等多種中樞活動組成,而思想的對象同樣由多種感知構成,包括可見、可聽、可觸等元素。這種觀點自然引導我們思考:「為什麼思維的組成不與大腦的各部分對應呢?」

這一問題引發了心理學中強大的理論體系的形成,其中最著名的莫過於洛克學派的觀念連繫理論。這個學派認為,心靈的要素可以被視為思想的基本構件,它們彼此之間的連繫構成了我們的心智運作。然而,這一理論本身也只是整個大系統中的一個微不足道的分支。

然而,另一個更加棘手的問題浮現出來:大腦的「整體過程」並非一個物理實體,而是一種由心靈旁觀者所感知的無數物理事實的集合。「大腦」這一概念其實是我們給予一系列特定排

列的分子的一種稱謂。按照微粒子或機械理論，唯一真正存在的事實是那些獨立存在的分子或細胞，它們的聚合方式是人類的想像產物。

這樣的想像無法成為任何心理狀態的真正對應物。只有那些真正的物理事實，諸如分子，才能充當這種對應物。因此，若我們希望建立一套基本的心理──生理學法則，便必須重新考慮以分子作為「大腦」的基本要素的觀點。這樣的轉變將我們帶回到類似於心靈要素理論的視角，強調分子事實與思維要素之間的對應，而非與整體思維的對應。

這種觀點的轉變不僅挑戰了我們對心智的傳統理解，也揭示了在微觀層面上重新審視大腦與思維之間關係的必要性。隨著科學的進步，我們或許將進一步揭示這種微觀對應的複雜性，並更深入地理解人類意識的奧祕。

多元物活論，心靈的微觀宇宙

當我們面對不可知的事物時，許多人會被其神祕性所吸引，讚美這種神祕並從中獲得慰藉。這種態度似乎化解了我們心中的困惑，讓我們對未知心生敬畏。然而，也有一些人從中發現了初始觀點的不足之處，透過辯證法的思考，將我們引向更全面的觀點。在這樣的觀點中，矛盾被接受，邏輯不再是唯一的檢驗標準。這種追求全面性的努力，雖然可能基於人性中的脆

多元物活論，心靈的微觀宇宙

弱，卻未必能真正讓我們安心。

接下來，我們將探討一種名為物質單子理論的哲學觀點。一種理性的推斷是存在第三種未被充分考慮的可能性。這種假設在哲學史上曾多次出現，並且相比於其他觀點，受到的邏輯責難更少。它被稱為多元物活論，或複合單子論。

多元物活論假設每一個大腦細胞擁有獨立的意識，而其他細胞對這些意識一無所知。這些意識對彼此而言都是「外部的」。然而，在這些細胞中，存在一個中央或主要的細胞，我們的整體意識依附於此。其他細胞的活動對這一主要細胞產生具體影響，並透過它們的聯合作用而互相「結合」。

事實上，這個主要的細胞扮演著「外部媒介」的角色。沒有它，一系列事物的融合和組合都不可能發生。這種想法使我們重新思考意識的本質，並挑戰了傳統的邏輯觀點。它提出了一個關於心靈的微觀宇宙圖景，讓我們重新審視自我意識的來源和運作機制。

在這樣的框架下，意識不再是單一的、孤立的存在，而是一個由多個獨立意識構成的複雜系統。這個系統內部的合作與互動，最終形成了我們所感知的統一意識。這一假設為我們理解大腦和意識提供了一個新的視角，或許能引領我們走向更深刻的哲學探索。

習慣的塑性與變遷

心靈與物質的微觀交響：
從細胞到原子的對應關係

在探討心靈與物質的關係時，我們發現，細胞的物理變化引發了一系列結果，而這些結果又由其他細胞的反應所構成。每一個細胞在這個序列中都有其代表的結果，這種相互交織的關係讓我們可以理解為一種思維或情感的序列。這些心靈現象就像它們的物理對應物一樣，是完整而不可分解的。每一個思維和情感都可能對外界事物產生覺知，這些事物的數量和複雜性則與影響中心細胞的其他細胞數量成正比。

接受這一觀點，我們可以避免過往理論中的一些矛盾。首先，我們不再需要解釋難以理解的心理單元的自我結合現象；其次，整個大腦活動不再被視為意識流的唯一物質對應，因為這種對應並不是真實的物理存在。然而，即便如此，這一理論依然面臨生理學上的挑戰。大腦中並不存在解剖學或功能上足以作為整個系統基石的卓越細胞或細胞群。即便假設存在這樣的細胞，複合單子論仍無法將其視為心理活動的基本單元。

在物質層面上，細胞並非最小單元，而是由分子組成的化合物。大腦則是由細胞和纖維組成的更大化合物。根據物理學的理論，分子又是由原子構成的。若要徹底探究心靈與物質的對應，我們需要追溯至更加基本的層次——那就是原子及其對應的心靈現象。

這一理論的推進，要求我們從根本上重新審視心靈與物質

的互動作用，不僅要考慮細胞與意識的關係，更要深究原子與其心靈對應物之間的微妙連繫。只有在這樣的微觀層面上，我們才能尋求到心靈與物質的真正交響，從而建立一個更為完整的理解框架。

單子論的未來與靈魂的辯證

當我們深入探討萊布尼茲（Leibnitz）的單子論時，須暫時拋開心理學的桎梏，進入經驗和證實無法觸及的領域。單子論的概念，儘管在邏輯上並不矛盾，但由於其抽象和難以實證的特性，常被視作形而上學的遙遠理想。這一學說並不迎合普羅大眾的興趣，而是吸引那些對思辨哲學有著深厚熱情的人。形而上學的未來，或許正是由這些思辨者來擔負，他們對於理論的未來有著某種深信不疑的期望。萊布尼茲、赫爾巴特和洛采（Lotze）等哲學家的認可，或許預示著其理論終有一天會迎來勝利。

然而，單子論面臨的挑戰之一便是靈魂理論的問題。讀者可能會疑惑，為何不直接引入靈魂的概念來解決這一困境？在我們這個時代，接受過反唯心主義教育的人，尤其是那些受到進化論影響的思想家，可能會對將靈魂這一概念引入科學討論感到驚訝。畢竟，靈魂似乎是與現代科學對立的過時概念。然而，單子論中所涉及的「主要細胞」或「主要單子」的討論，實

習慣的塑性與變遷

際上與這一古老的精神實體有著密切的關聯。這種關聯不僅是哲學上的探討，也是對於人類直覺和常識的某種回應。

我之所以遲遲不將靈魂作為解決問題的核心，部分原因是為了促使唯物主義者重新審視唯心主義者的立場。歷史與傳統信仰中的靈魂觀念，無論我們承認與否，對我們的思維都有著潛移默化的影響。在宇宙的廣袤舞臺上，如果靈魂這類實體確實存在，它們可能會受到神經中樞活動的影響，並透過內在的調整來反映大腦某一刻的狀態。這些狀態的變化可能引發意識的波動，進而影響我們對各類事物的認知。

在這個思辨的過程中，我們無法忽視靈魂的潛在作用，它可能是連接物質和精神世界的橋梁。這樣的觀點，或許能夠激發我們對宇宙以及自身存在的更深層次理解。

靈魂與大腦的協調：
探索意識與物質的橋梁

靈魂，或許可以被視作一種媒介，一個能夠將大腦中各種複雜過程的結果統合在一起的橋梁。這樣的觀點使我們不必將靈魂視為任何特定分子或大腦細胞的內在成分，從而避免了心理學中常見的矛盾。靈魂的瞬間意識波動被視作一個完整的整體，這一看法也使我們不再陷入將感覺孤立存在並試圖彼此融合的荒謬境地。根據這一理論，獨立性存在於大腦的物理世界，而統一性則在靈魂的非物質世界中得以實現。

然而,這樣的理論也帶來一個難題:如何解釋一種存在的事物影響另一種存在的事物?這個難題橫跨物質與非物質的領域,雖然不涉及物理的不可能性或邏輯上的矛盾,但仍是值得思考的挑戰。對我而言,假設靈魂能夠被大腦狀態以某種神祕方式影響,並透過自身的意識情感作出反應,是一個最不受邏輯阻礙的思路。儘管這樣的假設並未能嚴格解釋任何現象,但它也不像心靈要素理論或物質單子論那樣容易被推翻。

然而,這個心理與大腦過程並列的赤裸現象——被感知的意識狀態,並不是靈魂本身。許多靈魂論的支持者也承認,我們對靈魂的了解是透過其狀態的體驗得來的。因此,在接下來的討論中,我們將再次回到靈魂的話題,仔細探討每個意識狀態與大腦過程之間的無媒介對應關係。這或許不是最簡單的心理——物理學方案,但它為心理學提供了一個避免危險假說的窗口。

在這一交響曲中,靈魂與大腦的協調似乎在展示著一種和諧的可能性。我們或許無法完全理解這種深奧的關聯,但它的存在卻是一種不可忽視的現實。靈魂,作為意識與大腦之間的橋梁,讓我們得以在科學與哲學的交會處探求更深層的真理。這樣的探索不僅豐富了我們對自我的理解,也讓我們在精神與物質的世界中找到了新的思考方向。

習慣的塑性與變遷

心靈與現實的交響曲

心理學的進步在於它的現實依據和非形而上學的堅持，而這種堅持最終將引領我們走向更深刻的理解。傳統的心身平行論承認經驗的存在，這是一種明智的做法，因為它讓心理學保持在一個可驗證的範疇內，避免陷入純粹的形而上學思考。雖然這只是暫時的解決方案，但未來的發展可能會更為徹底，就如跟我們已經拋棄心靈的原子要素，並不再將靈魂作為一個獨立的存在來考量。

然而，這並不意味著唯心論的讀者就必須放棄他們對靈魂的信念。相反地，他們可以繼續相信靈魂的存在，將其視為一種超越物質的存在。實證主義者，也許會在他們的科學陳述中，願意加入一些神祕的元素，認為自然界在它的精妙設計中，將土、火、大腦和心靈結合在一起，形成了人類這樣的化合物。這些元素彼此交織，並共同決定著彼此的存在。

然而，對於普通人來說，這樣的結合為何會發生，仍然是一個無法解答的謎題。這種無知並不妨礙我們對心靈與現實的探索，反而成為激勵我們不斷追求真相的動力。心理學在這樣的背景下，扮演著重要的角色，提供一個平臺讓我們能夠在科學與哲學的交界處，去探討心靈的奧祕。

在這場探索中，我們必須警惕方法上的陷阱。過於依賴某一種理論或假設，可能會使我們的研究陷入狹隘的視野，而忽

略了更廣泛的可能性。心理學的方法應該是靈活的，能夠包容不同的觀點，並在實證和哲學之間找到一個平衡點。

最終，心靈與現實的交響曲將在我們的研究中展現出它的和諧之美。這不僅是對心理學的豐富，也是對人類自我認識的一次深刻探索。隨著我們對心靈的了解逐漸加深，或許有一天，我們將能夠更接近解開心靈與現實之間的奧祕。

習慣的塑性與變遷

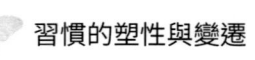

心靈與現實的交錯

我們深入探討心理學的方法及其可能出現的陷阱。迄今為止，我們已經了解了研究心理狀態所需的生理學基礎。在接下來的內容中，我們將聚焦於心理狀態本身的研究。大腦狀態與外部世界存在著一種「相對應」的關係，因此，在探討心理狀態之前，我們必須了解大腦與外部世界之間的連繫。

心理學作為一門自然科學，研究的對象是現實時空中的心靈——每一個獨特的個體心靈。心理學家不會專注於那些擁有絕對智慧或不受時間限制的心靈。他們所研究的「心靈」，是多種類型心靈的總稱。如果這種研究能夠得出普遍性的結論，並且能被研究絕對智慧的哲學家所應用，那將是極其幸運的。

對於心理學家來說，他們的研究對象處於一個充滿其他對象的世界中。即使他們能夠分析自己的心靈，並得出結論，他們也是以一種客觀的方式陳述這些結論。例如，當一位心理學家在某種情況下感知灰色為綠色時，這一現象被稱為幻覺。這表明他將真實的顏色與心理知覺進行了比較。這種判斷暗示著兩者之間存在特定的關係。在得出這一結論時，心理學家既超越了自己的知覺，也超越了顏色本身，二者都是他的研究對象。

如果這種方法適用於他們反思自己的意識狀態，那麼它將更適用於研究其他人的意識狀態。心理學家的工作不僅是理解這些現象，還要將它們置於一個更大的背景中，以便在個體心靈與外部世界之間建立有效的連繫。

心理學家面臨的挑戰在於，他們必須在研究中保持客觀，

避免被自身的主觀經驗所影響。同時，他們還需要在複雜的心理現象中尋找規律，並將這些規律應用於更廣泛的心理學理論中。這需要一種批判性思維，以及對科學方法的嚴格遵循。透過這種方式，心理學家才能夠深入理解心靈的運作，並有效地解釋心靈與現實世界的互動作用。

心理學家與知識理論的對話

在康德之後的德國哲學界，知識理論成為一個不可或缺的研究領域。心理學家似乎也被推向這個方向，成為知識理論家的一部分。然而，心理學家所研究的知識並非康德批判的純粹知識功能，而是更具體的、與人類經驗密切相連的知識。康德並不質疑知識的可能性，他所關注的是特定個體對其周圍環境的理解。他批判的是一種特定的知識觀，這種觀點根據自身的理解來評判其他知識的真偽，並探索其中的原因。

對於心理學家來說，理解康德的自然哲學觀點至關重要。這種理解能夠幫助他們避免在知識的探討上耗費不必要的精力。心理學家的研究，從一開始就需要將康德的觀點內化，這樣才能在理論上站穩腳跟。

由於心理學的獨特性，它的研究既涉及主觀事實，又涉及客觀事實，這使得心理學家在研究過程中更容易出現錯誤。因此，心理學家在確定相關事實的方法上需要特別謹慎。在這樣

心靈與現實的交錯

的背景下，心理學家需要不斷反思自己的方法和觀點，以確保研究的準確性和客觀性。

接下來，我們將深入探討心理學家用來確定相關事實的方法，以及這些方法中可能存在的問題。這一過程不僅是對心理學家的挑戰，也是對整個知識理論的一次深刻反思。心理學家在這場理論對話中，既是觀察者，也是參與者，他們的探索將為知識理論提供新的視角和可能性。

心理學基本假設：
對內在思考的無疑

在心理學的研究中，自省式觀察法占據著核心地位。這種方法不僅要求我們深入觀察自己的內心世界，還要求我們清晰地表達出這些觀察結果。大多數人都能認同，我們在心靈深處能夠發現意識的狀態。即使在哲學懷疑論者中，這種狀態的存在似乎也無可置疑。即使所有的事實都在哲學的懷疑中搖擺不定，意識到我們能夠進行思考這一事實，依然是不可忽視的。

每個人都毫不懷疑自己正在思考，並將心理狀態視作一種內在的活動或激情，這種活動或激情與所有可能成為意識對象的事物互動。我將這種信念視為心理學中最基本的假設之一，並不打算追問其確定性，因為這樣的探究過於形而上學。這是因為，當我們談論意識狀態時，術語的選擇顯得特別重要。

在命名意識狀態時，我們需要一個能夠概括所有意識狀態

的術語，這些術語不僅要能夠涵蓋其特性和認知功能，還要避免過於具體或情感化。然而，現有的術語如「心理狀態」、「意識狀態」或「意識改變」等，似乎都不夠精確，且缺乏相應的動詞來表達這些狀態。「主觀狀況」這個詞同樣面臨這樣的問題。

「感覺」（feeling）一詞在這方面顯得尤為突出，因為它同時具備名詞和動詞的功能，是一個積極而中性的詞。然而，它在不同語境下可能代表不同的意思，有時候指痛苦和愉悅，有時候是「感官感覺」的同義詞。我們需要一個能夠同時涵蓋感覺和思維，且不帶有感情色彩的術語。

此外，在一些信奉柏拉圖主義的思想家中，「感覺」還具有一系列消極的意義。這種多義性和可能的情感色彩成為哲學交流中的一大障礙。因此，為了促進更清晰和中立的交流，我們應該努力尋找一個表意公正的詞，來準確描述我們的意識狀態和心理活動。這樣的詞將有助於我們更容易理解和交流，從而推動心理學研究的進步。

思維與感知的語言挑戰

赫胥黎先生曾提出「精神症」（psychosis）這一術語，其優點在於它與「精神官能症」相關，並且是機械性的，不帶有偏見。然而，這個詞彙缺乏動詞形式和其他語法變化，使得在語言中應用時顯得局限。「靈魂的情感」「自我的改變」以及「意識狀態」

這些詞語形態笨重，難以在未經充分討論和共識的情況下被準確地使用於理論中。這種語言的貧乏使得我們在描述心理現象時面臨挑戰。

「觀念」是洛克在其哲學中廣泛使用的中性詞，具有模糊性，儘管如此，它在語言學中並未能完全涵蓋所有感官經驗。這個詞缺乏「感覺」的動詞含義，使其在描述認知過程時略顯不足。例如，「牙痛的想法」僅僅是一種抽象的概念，無法讓人真切地感受到實際的痛苦。因此，當我們試圖用語言涵蓋所有心理活動的領域時，往往需要退而求其次，採用一些片語，如休謨的「印象和想法」或漢密爾頓的「代表和再代表」，或是簡單的「感覺和想法」。

面對這種語言上的困境，我們似乎無法做出明確的選擇，而必須靈活應對。有時候使用一個術語，有時候使用它的同義詞。我個人傾向於使用「感覺」和「思維」這兩個詞。或許我在使用這些詞時賦予了它們比通常更廣泛的意義，並且用它們不同尋常的發音使讀者感到驚訝。然而，只要在上下文中這些詞明顯指代心理狀態而不考慮具體類型，這種做法不僅無害，反而可能有助於我們更容易理解和表達心理活動。

在探討心理活動時，語言的選擇至關重要。我們需要在精確性和靈活性之間找到平衡，確保我們的表達既能涵蓋多樣的心理狀態，又不失去其核心的意義。這樣的語言挑戰不僅考驗我們的表達能力，也激發我們對思想本質的更深入探索。

內省的爭議與本質：
通往心靈真實性的道路？

　　內省觀察的模糊性曾引發過許多爭議，因此，在深入探討之前，理解相關理念至關重要。唯心主義者主張，靈魂或心理活動的對象屬於形而上學的實體，這些實體的知識無法直接獲得。內省揭示出不同的心理狀態和行為，這些都是內在感知的對象。然而，內在感知不能真正理解心理狀態本身，就如同視覺和聽覺無法直接告訴我們物質的本質一樣。從這個角度看，內省僅能感知靈魂的現象。

　　然而，內省能夠多大程度地理解這些現象呢？一些學者主張內省具有一種不可錯性的特質，這種觀點聽起來頗具說服力。哲學家伯威格指出，如果某一心理現象是我所理解的對象，那麼去區分這個對象在我意識內外的存在便毫無意義。因為在此情況下，這個被理解的對象如同所有外部知覺的對象一樣，其存在於我的意識之外，或根本不存在。同理，一個心理現象只存在於我之內，無需再做內外之分。

　　布蘭塔諾進一步指出，當我內心理解某個現象時，這些現象自身即是真實的。既然它們出現，它們所得到的理解便證明了它們的存在，因此它們是真實的。這種情況下，心理學展現出了一種超越物理學的特質，因為它能夠揭示那些僅在內心存在的現象的真實性。

　　這樣的觀點挑戰了我們對於內省的理解界限。內省似乎不

僅僅是對心理現象的自我觀察，它還可能是一種通向心靈真實性的道路。這種觀察方式引導我們探索心靈的深邃，並揭示那些被外部感知所遮蔽的真相。在這個過程中，我們可能發現，內省不僅是心理現象的觀察者，更是心靈現實的見證者。這種觀察和理解的過程，無疑賦予了心理學一種獨特而深刻的意義，使其在某種程度上超越了物理學的範疇。

內省悖論，理性與情感的交錯

在探索自我與心靈的奧祕時，人們往往會陷入一個古老的悖論：我們是否能夠真正認識自己的內心？有些人認為，當我們試圖理解自己的心理狀態時，那些狀態就已經在我們的意識中存在著，並且以我們感知的方式存在著。這種觀點似乎理所當然，因為懷疑本身就是一種心理狀態的展現。然而，這種懷疑如果不加以控制，最終可能會毀滅所有探尋知識的起點，甚至毀滅懷疑者本身。

與此相對，另一種極端的觀點認為，我們對心靈的認識並不依賴於內省。這一觀點的倡導者中不乏哲學大家，如奧古斯特‧孔德（August Comte）。孔德的理論認為，哲學家們錯誤地認為可以區分外在和內在的觀察，尤其是後者用於研究智力現象。他指出，心靈對自身的直接關注只是一種幻覺。孔德認為，心靈可以觀察到除自身狀態之外的一切現象，而這些觀察的價值

在於它們的外在性。

這種看法讓我們思考，在激情和理智的狀態下，我們對自身的認識是否真實。當人被激情驅動時，他的觀察往往缺乏客觀性；而在智力現象中，觀察者和被觀察者又是同一個心靈，如何做到自我觀察呢？孔德強調，這種假設的心理學方法缺乏實用性，因為我們無法將自身的智力活動分割為兩個獨立的部分來進行觀察。

因此，對於心靈的認識，我們或許需要一個不同的視角。或許，外部觀察能夠提供一種更全面的理解，讓我們跳出自我意識的局限，從而獲得更深刻的洞察。這樣的觀察並不意味著完全否定自我內省的價值，而是倡導在理性與情感的交錯中，尋求一種更為平衡的認識方式。這一過程中，我們需要謙遜地承認自我認識的局限，同時也應該勇敢地探索心靈的深度和廣度。透過這樣的努力，我們或許能夠在理性與情感之間找到一條通往自我理解的道路。

自我認識的悖論：
智力活動與內心觀察的平衡

在追求自我認識的過程中，有一種矛盾的建議常常浮現：一方面，建議我們盡可能地將自己與外部的感知隔離，尤其是遠離所有的智力活動。這種方法的倡導者認為，即便是最簡單的計算，也會讓我們的內部觀察變得模糊不清。然而，另一方

面,這種方法又要求我們在達到智力休眠的狀態下,仍然能夠專注於內心的活動,這似乎是一種不可能的任務。

這種矛盾的主張與形而上學對心理學的影響有著密切的關聯。歷史上,形而上學主義者花了兩千年的時間發展心理學,但卻始終無法就一個可信的理論達成一致。每個進行「內部」觀察的人都得出了不同的結論,這令人質疑內部觀察的可靠性。孔德對英國和德國的經驗心理學並沒有深入探究,他所指的「結果」可能更多地是來自經院哲學。

約翰·米爾曾對孔德(August Comte)的觀點發表評論:孔德先生認為,事實應該透過記憶來研究,而不是在當下的意識中進行研究。這種看法忽視了我們對智力活動的即時認識的重要性。活動結束後,我們應該趁著記憶猶存,對其進行反思和分析。這種方法提供了一個可能的途徑,使我們能夠獲得更廣泛承認的心靈事件的理解。

孔德幾乎斷言我們對自己的智力活動沒有即時的知覺,而只能依賴事後的記憶。然而,事實上,我們能夠在當下就直接了解自己的觀察和推理。這一點,即便是直接知識還是事後記憶,都足以推翻孔德的論點。因為任何我們能夠直接意識到的東西,我們都可以直接觀察到。

這種智力休眠與內心觀察的悖論,揭示了自我認識過程中存在的複雜性。我們必須在隔離外界干擾和保持內心清晰之間取得平衡,以便真正了解自己的內心世界。這不僅挑戰著我

們對心靈活動的理解，也迫使我們重新審視那些看似矛盾的建議，探索一條更加融合的道路。

意識的瞬間與命名的悖論

在心理學的探討中，意識的真相似乎總是如幻影般難以捉摸。米爾的話揭示了一個現實的真理：即使我們堅信對意識狀態的理解是準確的，但大腦對這些狀態的記憶和觀察往往充滿了錯誤。布倫塔諾強調了直接知覺與反思知覺之間的差異，而這種差異正是心理學家面臨的核心挑戰之一。

心理學家應該依賴哪種意識模式呢？如果僅僅依賴即時的感覺和思維，那麼甚至搖籃中的嬰兒也可以被稱為心理學家。這種思維顯然是錯誤的，因為心理學家的工作不僅僅是擁有正確的心理狀態，他們還必須能夠對這些狀態進行命名、描述、分類和比較，並理解其與其他事物的連繫。

這樣的工作必然伴隨著錯誤，因為在命名和分類的過程中，我們常常會犯錯。孔德指出，當一個感覺被命名或判斷時，它已經是過去的事情。主觀狀態在出現之時並不會成為自身的對象，其對象往往是其他事物。

當我們嘗試命名當下的感覺時，比如「我累了」或「我很憤怒」，這些宣告其實並不是真正的直接狀態。這些感受在被命名的那一刻已經發生了變化，失去了其最初的力量和真實性。

這種狀態顯示出一種悖論：當我們試圖捕捉和命名意識的瞬間時，意識已經在流逝，變得不可捉摸。這種變化使得命名行為失去了它的原始意義，因為當下的狀態已經不再是最初的那個狀態。

因此，心理學家必須在這種不確定性中工作，接受命名和分類過程中的錯誤，同時不斷探索意識的本質。這種探索不僅是對意識的追尋，也是對命名行為本身的深刻反思。心理學家的挑戰在於，如何在這種瞬息萬變的狀態中，找到一種可靠的方法來理解和描述人類的內在世界。

內省的局限與心靈的複雜性：
探索情感與行為的真實性

在探索心靈的奧祕時，我們不禁要問：內省是否總能提供準確的判斷？赫爾摩爾堅信，內省從未欺騙過我們，因此值得信賴。這一觀點立足於經驗的穩固基礎，認為我們在感知和情感的真實性上從未犯錯。然而，這一信念是否真的無懈可擊？

當我們在內心感受到懷疑或憤怒時，的確不會錯誤地認為自己處於不同的情感狀態。然而，問題的核心在於，我們能否準確地分類和命名這些情感，尤其是在其快速變化和相互交織的時候。情感的閃現如同電光火石，我們何以確定它們的先後順序？在對椅子的感知中，有多少是來自眼睛的直接感受，又有多少源於記憶的重現？

意識的瞬間與命名的悖論

更複雜的是，當我們試圖比較不同感官的強度時，問題變得更加棘手。例如，用背部與臉頰去感覺同一物體，哪種感受更強烈？這樣的問題往往難以回答，因為情感的強度可能受到多種因素影響，並且在不同情境下，結果可能大相逕庭。

同樣地，行為的動機也是一個深不可測的領域。我們是否總能清楚地知道行為背後的驅動力？許多時候，行為的動機可能是潛藏的，甚至是無意識的，這使得我們難以透過內省完全理解自己的行為。

此外，複雜情感如憤怒，包含多重要素，我們是否能夠準確地辨識和分解這些要素？對於距離的知覺，是一個複合的心理狀態還是簡單的反應？這些問題挑戰了內省的可靠性。

倘若內省能夠得出確切的結論，認定某些看似基本的情感確實是基本的，而非複合的，那麼關於心靈要素的理論爭議將不復存在。然而，事實是，心靈的運作充滿了複雜性和不確定性，使得內省的結論往往模糊不清，甚至可能誤導。

因此，我們應該承認內省的局限性，並在探索心靈的過程中，保持謹慎和開放的態度。只有這樣，我們才能更接近於理解心靈的真實本質。

心靈與現實的交錯

探索心理學的隱祕角落

薩利先生在他的著作中深入探討了內省錯覺，特別是內省過程中固有的挑戰和誤差。他用一整章來闡述這一主題，強調內省的困難性和易謬性。內省，即我們試圖直接觀察和理解自己內心感情及其相互關係的過程，常常讓人困惑不已。即便我們懷著最真誠的意圖去洞察自我，也常常會迷失在錯誤的認知之中。

要減少這些錯誤，我們必須在對所探討事物的深層知識上達成共識，並透過後續觀點來修正先前觀點，直至形成一個和諧的整體知識系統。這種逐步建立的體系，是心理學家們所揭示的觀察能夠獲得合理性的最佳保證。因此，我們自己也應該努力建構這樣的知識體系，以便更容易理解和解釋我們的內心世界。

歷史上，英國心理學家以及德國赫爾巴特學派的學者們對於單獨個體的直接內省結果表示滿意，並基於此提出了一些影響深遠的學說。洛克、休謨、里德 (Reid)、哈特利 (Hartley)、斯圖爾特·布朗 (Steward Brown) 和米爾父子 (the Mills) 在這方面的著作一直被視為經典。，這些作品展示了內省如何揭示人類心理的深層結構。同樣，貝恩教授的論文也探索了單獨使用直接內省法可能產生的結果，為心理學研究提供了寶貴的見解。

心理學作為一門年輕的科學，它的發展猶如拉瓦錫時期的

化學，或顯微鏡發明之前的解剖學一樣，仍處於非技術性的階段。然而，這並不妨礙我們在這些看似晦澀的領域中獲得啟發和理解。內省作為一種工具，雖然充滿迷宮般的挑戰，但它也為我們提供了一扇窗口，讓我們窺見人類心靈最深邃的角落。我們需要的不僅是技術和方法的進步，還有耐心和勇氣，去面對內心的未知，去探索心靈的無盡深淵。

微觀心理學的崛起：
實驗法與心理學探索的新篇章

在心理學的歷史程式中，實驗法正引領著一場不容小覷的變革，尤其是在德國，微觀心理學的興起代表著這一領域進入了一個複雜而不斷探索的新階段。這一研究方法以實驗為核心，要求研究者不僅具備高度的耐心，還需能夠持續地進行內省數據的收集和分析。這樣的研究方式對於浮躁的國民性來說，或許無法推行，但對於像像韋伯（Weber）、費希納（Fechner）、羅特（Vierordt）和馮特這樣的德國學者來說，這卻是一個充滿吸引力的挑戰。這些學者不僅不感到厭煩，反而以極大的熱情投入其中，並吸引了大量年輕的實驗派心理學家加入這個領域。

微觀心理學的研究者專注於心理活動的基本要素，試圖從觀察結果中提煉出這些要素，並盡可能精確地量化和界定它們的範疇。這種方法看似簡單卻開放，已經在心理學研究中發揮了應有的作用。研究者們勇敢地探索著極限情緒的邊界，無論

是忍耐、飢餓，還是面臨威脅和死亡的境地，他們都不懼怕。面對這些極端情況，心理防線終將屈從，而圍攻它的能量最終會集結起來，突破心理的防禦。

對於那些習慣使用稜鏡、鐘擺和計時器等工具進行研究的學者而言，微觀心理學的方法或許並不算高貴。然而，這些方法的價值在於它們的實用性和對心理現象的深刻洞察力。這些研究者不僅追求科學的準確性，更渴望透過自己的堅忍和智慧，揭示出人類心理的深層奧祕。

正如西塞羅所言，人對自然的最佳洞察力，最終將在這些研究者的努力下被揭示出來。儘管這個過程需要時間和耐心，但微觀心理學的發展無疑將為心理學提供新的視角和理解，並在未來的某一天，為人類的自我認識和進步做出重要貢獻。

實驗心理學的多元應用與發展

實驗心理學是一個複雜而多樣的領域，涉及到大腦生理學、感官生理學以及心理──物理學等多方面的研究。這些研究領域不僅揭示了意識狀態與其物理條件之間的連繫，還深入探討了感覺與外部刺激之間的關係。這些研究成果不僅豐富了我們對人類心理活動的理解，也在不斷推動科學的進步。

在實驗心理學中，空間知覺的分析是另一個重要研究領域。研究者試圖將空間知覺分解為基本的感覺元素，以更容易理解

其形成機制。與此同時，對心理過程持續時間的測量也提供了寶貴的數據，幫助我們了解人類認知的速度和效率。

記憶的研究在實驗心理學中占據重要地位。科學家們致力於測量感性經驗和時間間隔在記憶中再現的準確性，這不僅有助於揭示記憶的運作原理，也對教育和學習策略的制定具有重要的指導意義。此外，簡單心理狀態之間的相互影響、喚起或抑制的方式，也是研究者關注的焦點，這些研究有助於理解情緒和行為的調節機制。

遺忘和記憶保留的基本法則是實驗心理學的一個重要發現。雖然某些研究領域的理論價值與其投入不成比例，但科學的進步總是伴隨著不斷的嘗試和突破。每一年，新的研究成果不斷湧現，為理論的發展提供了豐富的素材。

除了實驗法，心理學家們還依賴於比較法來補充和驗證研究結果。透過比較不同生命形態的心理活動，如動物的本能和原始人的行為，我們可以更全面地理解人類心理的特徵和起源。這種方法還包括對嬰兒、智障人士、聾啞人、盲人、罪犯及其他特殊群體的研究，為建立一個完整的心理學理論體系提供了重要的支持。

此外，科學史、道德和政治體制，以及語言等文化產物，也被視為不同類型心理活動的產物，成為研究人類心理活動的重要數據來源。這些多元化的研究方法和領域的交叉運用，不僅豐富了心理學的理論寶庫，也為未來的研究開闢了新的方向。

比較法與信函在心理學研究中的應用：
挑戰與機遇

在科學研究的歷史中，達爾文和高爾頓先生的研究方法為後人樹立了重要的榜樣。他們不僅依賴直接的觀察和實驗，還透過信函的方式，向那些可能擁有答案的人尋求指導。這種做法在當時是一種創新，並且被推廣為一種有效的方法，來獲取訊息和促進研究的進展。這種方法的優勢在於，它打破了地理和文化的壁壘，使得知識得以在更大範圍內流通。

然而，在比較法的應用中，我們也必須警惕其潛在的偏差。特別是在解讀動物、原始人和嬰兒的行為時，研究者常常依賴自己的直覺和主觀經驗來做出判斷。這種隨意的做法可能導致對這些對象的誤解。例如，原始人的某些行為可能會讓觀察者感到震驚，這種震驚往往會導致他們被誤認為缺乏道德和宗教情感。同樣地，如果一個小孩用第三人稱談論自己，有些觀察者可能會輕率地判斷這個孩子缺乏自我意識。

因此，當我們運用比較法來研究心理現象時，應該更加謹慎。我們無法提前設定一個統一的標準來評估所有的觀察，最好的做法是將比較法用作驗證預先存在的假設的工具。在這個過程中，觀察者的智慧和公正性至關重要。

語言的誤導性是心理學研究中的一大挑戰。大多數心理學詞彙最初是由非心理學家創造的，這些詞彙主要用來描述外部世界的現象。即使是我們日常生活中最常見的情感，如憤怒、

愛、恨、恐懼和希望，也都是從描述外部事物的詞彙庫中借用而來。這些詞彙在描述主觀經驗時，往往顯得笨拙和不夠精確。

感覺的基本性質，如明亮、吵鬧、紅色、藍色等，既可以描述主觀感受，也可以描述客觀現象。這種雙重性質使得我們經常混淆客觀和主觀的界限，進而影響我們對心理現象的理解。直到今天，我們仍然依賴那些能引發感覺的物體名稱來描述內心的感受。這種對主觀事實的描述詞彙的缺乏，使得我們只能對其進行粗略的研究。

總之，信函作為一種研究工具，雖然有其局限，但在科學探索中仍然具有不可替代的價值。透過謹慎地運用比較法，我們可以在不斷修正錯誤的過程中，逐步接近真相。

語言的陷阱與心理學家的謬誤

經驗主義者常強調語言對心靈造成的錯覺。他們指出，當我們創造一個詞來表達某類現象時，往往會錯誤地認為這個詞指涉的現象之外還存在一個獨立的實體。這種錯誤在語言中無法避免，因為缺乏詞彙常讓我們誤以為某些實體不存在。成長中，我們經常注意到那些被頻繁提及的事物，而對於無確定名稱的事物則難以集中注意力。這種語言的限制使得心理學的描述常顯得空洞而不具體。

心理學依賴大眾語言，這種依賴帶來的問題不僅僅是空

洞，還更加深了錯覺。如果思維被其對象所命名，便會促使人們誤以為思維與其對象必然一致。獨特的事物需要獨特的思維來理解，一個抽象或普遍的對象也只能由抽象或普遍的概念構成。然而，這些對象常被遺忘又重現，於是人們誤以為對象的思維具有獨立性和自主性。這樣的誤解導致精神流的連續性被忽視，取而代之的是一種原子論的碎片化理解，這種理解缺乏合理的基礎，並引發了許多悖論和矛盾，成為心理研究者們的遺留問題。

這些問題主要針對洛克和休謨以來的英國心理學，以及赫爾伯特以來的德國心理學，因為他們將「想法」視作獨立的主觀實體。心理學家的謬誤就在於他們混淆了自己的觀點與表達的心理事實。他們站在所談論的心理狀態之外，將心理狀態和心理對象視為自己的對象。當這些狀態涉及認知時，他們往往用對象的思維、知覺等來命名，這種命名方式容易讓人誤以為對象的思維也能自我了解，儘管事實並非如此。因此，心理學中出現了許多不真實的謎團。

關於對象的呈現或再呈現的知覺問題，還有當人們只對事情有粗略概念時的唯名論和概念論問題，這些問題的解決需要擺脫心理學家的謬誤。當我們能夠正確地區分語言的限制和心理事實，我們便能更清晰地理解心靈的運作，避免落入語言和思維的陷阱。

內外視角的區別：
心理學中的自知與外部觀察

心理學研究中存在一種常見的謬誤，即假設一旦心理學家能夠意識到某種心理狀態，那麼該心理狀態本身也必然能夠意識到自身。事實上，心理狀態只能從內部意識到自身的內容，而心理學家則從外部觀察這些狀態，並且理解它們與其他事物之間的關係。這種內外視角的區別至關重要，因為思維只能看見其對象，而心理學家則能看見思維的對象以及思維本身，甚至可能還能觀察到整個世界的影響。

當心理學家從外部討論心理狀態時，必須謹慎行事，以避免將我們的外部認知強加到心理狀態本身。這意味著，我們不能簡單地以我們對意識的理解來替代意識本身，也不能僅僅從外部視角來考慮心理狀態。我們需要在意識的對象內部，考慮其與其他事實的連繫，從而避免觀念的混亂。

儘管如此，即便有這種認識上的混亂，心理學家仍然難以完全避免落入這樣的陷阱。有些心理學派甚至以這種觀點為基礎建構其整個理論框架。因此，對於心理學家而言，謹慎處理這一影響是非常必要的。

心理學將思維視為一種相繼發生的過程，其中思維在心理學家所認識的世界中辨識其對象。思維是心理學家所處理的主觀數據，這些數據與對象、大腦和世界的關係構成了心理科學的主題。心理學的方法包括內省法、實驗法和比較法。然而，

內省法並不是揭示心理狀態真相的可靠途徑，特別是當心理學的詞彙貧乏時，這種方法顯得尤為不足。

在某些情況下，我們可能會錯誤地認為某些心理狀態能夠自知，並且意識到它們的對象，而心理學家則能夠全面了解這一切。對於科學研究而言，這樣的誤解可能導致災難性的錯誤。因此，心理學家必須在研究中保持警惕，避免這種雙重視角的混淆。透過更精確的語言和嚴謹的方法，心理學家可以更容易理解思維及其與世界的關係，從而推動心理科學的進步。

心理學家的雙重視角，思維與世界的交錯

心理學家面臨的常見錯誤之一，是誤以為既然他們能意識到某種心理狀態，那麼這種狀態本身也必然具有自我意識。然而，事實並非如此。心理狀態只能從內部意識到自身，僅能理解我們稱之為自身內容的事物。相對地，心理學家則是從外部觀察這些狀態，並理解它們與其他事物之間的關係。思維僅僅看到其對象，而心理學家則能看到思維本身，以及可能的整個世界。因此，當從心理學家的角度討論心理狀態時，我們必須謹慎，以免將僅僅為我們存在的東西錯誤地新增到心理狀態的範疇內。

我們要避免用我們所知的意識替代意識本身，亦須避免從外部來考量它。也就是說，當我們認為我們對某個對象有所覺

知時，應當考慮其與世界上其他事物之間的連繫。從抽象的角度來看，儘管這種觀念可能會引發混亂，心理學家卻無法保證自己不會陷入這樣的失誤，這種失誤甚至構成了某些學派的全部觀點。

因此，我們必須警惕這一影響。整體而言，心理學認為思維是連續發生的，並且思維在心理學家所認識的世界中認識對象。思維是心理學家所處理的主觀數據，它們與對象、大腦和世界的關係構成了心理科學的主題。心理學的方法包括內省法、實驗法和比較法。然而，內省法並不是揭示我們心理狀態真相的可靠途徑，尤其是心理學詞彙的貧乏，使得我們難以準確描述某些狀態，甚至錯誤地將其他狀態視為它們自知，並且了解它們的對象。這對於科學研究來說，無疑是一個災難性的錯誤。

心理學的基本原則在於探索心靈與其他事物的連繫，這包括思維如何與世界相互作用。這種研究要求我們在認識過程中保持警惕，避免將外部觀點錯誤地內化到思維本身，並在研究中保持嚴謹的科學態度。心理學家必須以謙遜和客觀的態度來探討思維的本質，這樣才能真正理解心靈與世界之間複雜而微妙的關係。

心靈與現實的交錯

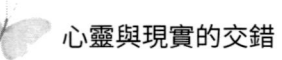

── 心靈的時間性與非連續性 ──

心靈的時間性與非連續性

在心理學的研究中,我們無法忽視心靈與周遭世界的連繫。心靈不僅是世界的一部分,它也與時間有著密切的關聯。心靈的存在似乎是有時間性的,這引出了許多哲學和神學上的疑問:心靈是否在身體存在之前就已經存在?身體消亡後,心靈是否依然存在?然而,這些問題超出了心理學作為科學的範疇,並不在我們目前的探討之中。

在心理學的視野內,我們主要關注的是心靈與身體在當下生活中的連繫。每一個心靈都與一個具體的身體相對應,並透過身體的外在表現來呈現心靈的各種形式。在這樣的框架下,我們會發現,不同的心靈在共同的時間和空間中共存,或者在時間的延續中彼此交替。然而,這種時間和空間的關係並不是心理學的主要關注點。

更值得注意的是,個體的意識在其生命中並非是連續不斷的。這樣的非連續性引出了另一個值得深思的問題:在我們的生命中,是否存在過完全無意識的時刻?這個問題的重要性在於,許多狀態如睡眠、暈厥和昏迷,似乎是意識的中斷,並且這些狀態可能會占據相當長的時間。如果我們承認個體意識的非連續性,那麼是否存在一種我們未能察覺的連續意識形式呢?

這樣的疑問在心理學中具有重要意義,因為它涉及到意識的本質和範圍。意識的非連續性是否意味著在那些無意識的時段中,心靈依然以某種隱祕的方式存在?這些問題不僅挑戰了我們對心靈的理解,也促使我們重新審視意識的界限和可能

性。心理學作為一門科學，雖然不能完全回答這些問題，但它提供了一個研究和探索的基礎，使我們能夠更深入地理解心靈在時間中的存在形式。

無意識的間隙，靈魂與時間的斷裂

在日常生活中，我們的意識常常在不知不覺中中斷，這種現象在現代心理學中被廣泛研究，卻仍然充滿了未解的謎團。無論是在手術中使用麻醉劑，還是在夜晚沉沉入睡時，我們的意識都可能瞬間消失，然後在我們不知情的情況下再度恢復。這些中斷的時間，無論是短暫的幾秒鐘還是漫長的數小時，我們都無法從自身的感知中察覺，只有透過外在的證據，如時鐘的指標，才能確認它們的存在。

這種現象引發了一個重要的問題：我們的意識是否真的是不連續的？或者說，這種不連續只是我們對自身意識的錯覺？從某種意義上來說，這是一個哲學問題，而不是單純的科學問題。笛卡兒主義者堅持認為意識的本質是思維，因而即便在意識降至最低狀態時，它仍然保持著某種形式的存在，這或許是一種最低限度的自我感知，甚至不留痕跡。然而，這種觀點是否能完全解釋我們所經歷的無意識間隙？

如果我們放下對靈魂和其不朽性的信仰，承認心靈和身體一樣需要休息，那麼這些意識的間隙就變得更加合理。這些時

心靈的時間性與非連續性

間的中斷或許正是心靈自我調整和修復的過程，就像身體需要睡眠來恢復活力一樣。這種觀點不僅消除了對意識不連續性的恐懼，也讓我們以更寬容的態度看待自身的脆弱。

因此，對於意識中斷的頻率和性質，我們可能永遠無法確定。它可能是偶然的，也可能是規律的。它可能是我們心靈的一種保護機制，也可能是我們對自我認知的一種錯覺。然而，無論如何，這些間隙提醒著我們，作為人類，我們的認知和存在都充滿了未知和不可預測性。這種不確定性，或許正是我們存在的魅力所在，讓我們在探索自我和世界的過程中，持續地追尋著那些不斷消逝又再度浮現的意識時刻。

洛克與經驗主義：
睡眠、意識與思維的持續性

約翰·洛克以其對經驗主義的堅定支持，對笛卡兒主義者的信仰發起挑戰。他在《人類理解論》中，生動地表達了他對人類思維的看法：「每一次昏昏欲睡地打盹，都動搖那些靈魂一直在思考的理念。」這句話揭示了他對人類記憶和意識的深刻理解。他認為，人類並不會因為短暫的休息而完全失去思考能力，這一觀點與 M·朱弗羅伊（Jouffroy）和 W·漢密爾頓（Hamilton）爵士的看法形成鮮明對比。這兩位學者從經驗主義的角度出發，卻得出了相反的結論。他們指出，在自然或誘導的夢遊症中，往往存在大量的智力活動，但醒來後卻對所發生的事情全然不知。

當我們從睡眠中被驚醒時，無論之前的睡眠有多深，都會發現自己正在做夢。然而，這些夢境的記憶通常只在我們醒來後的幾分鐘內短暫存在，隨後便消失無蹤。同樣地，在我們心不在焉或剛剛清醒時，許多一閃而過的念頭和表象會突然出現在腦海中，卻又迅速消逝，讓我們再也無法回想起來。

清醒時，我們對習以為常的噪音常常充耳不聞，這種現象顯示出我們能夠選擇性地忽略某些感知，讓注意力對它們完全空白。在睡眠中亦是如此，我們逐漸習慣於周圍的聲音、光線和觸碰，並能在它們的環繞下安然入睡，儘管這些刺激在最初可能會妨礙我們的入眠。我們在清醒和睡眠狀態下都學會了忽略它們的存在，無論睡眠的深淺，感官的印象始終如一。不同之處在於，大腦作出了判斷，認為這些刺激不值得注意。

洛克的觀點強調了人類思維的持續性，即便在休息或睡眠中，思維的火花依然閃爍。這種對人類意識的深刻洞察，啟發我們重新審視自身的記憶和感知，並理解我們在清醒與睡眠之間的微妙平衡。

潛意識的力量與人類感知的奧祕

在日常生活中，我們常常能觀察到一些微妙而奇妙的現象。比如，護理師在照顧病人時，或是母親在照顧嬰兒時，她們能在嘈雜的環境中安然入睡，但只要病人或嬰兒稍有動靜，

心靈的時間性與非連續性

她們便立刻驚醒。這種現象顯示出我們的感官在潛意識中對特定聲音保持著敏銳的接受能力。

更令人驚訝的是，許多人擁有一種在睡眠中記錄時間的能力。他們能在每天早上固定的時間醒來，或是在前一晚隨意設定的時間準時醒來。這種現象引發了一個耐人尋味的問題：在沒有意識活動的睡眠狀態下，我們是如何感知並記住時間的呢？

這些現象提供了一些經典的論據來支持大腦在睡眠中仍然活躍的理論。即使我們在醒來後無法回憶起這些活動，但大腦似乎在某種程度上保持著警覺。近年來，針對歇斯底里症患者和催眠狀態下的觀察進一步支持了這些觀點，揭示了人類意識中深藏不露的層面。

這些觀察顯示，在我們的意識之外，存在著一個高度發達的潛意識。當來自不同背景的觀察者在研究中得出了相似的結論時，我們有理由相信這些結論接近於真理。在歇斯底里症患者中，潛意識的存在尤為明顯。這些患者常常在某些身體部位喪失感覺，例如視力、聽覺、嗅覺或是觸覺的缺失。令人驚訝的是，這些感覺喪失往往集中在身體的一側，並且與正常感知的區域有明顯的界限。

其中最令人驚嘆的例子莫過於整個身體，包括皮膚、手腳、臉部甚至黏膜和肌肉的完全失去知覺，而其他功能卻不受影響。這些觀察揭示了人類感知的複雜性以及潛意識在其中扮演

的關鍵角色，對於理解人類天性的奧祕提供了新的視角。這不僅挑戰了我們對意識的傳統認知，也為未來的研究開闢了新的道路。

歇斯底里症與感覺喪失：
物理治療與心理暗示的交織

許多傳統的方法可以在一定程度上消除歇斯底里症患者的感覺喪失症狀。近年來的研究顯示，將磁鐵、鐵盤或電池的某一極放置於皮膚上，能夠在某種程度上恢復這些患者的感知能力。這種恢復常常會出現一種有趣的現象：當身體的一側透過這種方法恢復正常後，感覺喪失的情況會轉移至原本狀況良好的另一側皮膚。這一現象引發了對磁鐵和金屬究竟是透過直接的生理作用，還是由於患者的心理暗示而起效的廣泛討論。

除此之外，催眠被認為是另一種有效喚醒患者皮膚感覺的方法。患者在催眠狀態下常常能夠重拾敏感性，這種恢復通常發生在感覺喪失的後期，並且會與敏感性交替出現。皮埃爾·珍妮特（Pierre Janet）和 A. 比奈（Binet）研究顯示，儘管患者表現出感覺喪失，但其實這些感覺仍然存在於次級意識中，只是與主要意識的連繫被切斷。然而，這些喪失感覺的部位對敲擊仍有反應，還有其他一些新奇的方式可以證明其存在。

其中一個證明敏感性存在的主要方法，是珍妮特先生所稱的「分散注意力法」。歇斯底里症患者的注意力通常非常有限，

無法同時思考多於兩件事情。如果他們與他人交談，他們便會忘記其他的事情。這種方法利用患者有限的注意力，透過轉移他們的注意力來重新啟用其感覺部位的敏感性。珍妮特先生指出，這種方法不僅能夠證明敏感性的存在，還能在某些情況下幫助患者恢復正常的感知能力。

這些方法的效果，無論是來自於磁鐵、金屬的物理作用，還是患者的心理影響，都表明了感覺喪失並非不可逆轉。這種現象的神祕之處在於，它挑戰了我們對於感知和意識之間關係的理解。隨著研究的深入，或許我們能夠更清晰地揭示這些現象背後的機制，從而為治療歇斯底里症患者提供更有效的方法。

隱藏的意識：露西與珍妮特先生的實驗

露西擁有一種令人驚訝的特質：當她專注於與某人交談時，整個世界似乎都消失了。無論你是站在她的身後，對她的耳朵輕聲呼喚，或者在她面前揮舞手臂，她都不會分心。這種專注力使她常常忽視周圍的環境，甚至在不合適的場合下，無意中洩露自己的祕密。然而，這種現象並不僅僅是露西的特例。珍妮特先生在他的研究中發現，這種專注力背後隱藏著一個更深層的次級意識。

珍妮特先生進行了一系列驚人的實驗。他發現，當一名患者專注於與他人交談時，他可以悄悄地站在患者身後，用低語

的方式給予簡單的指令,比如「舉起你的手」或「轉身」。令人驚訝的是,患者會無意識地順從這些指令,而他們的主要意識仍然完全沉浸在與他人的對話中。這種現象表明,人的意識層次是複雜且多重的。

更令人驚訝的是,珍妮特先生能夠進一步利用這種次級意識進行更為複雜的實驗。他不僅可以讓患者用手勢回答問題,甚至能讓他們在不知不覺中用筆寫下答案。這種能力顯示出一種潛藏的意識活動,它能夠在不影響主要意識的情況下,完成一些具體的行為。

這些實驗提供了有力的證據,證明了次級意識的存在。它挑戰了傳統對於人類意識的理解,揭示出意識並非單一層次,而是由多層次組成的複雜結構。珍妮特先生的研究不僅開啟了一扇探索人類心靈的新窗口,也讓我們重新思考何謂意識,以及我們如何與內在的自我進行互動。

隨著珍妮特先生的實驗不斷推進,這些證據逐漸堆積,讓人們對次級意識的存在深信不疑。這些發現不僅對心理學領域產生了深遠的影響,也讓我們開始重新審視自身的認知過程,探尋那些隱藏在表面之下的心靈奧祕。正是這些看似微不足道的實驗,為我們揭示了人類心靈深處的無窮潛力。

心靈的時間性與非連續性

神祕的感知與意識分離：
失去感覺的手與心靈的奇異連繫

在某些神祕的醫學案例中，患者的手失去感覺，但卻能自如地操作放置在其上的物品，這種現象揭示了心靈與身體之間神祕的連繫。在這些患者中，手似乎擁有自主行為的能力。例如，當一支筆被放在這隻手上時，手會自發地做出書寫動作；當剪刀被放在手中，手便開始開合。然而，令人驚訝的是，這些動作的發生並不依賴於患者的意識知覺。患者在未關注手的情況下，無法意識到手上是否有物品。

在一次實驗中，我將一副眼鏡放到患者雷奧尼失去感覺的手上，那隻手開始打開眼鏡架，試圖將眼鏡舉到鼻子的位置。當眼鏡進入雷奧尼的視野時，他驚訝地停下動作，並驚呼：「為什麼我的左手上竟然有副眼鏡！」這種現象顯示了視覺和觸覺之間的奇特分離。

比奈先生在沙佩特里耶（Salpetriere）研究中發現，這些患者的心靈似乎能夠感知物品的存在，但卻無法透過手的觸覺感受物品。當鑰匙或刀被放置在手上時，患者會形成對這些物品的概念，但手本身毫無感覺。同樣地，當實驗者彎曲或敲擊患者的手指時，患者會想起與之相應的數字，儘管手指本身並未感受到任何不同。

更為奇異的是，這些現象讓人聯想到「色聽」這類特異功能。患者能夠「看到」手接受物品時的印象，但卻無法感覺到。

這些視覺印象似乎與手無關,更像是獨立的視覺,常常引起患者的好奇與驚訝。在實驗中,患者的手被隱藏在螢幕後面,他們被要求描述投射在螢幕上的圖片。隨著手的觸碰次數增加,螢幕上會出現對應的數字,彩色線條和圖形也會隨著手掌心的畫作而出現。即便如此,手依然沒有任何感覺。

這些現象的神祕之處在於,患者似乎能夠透過某種未知的感知途徑理解物品的存在,而這種理解並不依賴於傳統的感覺經驗。儘管有人認為這可能是患者的假裝或干擾,比奈先生堅持認為,這一解釋不足以揭示現象的全部真相。這些案例提醒我們,心靈與身體的連繫可能比我們想像的更加複雜而神祕。

潛意識的神祕領域

在科學的探索中,對於人類意識和潛意識的研究總是充滿著驚奇與挑戰。醫生們常用羅經點的方法來測量皮膚的敏感度,這種方法揭示了不同身體部位對於接觸的反應是多麼的不同。在指尖,僅 1/10 英寸的距離就能被明確感知,而在背部或大腿中,3 英寸的距離卻可能被視為無法區分的單一點。然而,在某些情況下,皮膚對於這些接觸可能完全失去感知,這似乎是意識與潛意識之間的奇妙互動的結果。

皮埃爾・珍妮特和朱爾斯・珍妮特(Jules Janet)的研究揭示了這一現象的奧祕。他們發現,被試者即使在主意識中無法感

心靈的時間性與非連續性

知到觸碰，潛意識卻依然能夠精確地反映這些刺激。這些被試者能夠無意識地用動作標出「一點」或「兩點」，儘管他們的主意識並未參與其中。這意味著，潛意識擁有一種獨立的感知能力，能夠在主意識缺席的情況下自動反應。

類似的觀察也出現在對歇斯底里症患者的研究中。伯恩海姆（Bernheim）和皮特里斯（Pitres）透過複雜的實驗證明，這些患者的失明並非完全的失去視覺能力。即便在一隻眼睛閉上的情況下導致全盲，當兩隻眼睛同時睜開時，視覺仍能正常運作。這種現象表明，潛意識在某種程度上仍然保留了對外界的感知能力，只是與主意識的連接被阻斷。

比奈先生的研究更進一步證實了潛意識的存在。他觀察到患者的手可以無意識地寫下他們的眼睛無法看見的詞語，這些詞語無法進入患者的意識中，但潛意識顯然感知到了它們。這種現象也適用於色盲患者，潛意識能夠察覺顏色，而主意識卻無法。

這些研究結果讓我們不得不承認，人類意識的構成可能是多層次的，且各個層次間的交流是有限的。這些意識層次在某些情況下是互補的，當一個層次獲得了某種感知，另一個層次可能會失去對其的感知。珍妮特先生的實驗，特別是對露西的研究，無疑揭示了這方面的深刻真相。這些現象不僅挑戰了我們對意識的理解，也引發了對人類心靈深處潛力的無限探索。

潛意識的力量與催眠治療：
探索感知與行為的神祕交織

　　在催眠的奇妙世界中，潛意識的力量常常令人驚嘆。在一次實驗中，露西成為了探索潛意識奧祕的絕佳對象。催眠師在她的大腿上放滿了數字卡片，並告訴她，當她醒來後，她將無法看到任何數字為三的倍數的卡片。這是一種被稱為「後催眠」暗示的技術。當露西從催眠狀態中醒來，她果然報告說只看到了不為三的倍數的卡片，完全忽略了 12、18 和 9。

　　然而，當催眠師轉變策略，專注於與她的潛意識進行對話時，一個奇妙的現象發生了。露西的手開始不由自主地寫下大腿上那些被她的意識忽略的數字：12、18 和 9。更令人驚訝的是，當催眠師要求她的手撿起卡片時，她的手只撿起那些數字為三的倍數的卡片，其他的卡片則被無視。

　　這種現象揭示了潛意識的神祕力量，它能選擇性地影響我們的感知和行為。露西的意識完全無法察覺到這些卡片，但她的潛意識卻能清晰地辨識並作出反應。這種選擇性視而不見的能力在歇斯底里症患者中尤為明顯。他們經常遭遇感覺喪失、癱瘓和其他不正常的現象，這些症狀似乎與潛意識奪走了意識的功能有關。

　　治療這些症狀的關鍵在於重新平衡意識與潛意識的關係。透過催眠或其他技術，治療師可以進入患者的潛意識，說服它放棄對身體某些功能的控制。這樣，患者的正常意識就能重新

掌控視覺、感覺和運動能力。這一過程不僅僅是治療，更是一場與潛意識的對話，揭示了我們內心深處的力量。

潛意識的神祕力量不僅挑戰了我們對自我的理解，也為心理治療提供了一個全新的視角。透過探索這一領域，我們或許能夠更深入地了解人類心靈的複雜性，並開發出更有效的治療方法。催眠不僅是揭開潛意識祕密的鑰匙，也是讓我們重新掌握自己命運的工具。

潛意識的神祕力量

透過這種方法，珍妮特先生輕而易舉地治好了那個著名的 Salpetriere 被試者的各種痛苦。這些痛苦在他發現她深層意識的祕密之前，一直都難以克服。他對她的潛意識說：「停止這種低劣的玩笑」，而她的潛意識竟然照做了。這種不同意識分享感覺庫的方法，在這位年輕女性身上展現出了一種有趣的現象。當她清醒時，她的皮膚只對佩戴金項鍊的那個特定區域敏感，然而在最深層的潛意識狀態下，她的全身都能感覺到，而這個特殊的區域卻完全失去感知。

偶爾，意識之間的忽視會導致一些奇怪的事件。潛意識的活動和舉動從意識中抽離，導致被試者作出各種不協調的行為，而自己卻毫無察覺。我曾讓露西將一個拇指放在鼻尖處，同時晃動其餘四個手指，她照做之後，我問她在做什麼，她回

答:「什麼也沒做」。在持續長時間的談話中,她絲毫未察覺到手正不斷在鼻子前運動。我甚至讓她在房間裡四處走動,她繼續談話,並堅信自己是坐著的。

　　珍妮特先生在一個酒醉後譫妄的人身上觀察到了類似的行為。當醫生與他交談時,珍妮特先生透過耳語暗示他走路、坐下、跪下,甚至是仰面躺在地板上,他都一一照做,但始終相信自己是坐在床邊的。這些現象在未親眼見證之前,似乎難以置信。很久之前,我自己就曾見過一兩個這樣的例子,但當時我並未意識到它們的意義。

　　這些案例揭示了潛意識的強大和神祕。它不僅能影響我們的感知和行為,還能在意識層面之外運作,創造出令人驚訝的結果。透過觀察和研究這些現象,我們或許能更深入地了解人類意識的複雜性和潛在可能性。珍妮特先生的研究為我們提供了一個窗口,讓我們能夠窺見潛意識的深邃世界,並可能在未來開發出更多的治療和應用方法。

潛意識的力量與自動書寫:
揭示心靈的隱祕運作

　　在一個陽光明媚的下午,一位年輕女子坐在桌旁,手中握著一支筆,她的思緒卻飄向不久前遇見的一位紳士。她努力地想回憶起那人的名字,但腦海中只浮現出第一個音節。奇妙的是,她的手在不自覺中,竟然寫下了名字的後兩個音節。這種

心靈的時間性與非連續性

情況讓人不禁思考,手的動作是否受到了潛意識的支配?

最近,我觀察了一位健康的年輕男子,他能夠在占卜板上進行書寫,而他的手在書寫時似乎完全沒有感覺。我用針灸他的手,他卻渾然不知。然而,占卜板上的文字卻猛烈地譴責我這一行為。當我轉而刺他的另一隻手時,這位男子立即用口頭方式嚴厲指責我,而占卜板上的手卻否認刺痛的存在。

這種現象類似於「後催眠」暗示的效果。當被催眠者在催眠狀態下被告知要執行某個行為,或在醒來後會經歷某種幻覺,他們往往會在醒來後服從這些命令。這種現象令人困惑:這些命令是如何被潛意識記錄下來的?為何它們能夠被如此精準地執行?

艾德蒙・格尼(Edmund Gurney)透過自動書寫的研究,首次揭示了潛意識的醒著狀態。他發現,潛意識能夠持續關注命令,並等待執行的時刻。在德國的實驗中,被催眠者在清醒後站在占卜板前,他們的意識被其他活動占據,如朗讀、說話或解數學題,但他們的手卻在占卜板上寫下催眠時接收到的命令。

這些現象顯示,潛意識在某種程度上擁有獨立於顯意識的操作能力。這並非簡單的「自動機制」,而是一個隱藏的、卻完全有意識的自我在指導著這些行為。潛意識的運作,使得我們對自我認識的複雜性有了更深刻的理解,揭示了人類心靈中尚未完全解開的謎團。

隱藏自我與潛意識的奇妙互動

在心理學的研究中，隱藏自我經常在特定情境下浮現，取代主導意識，這種現象令人著迷。當某些行為被觸發時，個體可能進入一種恍惚狀態，事後對自己的行為毫無記憶。格尼和博尼斯（Beaunis）的研究首次指出了這一現象，隨後大量的實驗進一步驗證了這一點。格尼發現，在短暫的行為執行期間，個體的敏感度會再次提升。珍妮特的觀察為這一現象提供了生動的例證。

我曾對一位名叫露西的被試者進行實驗，讓她在醒來後保持手臂高舉。當她恢復正常意識時，她的手臂不自覺地舉到了頭頂，卻渾然不覺。她一邊走動和交談，手臂始終保持高舉。當我詢問她手臂在做什麼時，她驚訝地回答：「我的手臂什麼也沒有做，就像您的手臂一樣。」這種情境顯示出意識和潛意識間的分離。

更有趣的是，當我在催眠狀態下命令露西哭泣，她在醒來時會啜泣，但同時卻在談論開心的事情。這種哭泣似乎是一種無意識的反應，沒有任何悲傷的情感，顯示出意識為掩蓋潛意識行為所產生的幻想。這種現象在其他被試者中也有觀察到，例如，雷奧尼 3 在寫字母，而雷奧尼 1 卻認為自己在編織；露西 3 去了醫生的辦公室，而露西 1 則以為自己仍在家中。

這些例子展示了一種譫妄的狀態，其中潛意識和意識之間

的界限變得模糊。如果潛意識專注於某些活動，如字母的書寫，正常意識可能會對這些活動失去記憶。當被試者的手根據命令書寫字母時，她卻對字母的內容一無所知。這種潛意識與意識之間的分離，揭示了多重自我之間的奇妙互動，令人不禁好奇其運作的機制以及對人類行為的影響。這樣的研究不僅揭示了人類心理的複雜性，也為理解意識和潛意識的關係提供了寶貴的見解。

心靈的多重面貌：
意識分裂與潛意識的力量

　　心靈的多重面貌是心理學領域中的一個迷人而又複雜的話題。珍妮特先生的研究揭示了在某些情況下，人類心靈可能會被分割成獨立的意識部分，這一現象的發生與個體的心理狀態密切相關。當一個人的神經系統異常虛弱時，可能會出現意識的分裂，部分意識被放棄，形成所謂的次級意識或潛意識。

　　在那些經歷心理困擾或身體異常的個體中，這種分裂的現象尤為明顯。比如，一位歇斯底里的女性由於無法承受完整意識的負擔，便會自動放棄一部分意識，這些被放棄的意識則可能發展成為獨立的潛意識。這些潛意識有時會以令人驚訝的方式表現出來，顯示出它們的穩定性和獨特性。然而，這種現象並不僅限於心理異常者。在健康的個體中，意識的分裂可能是暫時的，隨著時間的推移，這些分裂的意識會重新整合回整體意識中。

珍妮特先生在催眠狀態下進行的實驗提供了關於潛意識行為的深刻見解。他向被試者暗示某種形狀的芥末藥膏，結果在兩位被試者身上引發了區域性皮膚的紅腫反應。這些反應的產生，顯示了潛意識對於暗示的敏感性和執行能力。此外，珍妮特先生的實驗還揭示了潛意識的持續性和獨立性。例如，當被試者再次進入催眠狀態時，他們會報告自己一直在思考之前的暗示，甚至在長時間的間隔後，仍然受到這些暗示的影響。

這種現象的背後，也反映了心靈的潛力和脆弱性。被試者M先生的經歷就是一個典型案例。在接受實驗後，他受到另一名觀察者的影響，被暗示自己身處遙遠的阿爾及爾，這種暗示未被解除，導致他長時間處於一個不變的夢境中。這種情況警示我們，心靈的分裂可能帶來的潛在風險，以及對於心理暗示的謹慎使用的重要性。

總之，心靈的多重面貌不僅揭示了人類意識的複雜性，也讓我們重新思考心靈的脆弱性和潛在的力量。我們需要更加深入地探索這一領域，以更容易理解人類心靈的運作機制。

潛意識的神祕面紗

雷奧尼的故事始於一個不經意的手勢，這個動作似乎是無意識的，但卻揭示了潛意識的深層活動。當他在訪問者面前用左手拇指頂住鼻尖並搖動其他四指時，看似無關緊要，卻成為

後來探索心靈奧祕的起點。這個動作一年後再度出現，雷奧尼自己卻未曾察覺。這些細微的行為模式累積起來，揭示了人性中未被充分理解的特質，並引領我們進入一個充滿無意識行為的世界。

在本書的初始章節中，我們對這些現象進行了詳細的探討，試圖解開潛意識如何影響我們的行為。這種探索揭示了一個重要的事實：我們不能單純依賴所謂的「感知」來理解一個人的內心。當一個人聲稱自己「沒有感覺到」某些事情時，這可能只是主意識的疏忽，而非潛意識的缺失。

催眠現象提供了一個絕佳的窗口來觀察這種潛意識的運作。催眠狀態下，簡單的暗示可以輕易地影響一個人的行為，甚至導致特定部位的癱瘓或感覺喪失。這種所謂的「系統性感覺喪失」並非對所有事物的麻木，而是選擇性地忽視某些特定的刺激。

珍妮特先生的實驗對象露西便是一個典型的例子。當她無法看到大腿上寫有數字的卡片時，這並不意味著她完全無視其存在，而是她的潛意識選擇性地排除了這些視覺資訊。然而，當她將目光轉向其他地方時，這些被忽視的物體會在她的腦海中留下「消極的事後形象」，這表明她的感官仍然接收到並處理了這些資訊。

這些現象不僅挑戰了我們對感知的理解，也引發了對人類心靈更深層次的思考。潛意識的力量無處不在，影響著我們的思想、情感和行為。透過對這些微妙現象的研究，我們逐步

揭開了潛意識的神祕面紗，並開始理解其對人類行為的深遠影響。這不僅讓我們重新思考「感知」的定義，也對人類心理學的研究提供了新的視角。

視覺選擇性忽視：
感知、注意力與認知控制的深層機制

在心理學的實驗中，視覺選擇性忽視揭示了人類感知的一種獨特現象。當被試者被要求忽略某一特定對象時，他們的視覺系統似乎能夠「選擇性地失明」。這種現象並不僅僅是簡單的視野忽略，而是一種更為複雜的感知過程。

設想一個實驗場景：被試者被要求忽略房間中的某個人，然後被要求計算房間裡的總人數。即使那個被忽略的人站在眾人之中，被試者也會下意識地忽視他，僅僅數出其他所有的人。然而，這種選擇性忽視是如何運作的呢？如果被試者不認識被忽略的對象，他又如何能夠確定忽略的目標呢？

這種現象在其他情境中同樣適用。例如，當在紙上畫一條線，並告訴被試者這條線不存在時，接下來在紙上新增更多的線條，被試者能夠準確地指出新增的每一條線，卻始終忽略最初的那條線。即使在視覺輔助工具的幫助下，例如 16° 的稜鏡，這種選擇性忽視依然持續。當稜鏡將原始線條的影像投射到另一個位置時，被試者會指出這個影像，卻依然不會看到紙上原本的位置。

這種現象表明，被試者並非真的無法看見這條線，而是他們的大腦選擇性地忽略了這個特定的視覺資訊。這種選擇性忽視的機制可能涉及大腦對特定刺激的過濾和抑制過程。人類的感知並非單純的影像接收，而是包括了複雜的資訊處理和篩選，這使得我們能夠在複雜的環境專科注於特定的資訊。

視覺選擇性忽視的研究不僅揭示了人類感知的奧祕，也對理解注意力、記憶和認知控制等心理過程提供了重要的視角。這種現象提醒我們，人類的感知並非全然客觀，而是受到我們內在心理機制的深刻影響。

感知與意識的微妙平衡

在我們的感知世界中，有時需要藉助工具才能看見隱藏於視野之外的細微差異。就像透過稜鏡觀察，能讓我們的眼睛捕捉到原本看不見的線條，即使一隻眼睛閉上，這條線依然清晰可見。然而，當稜鏡被移除，視野中的線條瞬間消失，兩隻眼睛又回到最初的「失明」狀態。

這種現象揭示了我們感知系統中的一個有趣特性：有時並不是眼睛的失能或注意力的缺失需要解決，而是更複雜的心理過程在運作。我們的心靈擅長選擇性地忽略或排除某些刺激，就如同一個人可能會「冷落」某位熟人，或是「忽視」某個要求。這些選擇性的感知活動常常在我們意識之外發生，它們使

得某些刺激變成了我們心靈的專屬領域。

例如，一位母親即使在熟睡中，仍能對嬰兒的細微響動保持敏感，這說明她的聽覺系統中有關嬰兒的部分始終處於警覺狀態，與此同時，其他部分則進入了一種系統性的感知喪失。這種選擇性感知的能力讓她能在需要時迅速喚醒其餘的感知系統。

這引發了對心靈在睡眠狀態下活動的思考。笛卡兒和洛克曾對於心靈是否在睡眠中完全沉睡展開爭論。洛克主張思維和感知有時會完全消失，就像腺體偶爾會停止分泌，肌肉會暫時停止收縮一樣。然而，這一觀點也面臨挑戰，因為我們知道表象可以極具欺騙性，並且有理由相信部分意識可能會在不與其他部分連繫的情況下持續存在。

因此，在這場關於心靈活動的辯論中，我們或許應該保持謹慎，避免草率下結論。隨著科學的進步，我們對於心靈如何在不同狀態下運作的理解會更加深入，或許不久的將來，我們能夠更清晰地解答這些複雜的問題。

靈魂的居所：
意識與空間的哲學探索

在哲學的長河中，靈魂的居所問題一直吸引著無數思想家的注意。這個問題不僅關乎靈魂與空間的關係，也引發了對意識本質的深刻思考。靈魂到底是一個外延的實體，還是非外延的存在？如果我們將靈魂視為外延的實體，那麼它就必然占據

心靈的時間性與非連續性

某個空間位置。然而，若認為靈魂是非外延的，那麼它顯然不會有固定的處所。儘管如此，仍有一些學者認為，即便靈魂是非外延的，它也可能以某種方式享有位置。

這一問題引發了關於非外延事物如何以外延形式呈現的廣泛討論。我們的意識似乎能夠以某種方式呈現給一切相關的事物。例如，當我想到遙遠的獵戶星座時，我的意識似乎已經到達了那裡。然而，從動力學的角度來看，我並未真正存在於那裡，因為我並未對其產生實質影響。相反，對於我的大腦來說，我的意識在動力學上是存在的，因為我的思維和感受會影響大腦的運作。

如果我們將心靈的處所理解為與心靈有直接動力學關係的地方，那麼確實可以說心靈位於大腦皮層的某個位置。笛卡兒曾經提出，非外延的靈魂直接與松果腺相連，而其他哲學家，如早期的洛克和 W・福克曼，則認為靈魂的位置應該在大腦解剖結構中的某個無結構矩陣上，神經流在此匯聚。

經院哲學的觀點認為，靈魂在整個身體及其每一部分都是完全呈現的，這種呈現源自靈魂的非外延性及其簡單性。這與外延實體在空間中部分對應的存在方式不同，因為靈魂沒有部分能與身體相對應。漢密爾頓爵士和鮑恩教授支持這種觀點，而費特希、烏爾裡奇以及美國哲學家華特則主張，靈魂是一種占有空間的本原。

這些理論讓人聯想到「通神主義」學說，回到那個靈魂作為

意識媒介，尚未與生命本原區分的時代。柏拉圖將頭、胸、腹部分別視為理性、勇氣和食慾的居所，而亞里斯多德則認為心靈是唯一的場所。其他學派則認為血液、大腦、肺部、肝臟，甚至腎臟是靈魂的居所。這些觀點共同塑造了我們對靈魂、意識與空間關係的思考，並持續激勵著哲學家們探索人類存在的深層奧祕。

心靈的無形連繫

　　心靈的本質究竟是外延的還是非外延的，這是我們在探索意識與物質關係時面臨的基本問題。如果心靈是外延的，我們就應該能夠在空間中感知它的位置和形式；然而，若它是非外延的，那麼賦予它任何空間形式都是不合理的，因為空間關係是可感知的，而非外延之物則無法被直接感知。這意味著，心靈作為一個非外延的存在，不能與任何可感知的物體共存於空間中。它沒有明顯的空間位置，因為它無法形成任何可感知的空間間隔。這樣的存在，其關係應該是認知上的或是大腦動力學上的，而非空間上的。

　　從這個角度來看，靈魂的呈現只是一種修辭方式。漢密爾頓的學說認為靈魂可以呈現於整個身體，這是錯誤的。從認知的角度出發，靈魂的存在超越了肉體的範圍，而在動力學上，它的活動不會超出大腦的界限。心靈與其他事物的關係是複雜

心靈的時間性與非連續性

的,無論是與其他心靈還是物質的連繫。這些物質可能是心靈自身依賴的大腦,也可能是其他外在的事物。心靈與自身大腦的連結是獨特且神祕的,而我們在前文中已經對這些關係進行了討論,並無需再做補充。

心靈與大腦之外的其他事物的連繫,是認知和情感上的。心靈能夠感知、接納或拒絕這些事物,但與之並無其他實質性關係。當心靈對外界事物產生影響時,這種影響是透過身體作為媒介實現的。實際上,對這些事物施加影響的並非心靈,而是透過大腦對身體的作用。同樣地,外界事物對心靈的影響也是透過身體傳達到大腦的。心靈能做的只是感知、忽視或者對這些事物產生興趣。

在這樣的背景下,我們進一步探討心靈如何能夠「知道」其他事物,這就引入了知識理論和形而上學的核心問題。心理學家面對世界時,只能相信他們能夠理解這個世界,並研究自身和他人的思想。對他們而言,知識成為一種必須承認的終極關係,無需解釋,就如同不同與相似的關係一樣,這些關係的存在本身就是一個基本的事實。

心靈的本質與認知價值:
從絕對心靈到主觀事實的界限

在探討心靈的本質時,我們必須區分絕對心靈與具體個人心靈的界限。絕對心靈的概念植根於自然世界中,它並不具備

心靈的無形連繫

我們通常所理解的「知道」的能力。這是因為「知道」意味著對某種普遍真理的掌握，而絕對心靈的存在並不依賴於任何外在的現實來界定自身。若我們能對比一個獨立於心靈的現實，那麼絕對心靈便不再是絕對的。因此，我們只能將其思維稱為絕對心靈的思維，而非知識。

然而，有限的心靈卻能透過多種方式進行判斷。心理學家在研究心靈時，能夠確認其對象的獨立現實，因為這些現實同時存在於心靈內外。這意味著心理學家能夠分辨心靈是在思考還是知道，儘管他的知識仍然是出自一個可能犯錯的凡人。然而，這並不意味著他的知識在這種情況下比其他情況更容易出錯。

那麼，心理學家是如何確定他所研究的心靈狀態是具備認知價值的知識，還是僅僅是一種不指向現實的主觀事實呢？心理學家通常會承認，心靈狀態可以以不同的方式反映現實的本質，無論是直接的還是間接的、清晰的還是模糊的、正確的還是錯誤的。如果一個精神狀態既不類似也不作用於心理學家所認知的任何現實，那麼它便被視為純粹的主觀狀態，沒有認知價值。

然而，如果這種狀態似乎與心理學家已知的某個或多個現實相似，但卻無法對這些現實產生影響，心理學家便可能陷入與我們相同的困惑。這是因為，心靈的狀態可能僅僅是一個不指向自身之外任何事物的主觀事實，而不是一個具備認知價值

心靈的時間性與非連續性

的知識。心理學家的挑戰在於，他們必須藉由對比和分析，來分辨心靈狀態的真實性質，以及它在這個複雜世界中的位置。

夢境與現實的交錯

當我們沉浸於夢境之中，心理狀態常常在不知不覺間發生變化。假設在夢中，我們見證了一個人的死亡，而後來發現這個人真的去世了，那麼這種現象究竟是單純的巧合，還是對死亡的某種直覺感知呢？心理研究協會正在孜孜不倦地收集這類迷人的事例，並試圖為其找到最合理的解釋。

假如這個夢只是數以千計的夢境之一，夢中的死亡情節與現實中的事件在細節上存在諸多差異，且夢者並未因此採取任何實際行動，那麼我們大可將其視為一個奇異的巧合。然而，若夢境中的每一細節都與現實中的事件驚人地一致，且夢者經常做這樣精確的夢，甚至在夢醒後立刻採取行動，彷彿夢境就是現實，那麼我們很可能會認為他具有某種神祕的預知能力。

試想，若夢者在夢中具備改變現實的能力，能夠使事情按照夢中的情節發展，那麼任何對其能力的懷疑都將煙消雲散。這樣的能力無疑將其置於心理學研究的尖端。正是透過這樣的案例，我們才開始相信，其他人清醒時的心靈感知與我們自身的感知，對於這個外部世界的理解是相通的。

這種夢境與現實的交錯，挑戰了我們對於心靈和外部世界

的認知界限。在這些案例中，夢者似乎擁有了一扇通往未來的窗戶，能夠窺見尚未發生的事件，這種能力讓人類對心靈的潛力有了新的思考。心理學家們在面對這樣的現象時，不僅需要運用現有的理論來解釋，還需開闢新的研究方向，以探求夢境和現實之間的神祕連繫。

總之，這些夢境的真實性與預知能力的可能性，仍然是心理學研究中最引人入勝的難題之一。它促使我們重新審視夢境的意義，以及它們如何影響我們對現實的理解。這種探索不僅豐富了我們對人類心靈的認識，也為未來的心理學研究提供了新的啟示。

心靈的共鳴與認知：
從二元論到心靈交融的認知轉變

心理學家對認知的態度影響深遠，因此理解這一觀點至關重要。傳統上，心理學家採取了徹底的二元論觀點，認為認知涉及兩個基本要素：知道的大腦和被知道的事物。這種觀點認為，這兩者是不可還原的，彼此獨立存在於一個共同的世界中，並且一方單純了解，另一方單純被了解。這種關係的奇妙之處在於，它無法被簡單地表達或命名。

然而，這種二元論的觀點忽略了知識的形成過程。僅僅因為大腦之外存在某物，並不意味著我們就能知道它。這一事物必須以某種方式在大腦中留下印象，從而在心靈中構成一種新

的知識結構。這種知識的形成不僅僅是被動的接受，而是一種主動的內部建構。

古人和缺乏反思能力的人可能會將知識視為某種事物從外部進入心靈的過程，認為心靈在這一過程中是被動的。然而，即使在純粹的感官印象中，對象透過內部構成的複製也能被感知。讓我們跟隨鮑恩教授的思路，設想兩個交談者能夠了解彼此的心靈，那麼這種交流將如何改變我們對認知的理解？

如果兩個人能夠真正了解彼此的心靈，那麼他們的交流將不再僅僅是語言的傳遞。他們將能夠直接感受彼此的思想和情感，這將是一種更深層次的理解和共鳴。在這種情況下，認知不再是單純的知識傳遞，而是一種心靈的共鳴和交融。

這種共鳴超越了傳統的二元論，揭示了心靈之間的深層連結。它挑戰了我們對知識和認知的基本假設，促使我們重新思考心靈與外界的互動方式。或許，未來的心理學研究將不再僅僅關注大腦與事物之間的關係，而是探索心靈之間的共鳴如何塑造我們的知識和理解。

在這個過程中，我們將發現，認知不僅僅是大腦的功能，而是一種心靈的藝術，是我們與世界和他人建立連繫的方式。這種新的認識將有助於我們更容易理解自己和他人，並促進更深層次的人際交流與理解。

心靈的建構與宇宙的覺知

　　思維不會離開一個人的心靈進入另一個人的心靈。當我們談及思維的交換時，即便是最簡單的心靈也明白這只是一種修辭。要理解另一個人的思維，我們必須在自己的心靈中建構出對方的心智圖景。這種建構的思維是我們自有的，並且嚴格來說，是由我們首創的。然而，我們卻常常將這種思維歸功於他人，即便它並非由對方原創，它也可能不完全是我們的創造。那麼，另一個人究竟做了什麼呢？

　　他可能做的是：藉助於神祕的世界秩序，發言者能夠運用一系列的標記，這些標記雖然與思維本身不同，但在同樣的神祕秩序下，能夠對聽者產生一系列的刺激，使聽者得以在自己心中建構出相對應的精神狀態。發言者的行為在於巧妙地利用這些適當的刺激，而聽者的行為則是其靈魂對這些刺激的反應。這些都是有限心靈之間的交流過程。

　　對於這一過程，可能沒有任何一個有反思能力的人會否認。然而，當我們進一步說，這種對他人思維的覺知，同樣適用於我們對整個外部世界的認識時，許多人開始猶豫，甚至有人會斷然否認這一說法。然而，我們別無選擇，只能承認這個結論。要察覺這個宇宙，我們必須在思維中將其建構出來，我們對宇宙的知識，不過是心靈內在性質的展開。

　　這種內在性質的展開，意味著我們對世界的知識並非是直

接的感知，而是透過心靈的建構來達成。每一次的認識都是一次創造性活動，我們在心靈中重塑外界，賦予其意義與秩序。這一過程不僅是對外部世界的理解，也是對自我心靈的重新審視與認識。

因此，心靈的建構不僅是個體之間交流的基礎，也是我們認識宇宙的必經之路。透過這樣的建構，我們在自身內部創造出一個完整的世界，這個世界既是外在現實的反映，也是心靈深處的投射。這種雙重性質，使得每一份知識都成為心靈與宇宙間深刻而神祕的連結。

心靈的迷宮：
神經活動與感知的轉化挑戰

在我們試圖理解心靈的運作時，將心靈比作一塊蠟，外界事物在其上留下印記，這樣的比喻似乎提供了一種清晰的洞察。然而，這僅僅是表象，當我們深入思考蠟塊的所在及其如何承載印記時，許多複雜的問題浮現出來。這些印記如何被解讀為我們的感知與經驗？這些問題將我們引向一個更深的層次：大腦中的神經交換。

感知和知覺的形成，實際上是大腦內一系列神經交換的結果。我們對外部世界的所有認識，皆由這些神經交換顯示出來。然而，這些神經活動與它們所反映的外界事物截然不同。如果我們設想一個在光明中運作的心靈，直接與外界對象連結，那

心靈的建構與宇宙的覺知

麼我們的想像力可能會感到安慰。但現實是，心靈在頭蓋骨這個黑暗的房間內運作，僅僅透過神經交換與外界接觸，這些交換對心靈而言是陌生的，讓我們感覺與外部世界相隔甚遠。

在這樣的框架下，我們對物理學和感知的信任受到挑戰。這些信任引領我們進入神經的迷宮，遠離了真實的對象。在這個迷宮裡，實際的感知對象被一系列獨特的神經變化所取代，這些變化與任何其他事物都不具相似性。最終，我們置身於頭蓋骨的黑暗中，對象已經消失，而知識尚未浮現。

根據現實主義的觀點，神經標記是我們所有外部世界知識的基礎。然而，為了將這些基礎轉化為對外界的理解，我們需要假設一位譯者，能夠解讀這些標記的客觀意義。這位譯者必須內含整個宇宙的意義，因為那些神經標記也僅僅是一些刺激，迫使靈魂將其內在展示給外界。

這樣的觀察揭示了知識獲取的複雜性和挑戰。我們從對物理學和感知的信任開始，卻被引入了一個神經的迷宮，最終在黑暗中尋求光明與真實。我們需要的不僅僅是神經活動的理解，更需一個能夠跨越這些活動，將其轉化為對外界真實知識的機制。這就是心靈的迷宮，一個充滿挑戰但又充滿可能性的探索之旅。

心靈的時間性與非連續性

靈魂的對話，心靈與知識的交織

　　靈魂與世界的交流，彷彿是一場無形的對話，這些對話的介質便是心靈透過跡象所感知的外部世界。靈魂的溝通能力，取決於心靈自身解讀的能力，這使得心靈的構造不僅是自身屬性的表現，更是對外界刺激的反應。這種反應不僅揭示了心靈的特質，也同時構成了我們所謂的知識。這一切似乎都指向了一個不可避免的結論：思維的法則與事物的性質之間存在某種和諧，或者說，我們所知的宇宙只是心靈對其感知的方式所呈現的現象。

　　心靈與對象的關係，無論是在心理學家還是形而上學者的眼中，都存在著一定的二元論。而這種二元論的協調，無疑是知識形成的基石。從這一視角出發，我們可以將知識區分為兩種：一種是「熟悉的知識」，另一種是「關於的知識」。這種區分在多種語言中都有相應的表達，如古希臘語中的 gnvnai 和 eidenai，拉丁語中的 noscere 和 scre，德語中的 kennen 和 wissen，以及法語中的 connaitre 和 savoir。

　　熟悉的知識是指我們對某人或某事物的直接體驗。比如，我們可能對很多人和事物感到熟悉，卻未必能詳細描述它們。我們能夠辨識藍色，品嘗梨的滋味，或是感知一英寸的長度，但對於這些感知背後的本質，我們卻知之甚少。這種熟悉基於直接的感官經驗，卻不涉及對其深刻的理解。

另一方面，關於的知識則是對事物的描述性理解。這種知識要求我們不僅僅是感知，而是能夠分析和解釋。比如，知道藍色的波長，了解梨的化學成分，或是能夠計算時間的流逝，這些都是關於的知識的展現。這種知識需要心靈進一步的加工和推理。

在這兩種知識的交織中，我們的心靈不斷地建構著對世界的理解。這種理解既是心靈的反映，也是世界的投射。在熟悉與關於的知識之間，心靈與世界的界限變得模糊，二者共同編織出我們對存在的認識。在這個過程中，靈魂的對話永不停歇，心靈則在不斷探索中尋求真理。

認識與知道：
探索理解的過程與直觀體驗

理解世界的過程如同探索一片未曾涉足的森林，許多事物的本質難以用語言表達。就像無法向盲人描述藍色，或是向孩子解釋三段論法，這些抽象概念需要依賴個人經驗和感知去理解。對於這些無法言喻的事物，我們能做的僅僅是指引方向，讓他們自己去發現。這些世界的基本要素、最高的種類、物質與意識的基本性質，以及它們之間的關係，要麼被完全忽視，要麼只能透過一種無聲的方式被感知。即使我們可以嘗試將這些現象分類，統計它們出現的頻率，但我們的理解依然有限。

我們對事物的了解隨著分析的深入而加深，然而這並不意味著我們對其本質的熟悉度就會增加。相反，當我們不去過多

分析事物,而是單純地感知它們時,我們對它們的認識反而更具直觀性。這種認識與知道之間的關係是相對的。就像一個句子的結構,主語代表我們所認識的對象,而謂語則試圖揭示我們對該對象的某種理解。當我們僅僅聽到主語時,我們可能已經具備了一定的背景知識,但謂語的出現能夠加深我們的了解。

如果我們心不在焉,只是機械地聽取訊息,那麼我們僅僅停留在對賓語的純粹認識階段。但是當我們專注地思考、分析這些訊息時,我們就能夠提升到真正的理解層次。我們不僅擁有對這些事物的認識,還能夠對其進行思考和分析,這使得我們的知識不再僅僅是靜態的擁有,而是動態的理解和應用。

因此,知識的獲得不僅依賴於訊息的累積,更在於我們如何去思考和運用這些訊息。透過這樣的過程,我們能夠在認識與知道之間找到平衡,從而更全面地理解我們所處的世界。這種理解不僅僅是理性的分析,更是一種對生活和世界的直觀體驗。

感知與思維的交響曲

感覺和思維是構成我們心靈世界的兩個基本組成部分。透過感覺,我們初步接觸世界,認識某件事物的存在。然而,唯有透過思維,我們才能真正理解它,將其納入我們的知識體系中。感覺就像是認知的萌芽,為我們的心靈打下最初的基礎,而思維則如同一棵成熟的樹,枝繁葉茂地延展著我們的理解。

語言中,最微小的詞彙常常承載著最初的感知。這些詞彙如同感嘆詞「lo!」、「there!」或是簡單的冠詞「the」、「it」,它們是我們表達最基本認知的工具,標示著某物的存在或發生。感覺常常被視為心理狀態,這些狀態可能是情緒,也可能來自我們身體的各個感官:皮膚、肌肉、內臟,以及視覺、聽覺、嗅覺和味覺的感受。

然而,當我們談論思維時,我們指的是更高層次的心理活動,涉及概念的形成和判斷的做出。思維使得我們能夠超越單純的感知,進一步分析和理解我們所處的世界。這些心理狀態在分析時會牽涉到認知功能和價值觀,因此,感知僅僅是我們認識身體事實的起點,而思維則是我們對其他人心理狀態的概念性理解。

我們對自己過去的心理狀態有著獨特的認識。這些記憶如同一幕幕生動的畫面,帶著某種溫暖和親密感,使我們對它們的回顧更像是一種感覺,而非思維的過程。這種對過往的感知,與其說是理智的思索,不如說是一種情感的再現,使得我們的內心世界更加豐富而立體。

在心理學的領域中,感覺與思維的界線並非總是明確。它們如同一場交響曲中的兩個聲部,時而獨立,時而交融,共同塑造了我們的意識流。透過對這兩者的探索,我們得以更深入地了解自我,理解我們如何與世界互動,以及如何在這交錯的感知與思維中形成我們的獨特心靈印記。

心靈的時間性與非連續性

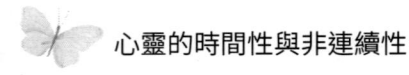

── 意識流：思考的起點 ──

意識流：思考的起點

在探索心靈的奧祕時，我們必須從內部開始，深入了解思考的本質。許多心理學書籍選擇從感覺入手，將其視為心理事實中最簡單的元素，然後再逐步綜合進行研究。然而，這種方法忽略了經驗法則的重要性。實際上，沒有人曾經擁有過純粹而簡單的感覺。自我們有意識以來，感覺便一直是一種由對象和關係構成的複合體。我們所謂的簡單感覺，只是因為注意力的選擇性關注而顯得簡單。

如果我們在研究的初始階段就接受了一個看似完美但實際上有缺陷的假設，心理學便可能因此受到不可逆轉的影響。這種影響會滲透到整個研究的結構中，導致無法彌補的後果。將感覺視為最簡單且必須首先考慮的心理學概念，便是這種錯誤假設的典型例子。

心理學唯一有權在一開始就進行假設的，應該是思考本身。思考是需要首先得到分析和理解的核心概念。如果最終證實感覺是思考的組成要素之一，那麼從感覺的角度來看，即使我們一開始就將其視為理所當然，也不會對我們的研究造成更大的損害。

因此，當我們試圖理解意識流時，應該把重點放在思考的過程上，而不是試圖剝離出一個純粹的感覺元素。思考是一個連續的流動過程，這一過程中各種感覺、想法和情感交織在一起，形成我們所謂的意識流。

這種意識流不僅僅是思維的表現形式，更是我們理解自身

經驗和周圍世界的方式。透過研究思考的流動性，我們能夠更容易理解心靈的運作方式，並探索那些構成我們意識的複雜結構。因此，對於心理學的研究而言，思考本身應該是我們首先關注和分析的對象。

思維的五重奏

作為心理學家，我們首先面臨的挑戰是理解「思考」這一抽象的過程。我用「思考」這個詞，是為了涵蓋所有意識活動的形式，避免過多的區分，同時也與我們前面討論過的概念保持一致。假如我們可以像描述「下雨了」或「起風了」那樣簡單地說「它思考了」，那麼我們就能以最直接的方式表達這一事實，並且所依賴的假設也會減至最少。然而，現實中我們無法如此簡單地表達，因此只能說「思維在進行中」。

在思維的過程中，有五個關鍵事實需要我們深入探討。這些事實構成了思維的基礎，也是本章的重點。

首先，每一個思維都是個體意識的組成部分。這意味著思維不僅僅是獨立存在的，它總是與個體的意識緊密相連。每個人都有獨特的思維方式，這些思維共同組成了他們的意識。

其次，在每一個個體意識中，思維總是不斷變化的。思維如同河流般流動，不斷地改變著形態和方向。這種變化既可以是微妙的，也可以是劇烈的，取決於環境和個體的反應。

第三，思維的持續性是顯而易見的。在個體的意識中，思維從未停止，即便在我們看似最放空的時刻，潛意識的思維活動依然在進行著。這種持續性使得我們能夠在不同的思維片段之間建立連接。

第四，思維總是處理一些獨立於自身的對象。這些對象可以是外界的事物，也可以是內心的想法。思維的過程就是在這些對象之間進行互動和分析，從而形成理解和觀點。

最後，思維對其中一些事情感興趣，而對另一些則不感興趣，並且在它們之中進行選擇。這種選擇性使得我們的思維具有方向性和目標感，也是我們能夠專注於特定問題的原因。

這五個事實如同思維的五重奏，共同演繹出思維的複雜性。當我們對這些事實進行思考時，難免會陷入詞彙的迷魂陣中，只能依賴於在後面章節中將充分定義的心理學術語。然而，這些術語的基本含義大致為人所知，因此，我們可以先運用這些術語來勾勒出思維的輪廓。本章如同畫家在帆布上用炭筆畫下的草圖，細節尚未呈現，但已經為未來的深入探索奠定了基礎。

個體意識與思維的獨立性：
心靈與自我存在的基礎探討

思維是個體意識的組成部分，而「個體意識」本身卻是一個極具挑戰的概念。當我們不需要精準定義時，似乎對其意義心

知肚明。然而，一旦需要進行精確概括，它就成了心理學最困難的任務之一。在這裡，我們將對此進行初步探討，詳細的分析將在下一章進行。

在一個房間裡，比如說演講廳，存在著大量的思維——這些思維既有你的，也有我的。某些思維彼此連貫，而另一些則不然。這些思維既不自足，也非相互獨立。事實上，沒有一個思維是孤立存在的。每一個思維都與某些其他思維有連繫，但這種連繫僅限於特定的思維。我的思維與我其他的思維連結，而你的思維則與你的其他思維相連。在這個房間裡是否存在一個獨立的思維，我們不得而知。即便存在，我們也無法證實，因為我們沒有類似的經歷。每一個心靈都守護著自己的思維，它們之間沒有交流。除了自身的意識外，沒有任何思維能夠直接進入另一個思維的領域。思維之間的絕對孤立，和不可還原的多樣性，似乎是它們的基本法則。

這一最基本的心理事實並不僅僅是思維的存在，而是「我的思維」的存在。每一個思維都必須屬於某個具體的人。無論是同時代性、空間上的接近，還是品質和內容上的相似性，都無法使這些思維聚合在一起。不同思維之間已被「屬於不同個人心靈」的原則切斷。思維之間的裂縫是自然界中最為絕對的裂縫。

只要與「個人心靈」對應的概念保持不變，沒有出現關於其獨特性質的觀點，那麼每個人都會承認這個事實的真實性。在這些術語中，個體的自我而非思維將被視為心理學中的直接數

意識流：思考的起點

據。普遍的意識事實不是「思維和感覺存在著」，而是「我思考」「我感覺」。沒有心理學可以質疑個體自我的存在，心理學中最糟糕的事情就是將那些自我的性質解釋得失去了自身的價值。

思維的多重次元

在哲學的探討中，存在著一種反唯心主義的觀點，這種觀點質疑我們對思維過程的人格化理解。某位法國作家曾指出，我們常因思維的某些特性而誤導，最終將這些特性所產生的過程人格化，這在他看來是哲學上的一個重大錯誤。然而，若人格概念的本質與所有心理過程中的事物相吻合，那麼這種人格化便不再是錯誤。事實上，若人格概念本身源於這些過程，將其人格化便是合情合理的。

思維的過程早已被人格化，它承載著人格特徵，而非從其他地方聚集而來。無論我們以何種方式分析這種個人自我形式，或者以何種思維進行分析，心理學研究的思維確實持續地傾向於作為個人自我的部分出現。我在此使用「傾向於出現」而非「出現」，主要是考慮到潛意識現象的存在，例如自動書寫，這在上一章中已經討論過。

這些隱藏的感情和思維，常以歇斯底里的感覺喪失形式出現於後催眠暗示的接受者中。這些感情和思維本身就是潛意識中自我的組成部分。這些次級自我大多是愚蠢的，通常與正常

自我隔絕，但它們仍然能形成有意識的統一體，擁有持續不斷的記憶，並能說話、書寫，甚至為自己創造不同的名字，或接受被暗示的名字。簡而言之，這些次級自我完全可以不辜負「次級人格」這一名稱。

這種現象揭示了思維的多重次元，表明我們的自我並非單一的統一體，而是由多個層次和部分組成。這些次級人格不僅挑戰了傳統的自我概念，也促使我們重新思考人格的本質和思維的複雜性。在這個心理學領域中，理解這些次級人格的存在及其運作方式，成為了一個重要的課題。它讓我們更深入地探索人類思維的多樣性，以及自我在不同層面上的表現形式。

次級自我與意識分裂：
珍妮特的研究與人格複雜性的探索

珍妮特先生的研究揭示了次級人格的神祕起源，這些人格似乎源自一個單一的個體，然後分裂成兩個部分：一個隱藏在幕後，另一個則在表面上表現為個體的唯一自我。這種次級自我的存在，是否適用於所有的案例，對於我們當前的研究來說並不重要。因為我們已經確定，這種現象在許多案例中是適用的。

當次級自我從主意識中分裂出來時，它的規模和形態取決於被分裂思維的多少。然而，不論其大小，次級自我都傾向於形成一個完整的人格。這種人格能夠記住並吸收前一個人格的

意識流：思考的起點

思維，成為其一部分。珍妮特先生在研究一位痛覺喪失的夢遊症患者露西時，觀察到了次級意識的瞬間顯現。

這位年輕女性在與第三方對話時，失去感覺的手竟能寫下珍妮特先生耳語問題的答案。珍妮特問道：「你能聽得見嗎？」她無意識地寫下：「不。」然而，她又回答了問題，這顯示出某種意識在運作。「但是你要能聽到才能回答。」珍妮特繼續問。「是的，確實是這樣。」她的手寫下。「那麼你是怎麼做到的呢？」「我不知道。」答案簡潔而神祕。「一定有誰聽見了我的話。」「是的。」「是誰？」「不是露西。」在這一刻，珍妮特意識到存在另一個人格。他追問：「啊！是另外一個人，我們應該給她個名字嗎？」

這段對話揭示了次級自我如何獨立於主意識運作，並且擁有自己的思維和感知能力。這種次級人格的出現，不僅挑戰了我們對自我和意識的理解，也為心理學研究開闢了新的方向。這些隱藏的人格，或許正是我們探索人類意識複雜性的一把鑰匙，等待著被進一步揭示和理解。

潛意識的面具，次級人格的探索

「不。」「要的，這樣會更方便。」「好吧，那就叫阿德里安好了。」珍妮特先生在心理分析中，強調了名字對於潛意識人格的重要性。名字不僅僅是符號，它賦予了次級人格一種獨特的存

在感，使其輪廓更加清晰，並且能夠更好地表現其心理特徵。尤其當這些特徵來自於主要人格之外的意識時，名字的作用愈發明顯。

在一次分析中，受試者露西感受到了一種奇異的情感，她能夠意識到主體之外的感覺，彷彿有人正在掐她的手臂或者碰她的小指，而事實上，她早已失去了小指的觸覺。這種超越常規的感知能力，或許正是次級人格在潛意識中活躍的證據。

在其他案例中，次級人格的名字往往自發地出現。曾有大量自動書寫者，他們能夠迅速地以逝去的名人的名義進行溝通和書寫。這些名人有時是如莫札特、法拉第這樣的知名人物，有時則是擁有過此類經歷的真人，甚至是完全虛構的角色。這種現象似乎表明，次級人格並非外來的靈魂附體，而是個體心靈內部的某種自發表達。

珍妮特先生認為，這些次級人格的出現，是心靈中某些部分從其他部分的控制中解放出來的結果，並且受到社會環境中的偏見影響。在一個唯心主義者集中的環境中，次級人格可能傳遞正面的訊息，然而在一個缺乏知識的天主教村莊裡，次級人格可能自稱為惡魔，並且說著隱晦褻瀆的話，卻不透露它在這片土地上有多麼愉悅。

這種現象揭示了社會環境和文化背景對次級人格表現的深刻影響。無論是天生的自動書寫者還是被認為受到「精神控制」的人，他們的表達都顯示出人類心靈複雜的多面性。次級人格

的存在提醒我們，潛意識深處仍有未被完全理解的領域，等待著我們去探索和發現。這些潛在的自我，或許是我們心靈中最為神祕而又真實的一面。

歇斯底里症與無意識行為：
珍妮特的強直性暈厥研究與意識的錯綜關係

珍妮特先生的研究揭示了一種引人入勝的心理現象，即在某些歇斯底里症患者中，存在著一種無組織、無個人身分的思維狀態。這些患者在經歷強直性暈厥時，醒來後對之前的狀態毫無記憶，並且在這種恍惚狀態持續的期間，他們似乎完全失去了感覺和意識。然而，這並不意味著他們的身體完全不受控制。相反，他們的肢體在這種狀態下，會以一種奇異的方式反應外界的刺激。

例如，當操作員舉起患者的一隻手臂時，患者的整個身體如同蠟像般，保持在被擺出的姿勢，並且能夠維持相當長的時間。這種現象在失去感覺的手臂上尤為明顯。如果在這隻手上放置一支筆，它甚至可以在紙上不斷地書寫，似乎有著自己的意志。這些行為曾被認為是簡單的生理反射，不過珍妮特先生提出了不同的看法。他認為，這些動作伴隨著某種程度的感覺，雖然這種感覺只是肢體位置和動作的基本感受，但它卻足以讓肢體保持在一定的姿勢。

珍妮特先生指出，這種感覺無法在健全的人格中合成，因

為它們被分解並降到了心理的最小元素狀態。然而，這些看似愚蠢的思維卻有著培養記憶的傾向。強直性暈厥症患者在受到暗示後，能夠再次移動那隻手臂，顯示出某種程度的學習能力。這也證明了所有思維都傾向於形成個體意識的原則。

這種現象的研究揭示了人類意識和無意識之間錯綜複雜的關係。它讓我們重新思考所謂的「無意識」行為，這些行為可能並非全然沒有意識的參與，而是以一種我們尚未完全理解的方式存在於我們的心理結構中。珍妮特先生的觀點挑戰了傳統的心理學理論，促使我們去探索更多關於人類心智的奧祕。

意識的永恆流動

意識的狀態總是處於不斷的變化之中，這並不是說我們的心靈狀態無法在某個時刻持續一段時間，而是指在明顯的時間間隔中，這些狀態總會發生變化。我們必須承認，一旦某種心靈狀態消失，它便無法完全回到過去的樣子。這種變化是一種不可逆的過程，正如沙德沃斯·霍奇森所描述的，我們的意識永遠不會是靜止的。

在探索自身的意識時，我們會發現有些元素是無法擺脫的。只要我們擁有任何形式的意識，就必然存在一個由不同感覺構成的序列。即便閉上眼睛，讓自己進入靜謐的狀態，努力避免任何意識活動，這樣的序列仍會存在。無論我們是在思索還是

意識流：思考的起點

在沉思，無論是否感知到外界的事物，我們的意識中總是流動著一連串不同的感覺。

這些感覺序列形成了意識的基礎，意識的鏈條正是由這些不同的感覺序列構成。任何人都無法否認這一點，因為我們都承認人類意識狀態具有多種不同的類別。我們的意識時而在觀看，時而在聆聽，時而進行推理，時而產生渴望，時而憶起過去，時而期待未來，時而愛戀，時而憎恨。

心靈的活動就像一場交響樂，持續地以不同的方式交替著，呈現出一種複雜而豐富的狀態。每一刻的感覺都是獨特的，即便是同樣的情景，在不同的時間和心境下，也會帶來不同的感受。這種流動性是心靈的本質，讓我們的意識永遠充滿了動態和變遷。隨著時間的推移，我們的心靈狀態不斷演變，讓我們在生活的每一個瞬間都體驗到新的意義和價值。

感知恆常性與心靈現象：
從洛克的觀念理論到現代哲學的挑戰

科學的核心目標在於化繁為簡，這一理念在心理學中也有其獨特的展現。心理學中的「觀念理論」承認心靈狀態之間的巨大差異，並試圖解釋這些差異背後的原因。洛克在這方面的貢獻不可忽視，他提出了「簡單的觀念」這一概念，將心靈的基本單位視作精神的原子和分子。他的追隨者進一步闡明，這些簡單的觀念在嚴格意義上僅僅是感覺。

然而，現代哲學家們對這些觀念的本質並不特別關心。他們更關注的是心靈現象中那些恆常不變的基本事實，這些事實似乎如同電影畫面般流動卻又穩定。他們的觀點與我們的日常經驗幾乎完全一致，因此並未遭受過多批評。畢竟，我們從同一對象中獲得的感覺似乎總是相同的。比如，當我們以同樣力度敲擊鋼琴鍵時，所聽到的聲音總是一致的。同樣的草地給我們相同的綠色感覺，藍天也總是帶來同樣的感知。而當我們多次嗅同一款香水時，嗅覺感受似乎也不會改變。

然而，這種感知的恆常性是否真實存在？某些哲學家可能會提出形而上學的詭辯，認為感覺並不總是相同的。但若我們仔細思考這一點，會發現並沒有確鑿的證據證明我們的身體能夠經歷兩次完全相同的感覺。每一次感知都可能因微妙的環境變化或內在狀態的不同而略有差異。

這樣的觀點挑戰了我們對感知恆常性的理解，提醒我們感知過程中可能存在的細微變化。或許，我們應該接受感知的不確定性，承認每一次經驗都是獨一無二的。這不僅豐富了我們對心靈的理解，也為我們探索感知的本質提供了新的視角。無論如何，科學與哲學的結合將繼續引導我們深入探尋心靈世界的奧祕，讓我們在化繁為簡的過程中，重新審視那些看似不變的經驗。

意識流：思考的起點

感知的變奏曲

我們的生活中充滿了重複的經驗：同樣的音調反覆迴響，同樣的綠色在視野中閃現，同樣的香氣在空氣中縈繞，甚至是同樣的痛苦一再襲來。我們似乎默認這些感知是固定不變的，將其視作不斷重複的「觀念」。然而，當我們深入探討「知覺」的本質時，我們會發現自己往往把感覺視為一種客觀事實的橋梁，而不是主觀的體驗。

窗外的草地，無論是在陽光下還是在陰影中，對於大多數人而言都是統一的綠色。然而，畫家卻能夠捕捉到光影變化帶來的細微差別，將其中一部分描繪成棕色，另一部分則染成金黃色，從而揭示出草地在不同光線下的真實感覺效果。我們的習慣使我們忽視了在不同距離和場景中，物體在視覺、聽覺和嗅覺上的微妙變化。我們的重點在於確認物體的同一性，而任何能夠證明這一點的感知，往往被我們粗略地視作不變。

這種對感知的漠視，使得關於不同感覺的主觀同一性解釋變得幾乎毫無價值。如果一切都是暗色的，那麼一個不怎麼暗的物體就會被我們視為白色。赫姆霍茲曾經計算過，如果在白天觀看一幅畫，畫中描繪的是月光下的白色大理石，那麼其亮度會比真實情況下的月下白色大理石要高出一萬到兩萬倍。這樣的差異，我們往往無法察覺，只有透過一系列的思考和推算才能得出結論。

事實上，感知並不是一成不變的，即便是面對同一物體，我們的感覺也在不斷變化。這種變化提醒我們，感知並非一種靜止的狀態，而是一曲不斷演奏的變奏曲。我們的任務不是簡單地確認物體的同一性，而是要敏銳地捕捉這些微妙的差異，從中發現感知世界的豐富和多樣。正是在這些細膩的感知層次中，我們才能真正理解和體驗世界的豐富多彩。

感知的流動性：
生理狀態與心靈變化對世界認知的影響

當我們的眼睛第一次接觸到陽光時，那種對光的敏感度是無可比擬的，然後它迅速地減弱。經過一夜的深度睡眠後，醒來時的視覺清晰度遠超平常，只是短暫的閉眼休息所不能比擬的。我們在睏倦與清醒、飢餓與飽足、精神奕奕與疲憊不堪時，對周圍世界的感知總是截然不同的。這種感知的差異在一天的不同時段、不同的季節裡也是明顯的。特別是在生命的不同階段——兒童期、成年期和老年期，這種感知的變化尤為顯著。

然而，即便我們的感知如此多變，我們仍然毫不懷疑地相信眼前的世界是同一個，擁有不變的性質，充斥於其中的事物也是相同的。這種信念的根基在於，我們對於同樣的事物會因為年齡的變化而產生不同的情感反應。情緒和生理狀態的不同，也會影響我們的感受。當我們心情低落時，原本明快而激

意識流：思考的起點

　　動人心的事物可能會變得沉悶而無趣，鳥兒的歌聲不再悅耳，清風似乎帶著哀愁，天空看上去也愈發憂鬱。這些感覺隨著個體感知能力的變化而變化，無時無刻不在流動。

　　這樣的感知變化除了依賴於個體感覺能力的假設外，還取決於大腦內必然發生的活動。每一種感覺都與某一種大腦活動相對應。要重現完全相同的感覺，必須在大腦中再次發生完全不變的事情。然而，從生理學的角度來看，這幾乎是不可能的。因為不管大腦的變化多麼細微，感覺必然會隨之發生相應的變化。因此，沒有不變的感覺存在，因為大腦的支持總是隨著時間推移而改變。

　　在這樣的背景下，我們生活在一個永遠流動的感知世界中，這個世界隨著我們的生理與心理狀態而不斷變化。這種變化不僅豐富了我們的經驗，也讓我們對世界的理解更加立體和多元。我們的感覺，正是這流動中最真實的印記。

流動的思維之河

　　在我們的日常生活中，常常會覺得某些感覺是純粹而簡單的，似乎未曾與其他事物混合。然而，即便是在這種情況下，我們也不得不承認，這種所謂的「簡單感覺」並無法以不變的形式重現。赫拉克利特曾說過：「人們不會兩次踏入同一條河流。」這句話提醒我們，無論我們多麼努力地嘗試重溫過去的經歷，

流動的思維之河

每一次經歷都是獨一無二的。

事實上，心理狀態從來不會完全相同。每一個對既定事實的思維，從嚴格的意義上來說，都是獨特的。這些思維之間或許存在類型上的相似性，但絕非完全一致。當相同的事實再次呈現時，我們必須以全新的方式去思考它，從不同的角度去理解它，因為它與以往的每一次出現都存在著新的關聯。

這種差異化的理解來自於我們對事物的認知背景和心理狀態的變化。當我們回顧過去的想法，常常會對自己曾經的觀點感到驚訝。上個月我們對某件事情的看法，可能在今天已經變得不可思議。這種變化的原因往往難以捉摸，但它確實存在，並影響著我們對周遭世界的認識。

隨著時間的推移，我們的生活經驗和環境不斷改變，這也使得我們的思維模式在潛移默化中發生變化。每一次新的經歷都會在我們的心靈中留下獨特的印記，這些印記影響著我們對未來經歷的解讀方式。因此，無論是對簡單的感覺還是對複雜的思想，我們都應當承認其流動性和獨特性。

我們不妨接受這種變化，將其視為人類認知和成長的一部分。正是因為這種無法重複的獨特性，我們的生活才充滿了無限的可能性和探索的樂趣。每一個當下都是全新的，每一個思維都是獨特的，這是我們生命中最神奇的特質之一。

意識流：思考的起點

時間、經驗與大腦的變化：
感知、回憶與心靈的流動性

　　時光荏苒，每一年我們都以新的視角重新審視這個世界。曾經虛幻的事物如今已變得真實，而過去讓我們心潮澎湃的事物，如今卻顯得平庸無味。那些曾經被賦予神聖光環的女人、星星、木頭和水，如今何其平凡！書籍亦然，歌德作品中曾經令人著迷的神祕感，如今似乎消逝無蹤；而約翰·米爾作品中深邃的洞見，如今我們又該從何處尋找？

　　然而，與此相對，我們發現工作比以往任何時候都更具吸引力，而社會公德的意義也愈加深刻。那些曾經給我們留下深刻印象的事物，在每一個層面上仍然存在，只是我們的經驗在不斷重塑我們。每一分鐘，我們對既定事物的反應，其實是我們當下對整個世界的經驗縮影。

　　在這個不斷演變的過程中，我們必然再次訴諸我們的大腦，以確認我們的觀點。在前幾章的討論中，我們已經了解到，思考會引發大腦的變化。此刻，大腦內部的平衡隨著每一個變化波動，就如同北極光般流動不息。在特定的時刻，大腦的變化是多重因素共同作用的結果，其中包括大腦的營養供給和血液循環。

　　在這些因素中，有一個必然是外界刺激對感官的影響，而另一個則是大腦的特殊敏感性，這種敏感性來自於過去所有經驗的累積。每一個大腦狀態都是由其過去的狀態所決定的，任

何對過去狀態的改變,都會導致大腦當前狀態的不同。因此,每一個當下的大腦狀態,都是其主人過去歷史的記錄。而完整的大腦狀態重複出現,則是不可能的,因為每一段經歷都在不斷改變我們。正如河流不可能兩次流經同一片水域,我們的大腦也不可能兩次經歷相同的狀態。每一刻的變化,都是時間流逝在我們心靈深處留下的印記。

大腦的旋轉萬花筒

在我們的日常生活中,某些事件看似會再次發生,然而這種重複的假設本身就顯得荒謬。因為在這些事件的兩次出現之間,我們的大腦狀態並不是一個靜止不變的空白,而是持續地演變和改變。事件發生後,我們的感受器官其實已經不再是事件發生前的模樣。正如我們的感覺隨著過去經歷的不同而改變,一種顏色在另一種顏色之後出現時,會因為相互之間的對比而帶來截然不同的感受。正是在這樣的背景下,噪音過後的寧靜才顯得特別令人愉悅。

音樂的魔力也在於此。音符的音階上升和下降帶來的感受並不相同,正如在一個圖形上加上一些線條會改變其他線條的形狀。在音樂的世界中,整體的美學效果來自於一組聲音如何改變我們對另一組聲音的感覺。這種感覺的變化,無論是升高還是降低,都在不斷塑造我們的情感和思維。

意識流：思考的起點

在思維的領域中，大腦的活躍狀態也會影響我們的情感色彩。即便是剛剛還十分興奮的狀態，也會因為某種憂傷的色彩而改變，這種色彩成為我們當前意識的基礎，影響我們的感受和行為。一些神經通道在緊張狀態中開始衰退，而另一些則增強，還有一些則活躍地釋放出新的能量。這一切都展示了大腦中生理變化的有效性，而這些變化又進一步影響了我們的心理狀態。

大腦的變化就像萬花筒的旋轉，時而快速，時而緩慢，從一個相對平衡的狀態轉移至另一個平衡狀態。在這個過程中，心理的變化或許比生理的變化更為緩慢，但卻同樣真實。大腦的重新分布具有無限的多樣性和可能性。正如一個粗糙的電話盤可以運作多年，且其內部狀態從未重複，那麼精細無比的大腦是否更應該如此呢？大腦的每一次旋轉和改變，都帶來了新的視角和感受，讓我們在重複的生活中體驗到不一樣的風景。

心靈的獨特性與變化：
挑戰傳統思維模式的心理探索

在探索心靈變化的過程中，我逐漸意識到這種變化的方式是唯一正確的，儘管我們很難用具體的語言來描述它。然而，隨著我們在這條道路上不斷前行，那些模糊不清的地方將會變得愈加明朗。這一過程的核心在於，每一個想法都是獨一無二的，這一命題在當今比它首次提出時更加重要，因為它挑戰了

我們順從於洛克或赫爾巴特學派的傳統思維模式。這些學派曾經對德國乃至全人類產生了巨大的影響力。

採用原子論的方式來解釋心理事實，即將所有的高等意識形態視為由簡單不變的想法所組成，確實提供了一種便利的方法。類似地，將所有的曲線視為由簡單直線構成也是如此。然而，我們必須時刻警惕，這些論述在自然界中並無真實的對應物，它們僅僅是象徵性的概念。這些虛構的方法之所以便利，是因為它們契合了語言結構，但這種結構並非由心理學家所創，而是由那些對心理狀態揭示的事實抱有興趣的人所形成。他們將自身的心理狀態簡化為對某個事物的想法。

如果我們承認事物是由部分組成的，那麼我們的思維也應該被視為由對這些部分的思考所構成。如果其中某一部分曾經出現在其他事物中，那麼我們當前的想法不應該與過去完全相同。若事物是簡單的，那麼對它的思維也應該是簡單的；若事物是多樣的，則需要大量的思維來理解它。若它呈現為一個序列，只有一連串的思維才能夠掌握它；若它是永恆的，那麼關於它的思維也應具備永恆的特質。我們可以任意地繼續這種思考，卻始終不會完全抵達真理的彼岸。

在這樣的思維框架下，我們逐漸意識到，心靈的變化並不僅僅是對外界刺激的被動反應，而是每個獨特個體內在動態的結果。這種獨特性使得我們在面對心靈的無限可能性時，擁有了一種全新的理解維度。

意識流：思考的起點

心靈的連續性與語言的影響

在語言的領域中，我們常常透過名稱來辨識對象，而這種辨識背後似乎隱含著心靈的一種特性。為什麼這樣的設想顯得如此自然呢？語言對我們的影響不可小覷，尤其是那些結構複雜的語言，如黏著性語言或帶有變格的希臘語和拉丁語。在這些語言中，事物的名字會根據其所處的語境而改變形態，這種變化讓我們更容易在多變的情境中保持對同一物體的辨識。

隨著討論的深入，我們開始探討週期性時隱時現的心理現象，以及關於自我同一性的信念。這些討論自然會引導我們思考休謨的學說，他認為思維由獨立的部分組成，而不是一種連續的流動。我將在此提出這一學說的錯誤之處，因為思維本質上是持續的。

所謂「持續的」，即沒有裂縫、缺口或斷裂。我曾提到，兩個心靈之間的裂縫可能是自然界中最顯著的分隔。我們能夠想像的唯一裂縫，是在單一心靈中出現的中斷或時間間隙，即意識的短暫消失和快速復現。然而，思維的性質或內容可能會出現如此突然的裂縫，以至於裂縫前後的部分之間毫無連繫。

在每個個體的意識中，思維和感覺都是連繫的，這一命題有兩重意義。首先，這意味著在一連串的意識事件中，我們能夠認知其間的連續性，無論這種連續性是多麼微弱或隱晦。其次，這種連繫性意味著即便在意識的變動中，我們仍然能夠感

心靈的連續性與語言的影響

受到一種自我同一的持續性。

語言的結構與心靈的連續性之間存在著微妙的互動。當我們用語言來命名和描述世界時，我們也在不知不覺中塑造了我們的思維方式。黏著性語言和變格語言的特點提醒我們，心靈並非由獨立的片段組成，而是由一股連續的流動所構成。這種流動性讓我們能夠在多變的世界中保持對自我和事物的穩定認識。

意識的流動與時間間隙：
自我連續性的探索

在意識的流動中，時間間隙似乎是一個不可避免的現象。然而，儘管有這些間隙，後續的意識仍然感覺自己與之前的意識相關聯，彷彿是同一個自我的不同部分。這是因為意識的性質在不同時刻之間的變化並不突然，而是逐漸的。因此，首先我們需要處理時間間隙的問題。意識可能甚至沒有察覺到這些間隙的存在。

在前面的討論中，我們已經指出，時間間隙確實存在，而且可能比我們想像的還要多。如果意識無法察覺到它們的存在，那麼它就不會感受到這些間隙的中斷。在因為有毒氣體或麻醉藥物而陷入無意識狀態時，或是在癲癇和暈厥中，意識的片段會在這些間隙中重新融合。這種意識的連續性，即便是心理學家也無法否認。只要一個人持續地清醒一天，意識便成為

意識流：思考的起點

一個不間斷的單元，時間本身也是一個單元，所有的部分都並列存在，沒有任何外物侵入。

然而，當我們從睡眠中醒來時，我們往往能夠意識到自己在睡眠時是無意識的。我們對於這段無意識狀態的持續時間有著精確的判斷。這種精確的判斷源自於可感知的跡象和長期訓練的結果。因此，意識在某種意義上是中斷的，但又在另一種意義上是連續的。在這種連續性中，意識的不同部分有著內在的連繫，形成一個共同的整體。

這個共同的整體就是我們所謂的「我」—— 一個能夠感知、持續存在的自我。無論是主格還是賓格，這個「我」在意識的流動中持續存在，將不連續的片段串聯成一個完整的意識體驗。這種意識的連續性讓我們在面對時間間隙時，依然能夠保持自我的完整性和穩定性。

思維的連續與自我的溫暖

當保羅和彼得在同一張床上醒來時，他們的意識從睡眠的中斷中重新連接到過去的思維流。這種連接就像地下的電極，即使距離再遠也能準確找到對應的另一端。彼得的現在立刻找到了彼得的過去，絲毫不會錯把自己的現在與保羅的過去連接。保羅的思維同樣不會偏離，它精確地引導著保羅回到他入睡前的狀態。然而，這與保羅對自身最後狀態的記憶並不相

思維的連續與自我的溫暖

同。他能記得自己的狀態，但對彼得的狀況卻只能憑空想像。

記憶就像是一種直接的感官體驗，充滿了溫暖和親密感，這是任何單純憑空想像的事物都無法擁有的。這種溫暖、親密和直接性是彼得當下思維的特徵。彼得的內心聲音告訴他，這個當下如此確定地是他自己的，任何具有同樣溫暖、親密和直接屬性的事物，都同樣確定是他的一部分。這種被稱為溫暖和親密的性質究竟是什麼，或許需要日後深入思考。但無論過去的任何感受，只要帶有這些特質，當下的心理狀態就會接納它，擁抱它，並與之同屬於一個完整的自我。

時間的間隙並不能將這種自我的持續性割裂，這種持續性正是當下思維能夠視自己為過去某些部分延續的原因。即便意識到時間的間隙存在，這種連續性仍然強大而不可分割。這種自我連續性意味著，無論時光如何流逝，思維中那份溫暖和親密始終如一，成為保羅和彼得心靈的基石，讓他們在每一次醒來時，依然能夠確信彼此的存在與自身的完整。

意識流與思維的連續性：
從接合到分離的深層探討

意識並非以破碎的形態呈現。用「鏈」或「序列」這類詞語來描述意識的首次出現是不恰當的，因為它並不是由各個部分拼接而成的。意識更像是一條流動的「河」或一道「流」，這是對其本質最貼切的比喻。因此，在討論意識時，我們稱之為思維

意識流：思考的起點

流、意識流或主觀生命流。然而，即便在同一個自我範疇內，擁有相同感覺的思維之間，也會出現部分的接合與分離，這是我們之前未曾考慮的。

這種接合與分離，源於思維流的相繼部分在性質上的差異，導致了思維的中斷。如果「鏈」和「序列」這些詞無法自然地描述這種現象，我們為何仍然使用它們？一個突如其來的爆炸聲可以將意識一分為二，一次意外的衝擊、一個異物的出現，或感覺的變化，都會產生中斷。但是，這種中斷讓我們無法再稱意識為連續的流。

這樣的反駁部分來自於思維的混淆，以及淺薄的自省觀點。混淆指的是主觀事實的思維本身，與其所意識到的事物之間的混淆。這種混淆是自然的，但一旦有所警惕，避免它並不困難。事物確實是單獨且不連續的，它們會以鏈或序列的形式呈現，會爆炸，彼此分離。然而，事物的對比並不會中斷它們所處的時間和空間，也不會打斷思維流。

雷鳴聲突然打破寧靜，我們可能因震驚和困惑而未及立即思考發生了什麼。然而，這種困惑本身就是一種精神狀態，並且它直接從我們面前流過，從寧靜進入聲音，從一個物體的思維轉向另一個。這種轉變在思維中不算中斷，就像竹節在竹子中也不算中斷一樣。這一轉變本身就是思維的一部分，正如竹節是竹子的一部分。思維流的連續性，正是在這些看似中斷的轉變中得以維持的。

雷鳴與靜默的交響曲

在我們的日常體驗中，雷鳴與靜默的交錯是一個常被忽視的現象。當雷聲響起時，它不僅僅是一次聲音的爆發，而是一種對先前靜默的打破和重新定義。這種對比並非僅僅停留在聽覺上，而是滲透到我們的意識中，影響我們的感知方式。我們聽到的雷鳴，不單是雷鳴本身，而是雷鳴與靜默的交織，是一種動態的聲音畫面。這種聲音畫面提醒著我們，感知並非單一的瞬間體驗，而是連續體中各種元素的互動作用。

這樣的體驗揭示了我們對事物的認識不僅依賴於當下的感知，還包括了對過往經驗的延續與未來期待的預示。當雷鳴聲響起時，我們的意識不僅僅是對這一聲響的反應，更是對剛剛消逝的靜默的懷念。這種懷念並不僅僅是對過去的反思，而是對當下感知的整合與重新詮釋。

語言在這種複雜的感知過程中往往顯得笨拙。它試圖用簡單的詞彙來描述複雜的意識流，卻常常忽略了思維的多層次性。每一個思維似乎都應該被賦予一個名稱，以反映它所知的多樣對象，而不僅僅是它直接指涉的對象。這種命名的缺失，讓我們在表達思維時，常常感到力不從心。

然而，在這種語言的局限中，我們仍然能夠感受到思維的真實性。這種真實性不僅僅來自於思維對象的直接感知，也來自於思維的環境，即我們的身體狀態、心境和當下的感受。思

維的每一部分都充滿了我們獨特的生活經驗，這種獨特性賦予了思維一種親密感，使之成為我們自己的思維。

在思維的過程中，我們的身體不僅僅是思維的載體，更是思維的場所。這種對自身的感知，無論多麼微弱，都在影響著我們對周遭世界的理解。這種理解，正如雷鳴與靜默的交響曲，在不斷的自我反思與外界刺激中，形成了我們獨特的意識流。

心理變化的次第性與連續性：
神經活動與心理健康的關聯

在探討心理內容變化的次第性規律時，我們可以藉助神經活動的原理來獲得更深刻的理解。在前面文章中，我們研究了神經活動的聚合，了解到大腦的任何狀態並不會瞬間消失，而是會因慣性而保留一段時間，並對最終結果產生影響。這種現象在感性知覺中最為常見，尤其是在對比現象中顯而易見。在美學領域，這種變化則展現為喜悅或不快的感覺，這些感受通常由一系列印象的特殊順序所引發。

在思維過程中，這種變化無疑與時間和地點的意識密切相關。如果最近某個大腦區域 a 受到強烈刺激，隨之而來的是區域 b 和區域 c，那麼當前的整體意識並不僅僅是由 c 的刺激產生的。它還包括來自 a 和 b 的漸弱振動。若要表現此時大腦的反應過程，我們必須將其寫成 a、b、c 三者的共同存在，並且有一個與這三者相關聯的意識。然而，這個意識絕不是由其中任

何一者單獨引發的,而是與三者中的每一個都有相似之處。

這種現象再次引導我們回到精神官能症和精神病變化的問題上。隨著精神官能症的發生變化,精神病也隨之改變。由於精神官能症的變化總是連續的,隨之而來的精神病也在逐漸變化,即使它們的變化速率呈現遞減趨勢。在這個過程中,我們可以觀察到心理變化的潛在旋律,這種旋律在不同的心理狀態和感受中交織,形成了一個複雜而連續的心理圖景。

這種對心理變化的理解不僅豐富了我們對人類意識流動的認識,也為我們提供了一個更廣闊的視角來看待心理健康問題。透過意識到這些變化的次第性和連續性,我們或許可以在未來更有效地應對和治療相關的心理障礙。理解心理變化的潛在旋律,讓我們能夠在心理學的領域中更深入地探索人類心靈的奧祕。

意識流中的飛行與棲息

在我們的意識流中,變化速率的差異是形成主觀體驗的基礎。當速率緩慢時,我們的思維對象似乎處於一種平穩的狀態,這讓我們能夠細細體會每一個想法的細節。然而,當變化速率加快時,我們便能夠察覺到一種轉變和過渡,這些變化是意識流中的重要特徵。

若我們粗略地觀察這一意識流,首先映入眼簾的是其部分

意識流：思考的起點

之間的不同速率。就像鳥類的生命，由飛行和棲息交替組成，語言的節奏也反映了這一特徵：每一個句子都承載著一個完整的思維，而句號則代表著一個短暫的停頓。這些停頓之處，往往被某種感覺的想像力所占據，這些想像力的奇特之處在於它們能夠無限地出現在心靈中，並且始終保持不變。

然而，飛行的部分則充滿了關於動態或靜態關係的思維。我們可以稱這些停頓為意識流的「實質部分」，而將飛行的區域稱為「過渡部分」。思維的主要目的似乎是獲得某種新的實質部分，這一部分並非我們剛剛離開的那一部分。過渡部分的主要用途是讓我們從一個實質結論過渡到另一個實質結論。

然而，以內省的方式觀察過渡部分的樣子是極其困難的。過渡部分就像是一段朝向終點的飛行，若在到達終點之前嘗試停下來觀察，這段飛行便會消失於無形。但若我們等待它到達終點，結論的強度和穩定性又會掩蓋過渡部分的細節。讓任何人在途中截斷一個思維並觀察它的部分，他便會發現，用內省的方法去觀察過渡區域是多麼困難。

思維的急流迅速向前，在我們阻止它之前，它已經將我們帶至終點。即便我們的目的足夠敏捷，成功地阻止了它，此時的思維也不再是思維本身了，正如一片被握在手中的雪花已經不再是雪花，而僅僅是一滴水。這就是意識流中的飛行與棲息，變化與穩定的微妙交織。

意識流與心靈的微妙過渡：
探索隱祕旋律的心理學

在探索心靈深處的過程中，我們常常發現自己面對著一個無法被完全捕捉的現象：意識流。這種流動的本質猶如一場不斷旋轉的舞蹈，我們只能在某一瞬間捕捉到它的形態，而無法將其完整地描繪。試圖深入解析這種流動，就如同試圖用手去抓住一個旋轉的陀螺，或是在黑暗中點亮一盞可燃氣燈以便窺見黑暗的本質。這樣的嘗試往往徒勞無功，讓我們對心靈的理解更加模糊。

這種內省的困難對我們的心靈探索是有害的。當我們試圖深入觀察和記錄意識流的過渡部分時，往往會忽略那些微妙而短暫的瞬間，這些瞬間在心靈中無聲無息地過渡著，卻承載著重要的意義。我們容易將這些瞬間看作是意識的中斷，而不是其連續性的一部分。這種忽視使我們的理解過於片面，過分強調那些顯而易見的實質部分，從而錯過了心靈交響中的隱祕旋律。

從歷史的角度來看，這種忽視導致了兩個主要的錯誤。首先，一類思想家因此成為了感覺主義者。他們難以捕捉那些與現實有緊密連繫的感覺，無法找到足以反映這些關係的實質變化。他們中的大多數人，像休謨一樣，否認心靈內外存在的關係感覺。這些感知和它們的衍生物如同遊戲中的西洋骨牌般互相關聯，但在這些思想家看來，它們卻是獨立的，其他的一切只是詞語的幻覺。

這種觀點忽略了心靈中的微妙過渡，將其視為不必要的噪音。然而，這些微妙的過渡正是心靈交響的核心部分。忽視它們，就如同在欣賞交響樂時，忽略了每一個音符之間的細微變化。這些變化雖然短暫，但卻賦予了整體旋律以生命和靈魂。只有當我們學會欣賞這些隱祕的旋律，才能真正理解心靈的深邃與豐富。

理性與感覺的交織

理性主義者和感覺主義者在看待世界的方式上存在著深刻的分歧。理性主義者無法否認關係的存在，但卻認為這些關係並不依賴於感覺。他們相信，關係存在於某些不涉及感覺的心理變化之中，這些變化是透過思想、智力或理性等高級心理活動來認識的。這些活動被賦予了某種神祕的優越性，似乎超越了任何具體的感情事實。

然而，感覺主義者和理性主義者的極端觀點都忽略了一個重要的事實：如果感覺是存在的，那麼對象之間的關係也必定存在於物理世界中。這些關係並非僅僅是理性思維的產物，而是可以被直接感知和體驗的。在人類語言中，無數的連詞、介詞和副詞短語都在表達著思想中的對象之間的細微關係。這些語言結構反映了人類意識流中存在的真實關係。

事實上，這些關係是如此繁多，以至於現有的語言無法完

全捕捉它們的細微之處。每一次我們試圖用語言來描述我們的感知時，我們都在努力將這些豐富的內在經驗與語言的限制相匹配。這種匹配過程是主觀的，但並不意味著它們不具有客觀的基礎。這些關係不僅僅是心理活動的結果，而是我們所處世界的一部分。

因此，理性和感覺之間並不存在絕對的對立。相反，它們是交織在一起的，互為補充。感覺為我們提供了直接的經驗，而理性則幫助我們組織和理解這些經驗。兩者共同構成了我們對世界的全面認識。這種認識既不僅僅依賴於感覺的直接性，也不僅僅依賴於理性的抽象性，而是兩者的結合。透過這樣的結合，我們才能真正理解我們所處的世界及其複雜的關係網路。

語言、意識與大腦的變化：
經驗主義的挑戰與心靈狀態的深層探討

經驗主義者常常依賴語言的力量，讓我們相信只要有一個獨立的名字，就必然存在一個對應的獨立實體。他們否認抽象實體、原則和力量的存在，並且對前文中提到的正面錯誤隻字不提。這個錯誤認為，如果不存在名字，實體就無法存在。由於這種錯誤，所有無聲或無名的心靈狀態被冷酷地忽視，或者即使得到承認，也只是根據其引匯出的實質性概念來命名。就像「關於」這個、「關於」那個的思維，「關於」這個詞本身就包含了所有微妙的含義。因此，人們進一步強調實質部分，將其

意識流：思考的起點

孤立出來。

　　我們再一次回到大腦的話題。大腦作為一個器官，其內部平衡始終處於變化之中，這種變化影響著大腦的每一個部分。毫無疑問，變化的幅度在某些地方比其他地方更強烈，而其節奏在某些時刻比其他時刻更迅速。就像一個旋轉的萬花筒，儘管圖案不斷自我重組，總有一些瞬間，這些變化顯得微乎其微，幾乎消失不見，而在另一些瞬間，變化則非常迅速。相對穩定的形式與其他形式交替出現，而如果這些形式再次出現，我們可能認不出來。因此，大腦中不斷的重組必然導致某些持續時間較長的緊張狀態，而其他狀態則僅僅是短暫的來去。

　　如果意識符合重組事實本身，那麼為什麼在重組不停止的情況下，意識也不會停止？這是因為意識並不是簡單地反映大腦的物理狀態，而是與這些狀態的變化有著更加複雜的關聯。名字的存在或不存在，並不能決定一個實體的存在與否。語言不應被視為意識的唯一表達方式，它只是我們理解和描述世界的工具之一。我們必須承認，許多心靈狀態和經驗無法用簡單的詞彙加以概括，它們的存在並不依賴於名稱，而是根植於我們的感知和理解之中。這提醒我們，語言固然重要，但它並不是我們意識和存在的全部。

意識的流動與未命名的期待

在我們的日常生活中，意識是一個不斷流動的過程，像是電影畫面般無縫地融合在一起。然而，當我們深入探索這個流動的本質時，會發現其中蘊含著許多未被命名的狀態，這些狀態雖然短暫，但對我們的認知過程具有重要的影響。

當我們談論持續時間較長的重組所產生的意識時，它們可以因為其對象的簡單或複雜程度而被稱為「感覺」、「形象」、「知覺」或「概念」。這些意識的強烈程度決定了我們如何感知它們。然而，迅速的重組是否也能產生一種獨特的意識呢？這些迅速的意識，儘管短暫，卻不可忽視。它們被我們稱為「過渡狀態」或「關係感覺」，在大腦持續變化的過程中，它們與其他意識狀態交織成一個整體的意識流。

然而，除了這些已命名的狀態，還存在著一些未被命名但同樣重要的狀態。這些狀態不僅具有認知功能，還在感知上發揮著作用，但卻常常被傳統的感覺主義和理性主義所忽視。感覺主義可能完全忽略了這些狀態，而理性主義則僅承認其認知功能，對其感知的作用視而不見。

舉例來說，當我們聽到不同的人相繼對我們說「等等！」、「聽！」、「看！」時，我們的意識會進入三種不同的期待狀態。這些狀態之間並沒有明確的對象出現，但它們的存在是毋庸置疑的。即使不考慮這些詞語所引發的具體形象，我們仍能感受到

意識流：思考的起點

　　一種殘餘的意識情感，一種方向感的印象，這些都是無形中影響著我們的認知過程。除了「等」、「聽」、「看」這些詞語，我們目前並沒有其他的名稱來描述這樣的精神狀態。

　　這些未被命名的狀態展示了意識的複雜性和深度，它們提醒我們，在意識的流動中，還有許多未被探索的領域等待我們去發現。這些狀態不僅豐富了我們對意識的理解，也揭示了認知與感知之間微妙而重要的連繫。

記憶與意識的遊戲：
探索遺忘與回憶中的間隙

　　在我們的日常生活中，記憶常常如同一場神祕的遊戲。試想一下，我們努力回憶起一個被遺忘的名字，那麼我們的意識狀態便陷入一種奇特的境地。這種狀態像是存在著某種間隙，然而它並不僅僅是靜止的空白。相反，這個間隙充滿了活力和動態，彷彿有一種無形的力量在召喚我們，帶領我們朝向某個特定的方向。那個即將被喚醒的名字就像一個幽靈，時而讓我們感覺到正逐漸接近那段回憶，心中不禁湧起一陣興奮；時而又讓我們因為無法真正抓住它而感到失落。

　　當有人錯誤地提示我們某個名字時，這種奇怪的間隙立即展開行動，迅速地拒絕接受那些不正確的名字。令人著迷的是，每個詞語的間隙似乎各有不同，雖然在內容上它們都是空的。當我徒勞地試圖回憶起「斯鮑爾丁」這個名字時，我的意識狀態

與我試圖回憶「鮑爾斯」時的狀態截然不同。這種現象引發了一些思考。

有些智慧的人或許會說：「如果我們不使用可以區分兩種意識狀態的術語，那麼這兩種意識又怎麼會有所不同呢？」這種觀點似乎在強調，當我們的努力都是徒勞無功時，存在的僅僅是努力本身，而這種努力如何在不同情況下顯得不同呢？正是因為我們過早地將不同的名字填充進去，才讓這些努力看起來有所差異，即使這些名字尚未真正出現。如果我們僅僅堅持面對兩種努力，而不根據那些尚未顯現的事實來命名它們，那麼我們將無法指出它們之間的任何差異。

這種對記憶的探索揭示了我們意識的複雜性。每一個被遺忘的名字，都是一個等待我們揭開的謎團。而在這個過程中，我們的心靈如同在一場無形的遊戲中穿梭，時而接近，時而遠離，在這樣的追尋中，我們或許能夠更深刻地理解自己的意識與記憶之間的微妙關係。

熟悉感的神祕力量

確實如此，我們只能依靠那些尚未進入思維的事物的名字，來標示出二者之間的差異。換句話說，我們的心理學詞彙遠遠不足以為存在的不同命名，即便那種不同是如此強烈。然而，沒有名字的事物依然可以存在。在關於空虛的意識中，沒有一

意識流：思考的起點

個意識是有名字的，但它們彼此之間卻有著顯著的區別。常見的做法是將它們一概視為空虛的意識，認為它們具有相同的感受。然而，對缺乏的感覺和對感覺的缺乏是截然不同的。這是一種強烈的感受，當一個詞消失後，它的節奏可能依然存在，但卻沒有聲音能夠代表它。每個人都一定體驗過那些被遺忘的詩句所留下的空白節奏的折磨效果，它們在大腦中不斷激盪，努力尋求詞語的填充。

那麼，初次嘗試的經歷與辨認出一個已經熟悉的經歷之間，到底有什麼樣奇異的差別呢？我們曾經經歷過後者，卻無法為之命名，也無法確定這種經歷究竟出現在何時何地。一段旋律、一種味道、一縷香氣，有時會將這種不可名狀的熟悉感深植於我們的意識中，使我們被一種神祕的情感力量強烈震撼。儘管這一精神現象十分強烈且獨特，它很可能是由於與大腦區域的廣泛連繫的次峰刺激所致，而我們卻只能將其統稱為「熟悉的感覺」。

這種熟悉感的神祕力量，無法用簡單的詞語來捕捉。它們是記憶的幽靈，在我們無意識間喚起過去的片段，讓我們感受到一種既陌生又熟悉的情感。這種感受，或許正是我們心靈深處那未被命名的領域所發出的微弱聲音，提醒著我們過去的經歷在當下的影響。它們如同一種無形的線索，將我們的過去與現在緊密相連，讓我們在每一次熟悉感的衝擊中，重新審視自己與世界的關係。

語言與思維的流動：
探索詞語背後的情感與概念轉換

　　語言，這個人類最精巧的發明之一，不僅僅是溝通的工具，更是思維的載體。當我們面對那些看似簡單的詞語和句式時，是否曾想過它們背後的深意？「沒有，但是」、「或者是這個，或者是那個」、「a 是 b，但是」等句式，不僅僅是語法結構，它們還承載著我們細膩的情感和思維的流動。這些詞語的作用，遠不止於表面上的意思，它們在我們的心中激起一種微妙的感覺，一種與其字面意義相輔相成的情感共鳴。

　　當我們閱讀或聆聽語言時，這些詞語彷彿是一種方向的標誌，指引著我們的思維在不同的概念之間穿梭。這種思維的運動，並不是一種具體的感覺表象，而是一種過渡，一種在不同思維狀態之間的流變。正如一個精心構築的句子能夠喚醒我們的想像力，這些詞語和句式框架也在我們的腦海中點燃了思維的火花，讓我們在不斷的轉換中感受到思維的活力。

　　語言中的疑問詞，如「誰？」、「什麼時候？」、「哪裡？」等，亦是如此。它們不僅僅是問題的開端，更是一種引導思維的工具。這些詞語透過它們獨特的音韻和結構，激發了我們對未知的探索慾望，讓我們的思維在不同的可能性之間跳躍。

　　這種思維的運動，雖然在感知上是短暫而模糊的，但卻是我們理解世界的關鍵。邏輯運動的純粹形象，就如同一場思維的隱祕舞蹈，讓我們在不經意間從一組表象躍向另一組表象。

意識流：思考的起點

在這些過渡中，我們的思維獲得了新的理解和啟示，讓我們能夠在複雜的語言和概念網路中找到自己的方向。

因此，語言不僅僅是詞語的集合，更是一種動態的思維過程。它引導我們在無形的思維空間中探索，讓我們在不同的概念和情感之間自由穿梭，體驗語言的無限可能。這種思維的運動，正是語言的魅力所在，也是我們理解世界的橋梁。

心靈的預期與語言的共舞

當我們談到「了解」時，我們究竟在談論什麼？這似乎與我們心靈深處的情感有關。是否曾經質疑過，當我們準備說出某件事時，那個意圖背後的心理狀態是什麼呢？這種狀態是如此明顯，與其他意圖截然不同，形成了一種獨特的意識狀態。然而，這種意識狀態中包含多少具體的感覺或形象呢？答案是：幾乎沒有！隨著時間的推移，詞語和事情會進入我們的心靈，而我們最初的意圖和預測可能早已消失。然而，當隨後的詞語到來時，如果它們符合我們的期望，我們便會欣然接受；若不符合，我們則會拒絕它們。這種過程展現了心靈的積極特質，我們只能用「如此這般的意圖」來描述它。或許，我們精神生活的三分之一都浸潤在這種對未說出口的思維圖示的快速預期中。

想像一個人首次大聲朗讀一段文字，他怎麼能立刻準確地掌握所有詞語的重音？這是因為他對即將讀到的句子結構有一

種直覺上的感受，這種感受充盈在他對當前詞語的意識中，在他的腦海中調整著詞語的重音，從而使他在朗讀時能夠準確發音。這種強調就像是一種語法的建構過程。如果我們讀到「no more」，便會自然預測後面的「than」；如果句首出現「however」，便會期待「yet」、「still」或「nevertheless」的出現。名詞需要動詞，形容詞需要名詞，動詞需要副詞，它們共同構築了一幅語法的畫面。

這種對即將出現語法結構的預測與已讀過的詞語交織得如此緊密，甚至當讀者無法完全理解所朗讀內容的意義時，他仍然能以最恰當的語氣將其表達出來。這種語言與心靈的共舞，讓我們在未來的語言旅途中，能夠預見那些未曾說出的思維，並以優雅的方式迎接它們。

模糊意識與心理趨勢：
重新評估模糊感覺在心理生活中的深層

在心理學的領域中，對於意識流的研究常常集中於那些明確而具體的形象。然而，這樣的研究往往忽略了一個重要的層面：那些模糊而難以言喻的心理趨勢。這些趨勢不僅僅是外部觀察者的解讀，而是內在意識的一部分，儘管它們可能不易被清晰地描述或命名。

許多人認為，當我們面對某些情境時，形象會依據聯想法則迅速喚起其他形象，使得我們在新形象出現之前，便已感受

意識流：思考的起點

到了它們即將產生的趨勢。這種觀點認為，只有那些性質完全確定的形象才是意識的唯一材料。趨勢被視為心理上的虛無，只有其結果能被感知。然而，我們必須承認，這些趨勢並非僅存在於外部描述中，它們同樣存在於我們內在意識的流動中，並對我們的心理生活有著深刻的影響。

高爾頓先生和赫胥黎教授的研究在這方面取得了進展，他們批判了休謨和貝克萊的理論，後者認為我們的意識中沒有模糊的形象，只有確定的事物。他們的工作推翻了一個誤解，即主觀感情可以被認識，但關係卻無法被認識。然而，這些改革尚未徹底改變我們對模糊意識的理解。

在這裡，我們需要重新評估模糊的感覺在心理生活中的重要性。這些感覺可能過於模糊，以至於我們無法全部命名，但它們卻是我們心理經驗中不可或缺的一部分。這些模糊的感覺構成了我們對世界的直觀理解，並且在許多情況下，它們比那些明確的形象更能反映我們的真實想法和情感。

因此，我們應該恢復這些模糊對象在我們心理生活中的特有位置，意識到它們在塑造我們的意識和理解世界方面的重要性。這不僅僅是對心理學理論的挑戰，更是對我們自身經驗的重新認識。只有這樣，我們才能更全面地理解人類意識的複雜性，並進一步推動心理學的發展。

意識之水，心靈流動的藝術

在思考人生的旅途中，我們需要承認，傳統心理學所描繪的心靈圖景僅僅捕捉了我們內心世界的一小部分。這些結論就像是試圖用不同形狀的容器來描述一條奔流不息的河流，忽視了這些容器之間那自由流動的水流。而這種自由流動的水，正是我們的意識。心靈中的每個確定形象都浸泡在這意識之水中，並由流經它的自由水流染色，這種染色賦予了形象意義和價值，形成了圍繞形象的暈輪和半影。

當我們回憶起一部歌劇、一場電影或一本書時，我們頭腦中形成的圖示並不僅僅是過去經驗的重演，而是以一種新的方式被接受和理解的表象。這些圖示在真實的事情結束後仍然停留在我們的腦海中，成為我們對其進行判斷的基礎。我們對科學或哲學系統的概念亦是如此。偉大的思想家能夠在概念還未完全進入腦海時，就對術語之間的關係做出宏大的預測，這一過程是如此迅速，以至於我們幾乎意識不到它的發生。

我們每個人都有過這樣的經驗：當思維逐漸消逝時，我們對此有著清晰的意識。這種意識的廣度取決於我們精神的振奮或疲憊程度。在精神振奮時，我們的大腦能夠擁有更廣闊的視野，當前的形象可以超越當下，預見未來尚未成形的思維領域。然而，當大腦過度使用時，這種視野會縮小，只剩下那些正在消失的詞語，聯想機制仍在為下一個詞語的出現做好準

備，直到疲憊的思考者終於達到某種結論。

有時候，我們可能會懷疑自己的思維是否已經停止，但對遙遠對象的模糊感覺仍然驅使我們努力，試圖找到更清晰的表達。在這種情況下，緩慢的言語流露出思維活動的艱難，但也展示了心靈追求理解的堅持。我們的意識之水在心靈的河流中自如流動，塑造出一幅動態而豐富的心靈畫卷。

思維的終止與完成：
語言中的意圖差異與神經活動的動態過程

在我們的思維世界中，存在著兩種截然不同的意識狀態：一種是思維的終止，另一種是思維的完成。這兩者看似相似，但其實有著本質的區別。當我們的思維真正完成時，內心會有一種確定感，這種感受在語言中反映為語句結束時的自然降調，隨之而來的是一段靜默，彷彿是為了讓思想的餘韻得以消散。而當思維僅僅是暫停時，我們的表達會變得模糊不清，常常伴隨著「支支吾吾」或是「以及諸如此類」這樣的短語。

值得注意的是，當我們使用這些短語時，每一部分的感覺都是獨特的。「以及諸如此類」不僅僅是填補語句的空白，更是思維過程中不可或缺的一部分。它和那些具體的形象一樣，構成了我們思維的完整畫面。以「man」這個普通名詞為例，當我們用它來指代所有男人時，我們完全意識到自己的意圖，並且能夠清楚地區分這一意圖與指代某一特定群體或眼前某個具體

男人的意圖之間的差異。

在「概念」一章中，我們將深入探討這一意圖的差異性對整個句子的影響。每一個詞語前後的成分都受到這種意圖的微妙影響，這種影響是深遠而細緻的。理解這些意圖的差異，不僅有助於我們掌握語言的精妙，也幫助我們更清晰地表達思維。

這些思維過程可以被視作大腦活動的反映，這是一種簡單而有效的方式。就像是對我們思維起始點的回聲，這種感覺可能源於剛剛經歷過的強烈刺激在逐漸消退。對未來的預測和重點的感知，同樣來自於某些神經束或過程中逐漸增強的興奮。這些神經活動在片刻之後，將會生動地呈現在我們的思維中，成為大腦的相關物。

如果用一條曲線來表示這些過程，則可以想像，作為意識基礎的神經活動就如同一條起伏的曲線，從思維的起點緩緩上升，達到一個高峰，然後逐漸回落，直至平靜。這種曲線不僅描繪了思維的動態過程，也揭示了我們內心世界的複雜性和深邃性。

語音與思維的交響樂

在我們的大腦中，每一個神經束或過程都如同音符般在水平直線上有序排列，而這些音符的強烈程度則由曲線的高度來表示。當我們聚焦於這些過程時，它們都在當下活躍，並且它

意識流：思考的起點

們的強度隨著時間的推移在曲線的頂點前後有所變化。在我背誦字母 a 到 g 的過程中，當我說到 d 時，a、b、c、e、f、g 並未完全從我的意識中消失，而是以微弱的光芒與 d 的強光交織在一起。

這種現象如同音樂中的泛音，不同的樂器演奏相同的音符時，因為其獨特的聲學特性，每一個樂器都會產生獨特的和聲，這些和聲與基本音符共鳴並改變了它。大腦中的過程也類似，當一個過程達到其最高強度時，其他過程的微弱影響會與其交融，豐富並改變了這一過程的心理效果。

這種交融在思維和語言中尤為明顯，尤其是在我們說話或寫作時常出現的錯誤中。卡彭特博士曾指出，這些錯誤通常是由於我們在一個單字中引入另一個即將出現的單字的某個字母或音節，從而造成發音和拼寫的錯誤，甚至有時會整個單字被另一個單字所取代。

這種現象並不僅僅是一個簡單的錯誤，而是大腦在思維過程中不同過程的交響樂。就如同音樂中的泛音，這些錯誤顯示出在思維還未達到其最強烈的狀態之前，大腦過程已經受到刺激。它們是未來思維的暗示，是潛意識中不同過程的預演。

當我們理解這些錯誤的本質時，我們便能更深入地了解大腦如何在複雜的資訊流中運作。這不僅是語言和思維的交錯影響，更是我們內心深處思維的交響樂，展示了大腦如何在多重過程中協調運作，並在不斷變化的強度中創造出豐富且複雜的

心理效果。這是一場大腦內部的交響樂,每一個音符和過程都在不斷地相互影響,塑造著我們的思維和表達。

心理邊緣與泛音:
心靈狀態、認知功能與思想的裂縫

在我們的大腦中,有一些微妙而又強大的過程,這些過程透過「心理泛音」或「邊緣」等概念,對我們的思維產生影響。這些微弱的心理過程似乎在我們不經意間,讓我們感知到某些關係和隱約浮現的對象。當我們深入探討不同心靈狀態的認知功能時,我們會發現,這些狀態之間的差異,往往可以歸因於是否存在心理邊緣或泛音的影響。

理解一件事物,就是理解它的關係網路,而認識一件事物,則僅僅是對它產生一種印象。在我們的思維中,這些關係的邊緣似乎總是若隱若現,未曾明確表達出來。在進入下一個話題前,我們必須探討一下親和性,因為它是我們心靈活動中最有趣的特徵之一。

在我們的思想中,總有一個核心主題,思想圍繞這一主題展開。有時,這個主題是一個未解的問題,一個我們尚無法用具體的影像、詞語來填補的裂縫。然而,這個問題卻以某種積極而確定的方式,從心理學的角度影響著我們。無論我們之前想到的形象或片語是什麼,我們總能感受到它們與這個裂縫之間的微妙關係,填補這個裂縫便成為我們思維的使命。

意識流：思考的起點

　　一些思維使我們更接近那個整體，而另一些則被裂縫拒絕，因為它們似乎與之毫不相關。每一個思維都在這個裂縫的關係邊緣徜徉，試圖找到自己的位置。有時，我們會放棄一個明確的裂縫，而只是懷著一種模糊的興趣，這種興趣雖然不確定，但卻能夠在心靈中找到一個合適的表徵位置，將那些有感覺到的親和性事物納入其中，而對所有不相關的事物則置之不理。

　　透過這種方式，我們的心靈在一個複雜的網路中運作，微妙的心理邊緣和泛音引導著我們的思維，讓我們不斷探索未知，填補心靈的裂縫，尋找思想的完整性。這是一個充滿神祕和奇妙的過程，我們的心靈在其中遊走，時刻準備著迎接新的啟示和理解。

思維的終點，結論的重要性

　　在我們的思維過程中，那些與我們的主題或興趣相關的思想，總是在意識的邊緣不斷浮現。這些思想可能帶來促進的感覺，使我們感到愉快和滿意；相反，如果它們阻礙了我們的思路，我們便會感到不滿或困惑，試圖尋找其他更和諧的想法來替代它們。

　　每一個讓我們感到合適的思維，無論其本質如何，都成為我們大腦中可接受的成分。只要某個想法在我們的思維序列中占有一席之地，它便足以成為這一序列中的適當部分。這是因

思維的終點，結論的重要性

為思維序列的核心在於其最終的結論，這就是思想的真正含義和主題所在。

當其他思維成分隨時間淡出記憶時，結論依然會長存。在大多數情況下，這一結論可以是一個單字、一個片語、一個特定的形象，甚至是一種態度或解決方案。無論是解決問題，還是填補我們心中困擾的空白，結論因其獨特的興趣而與意識流的其他部分形成鮮明對比。這種興趣捕捉了結論，並在其出現時引發一種思維危機，使我們對其倍加關注，並以切實的方式加以處理。

那些在結論之前出現的意識流元素，僅僅是獲得結論的手段。如果我們獲得的是相同的結論，那麼手段本身就顯得無關緊要。因為意識流的「含義」保持不變，手段的具體形式又有什麼關係呢？這一事實說明手段相對不重要，因為一旦結論達成，過程中的大部分步驟便不再重要。就像我們在表達一個命題後，可能很快忘記了最初使用的準確詞語，但仍能用其他語言來傳達相同的意思。這正如手段與結論的關係，手段只是達成結論的工具，而結論才是思維的終點和真正的意義所在。

語言、感知與認知：
親和性與邊緣效應的深層交織

在我們的日常經驗中，感知到的親和性與不一致似乎是兩個對立的概念，但它們卻常常在我們的心靈中交織，形成一種

283

微妙的和諧。這種和諧在於，無論是透過詞語所形成的抽象思維，還是透過觸覺、視覺等感官得到的具體感受，最終都能達成一致的認知結論。這種現象引發了我們對語言與感知之間複雜關係的深思。

詞語的力量不僅在於其表面上的意義，還在於其內在的月暈效應。詞語之間的連繫和邊緣效應，往往能夠影響我們對事物的理解和感知。然而，這些詞語的邊緣效應與我們在視覺或觸覺經驗中的邊緣效應是否一致呢？答案並不簡單。當我們把詞語視為純粹的感受時，它們彼此之間的親和性可能不及視覺形象。然而，當詞語被賦予思維的力量，成為理解的媒介時，它們便與視覺、觸覺等感知經驗共享同樣的邊緣，支配著我們對事物的判斷。

坎貝爾（Campbell）博士對此提供了卓越的分析。他指出，語言中的詞語之所以能夠彼此連繫，是因為它們作為某種代表，代表著相關的事物。這就像幾何學中的公理：等於同一個事物的幾個事物彼此也相等。在心理學中，我們同樣承認這一原則，即同一想法所連繫的想法之間也存在著連繫。這種連繫不僅限於直接的概念，還延伸至更為隱祕的感知領域。

當我們經歷某兩個事物的連繫時，這種連繫會自然地在我們的心中產生一種相關想法和概念的網路。這種網路不僅影響著我們的思維，也影響著我們的感知。每個想法都會彼此連結，這種連結甚至會影響到我們對聲音、影像等感知的理解。

因此，語言與感知之間的關係不僅僅是表面的交流，而是更深層次的認知互動。這種互動讓我們在理解世界的過程中，能夠超越單純的詞語或感知，達到更高層次的思維和感知的統一。

聲音的連繫與語言的結構

聲音在我們的認知中常被視作跡象，這與我們在日常生活中使用語言的方式密切相關。當我們說話、書寫或閱讀時，這些聲音並不單純存在於空間中，而是與它們所象徵的事物緊密相連。然而，若我們刻意將聲音從其象徵意義中剝離，僅僅視為聲音本身，便會發現這些聲音之間並無天然的連繫。這種思維方式需要額外的努力，因為在日常語言使用中，聲音和其意義的連繫是自然而然的。

這種自然而然的連繫其實是由我們的思維習慣和語言的結構所強化的。語言是我們交流知識和經驗的主要工具，經過長時間的使用，語言中的詞語會形成一種內在的連繫，這種連繫不僅僅是基於聲音的相似性，而是更深層次的意義關聯。當我們在溝通時，若兩個事物之間存在某種連繫，那麼代表這些事物的詞語也會在我們的思維中自然地靠攏。

這種現象在所有語言中普遍存在，無論語言的發展程度如何。即使是最原始的語言，也會有其內在的結構和規則，這些

意識流：思考的起點

規則幫助放大詞語之間的連繫。這樣的結構使得語言成為一種強大的工具，能夠將我們的思維模式具體化，並促使我們在思考和溝通時，自然而然地將相關事物連繫在一起。

此外，語言的結構不僅僅是詞語的排列，更包含了語法、語音等多層次的系統。這些系統共同作用，使得類似的事物在語言中以類似的方式表達，進一步強化了我們對事物之間連繫的認識。因此，語言不僅是交流的工具，更是我們認識和理解世界的一種方式。它不斷影響著我們的思維，讓我們在不自覺中形成對事物的特定看法和理解。

總之，聲音與語言的結構之間的關係，是一個複雜而深刻的現象。它不僅影響我們的溝通方式，也塑造著我們的思維習慣，讓我們在日常生活中無意識地建立起事物之間的連繫。這種連繫不僅來自於聲音本身，更是由語言的結構和我們長期的使用習慣共同塑造的結果。

語言與思維的交織：
親和力、衝擊與深層理解的探索

語言的運作如同一幅精密的織錦，透過語法結構與詞彙的排列，展現出一幅幅多樣的畫面。這些畫面不僅依賴於語言的形式，更依賴於我們對其內在連繫的感知。當我們使用某種語言時，無論是英語還是法語，詞彙之間的結合並非僅僅是大腦的機械運作，而是一種深層次的感知體驗。這種感知讓我們在

聲音的連繫與語言的結構

使用法語時，能夠自然地將所有詞彙連結在一起，而不會混入英語，這是一種語言內在的親和力。

然而，這種親和力並不總是如此穩固。當我們面對一個陌生的語言或不熟悉的術語時，這種穩固的結構可能會瞬間崩解。例如，當在哲學演講中突然聽到「捕鼠品」或「水管工的帳單」這樣的詞彙時，這些不熟悉的字眼會如同石子投入平靜的湖面，激起層層漣漪，打破了我們原有的語言理解，讓我們感受到一種語言上的衝擊。

這種衝擊提醒著我們，語言不僅僅是溝通的工具，更是思維的容器。當語言中的某個元素無法與我們的思維模式契合時，我們便會感受到這種不一致所帶來的困惑。這種困惑不僅影響我們的理解，更挑戰我們對語言結構的認識。在這樣的情況下，理性似乎變成了一種被動的反應，而非主動的掌控。我們不得不重新調整我們的思維方式，以適應這種突如其來的語言挑戰。

因此，語言的學習與使用不僅僅是記憶與模仿，更需要一種深層次的感知與理解。我們需要在語言的使用中，學會感知其內在的連繫，理解其背後的文化與思維方式。只有這樣，我們才能真正掌握語言的精髓，並在不同語言之間自如切換，從而避免因陌生詞彙或結構而產生的困惑與衝擊。語言學習的終極目標，不僅是流利的表達，更是深刻的理解與融會貫通。

意識流：思考的起點

語言的魔力與迷思

大腦對於詞語的辨識能力堪稱一絕，能夠在瞬間糾正細微的誤讀。即使在我們不經意間將「casualty」錯讀為「causality」，或把「perpetual」誤解為「perceptual」，大腦也會迅速調整，避免理解上的偏差。這種精準的辨識能力讓我們在閱讀時能夠輕鬆辨別出語言中的異常。然而，當單字彼此之間屬於同一詞彙範疇，且語法結構無懈可擊時，即便句子本身缺乏清晰的意義，依然能流暢地被讀出，且不引起質疑。

這種現象在宗教儀式中尤為明顯，參加者在反覆唸誦一組固定的祈禱詞時，往往不會對詞語的具體意義產生懷疑。同樣，許多報刊文章中華而不實的辭藻堆砌，也能讓讀者在不自覺中接受這些文字的表象，而不深入追問其實質。我曾經讀過一篇關於傑羅姆公園運動會的報導，其中一句話令人印象深刻：「鳥聲瀰漫在樹梢，使得空氣溼潤了，涼爽了，舒適了。」這種描述或許是記者在趕稿過程中無意寫下的，但大多數讀者在閱讀時並未察覺其不合適之處。

這種語言的魔力在一些文學作品中也屢見不鮮。隨手翻開一本近期在波士頓出版的書籍，便可發現類似的例子。書中寫道：「導管中傳出液體從它們位於核生物表面的每一個連結終端迴路出口的流動聲，聲音是連續的，它們各自的大氣效果都一直達到其擴展性的高度限制。」這段話中的語言結構複雜而富

有韻律，讓人不由自主地隨之流暢地閱讀下去，即便全然不解其意。

這些例子揭示了語言的雙重特性：一方面，它能夠精確地傳達訊息，另一方面，它也可能成為一種迷思，讓人沉浸於音韻和結構的美感中，而忽略了其意義的空洞。這提醒我們，在享受語言之美的同時，也應保持思維的敏銳，追求語言的真實內涵。

語言的無序與思維的統一：
尋找意義的結構與心理聯想

每一年，書市上總有一些書籍讓人不禁懷疑作者的神智。這些作品從頭到尾都似乎在胡扯，讓讀者難以理解作者腦海中那些詞語之間的關聯。然而，從主觀角度來看，所有的詞語組合都有其意義，即使是那些夢中隨意浮現的詞語也是如此。以黑格爾的晦澀語句為例：當我們提出某個問題時，並非出於偏見，而是試圖理解這些詞語中的合理性。這種合理性是否不僅僅因為所有詞語屬於同一類詞彙，而是它們是否按照某種慣性，重複發生的論斷和關係的模式組合在一起？

我們似乎不曾懷疑，當作者提筆寫下這些句子時，他堅信這些句子是有意義的。甚至有些讀者在艱難閱讀之後，能夠自己創作出類似的語句。總而言之，某些特定詞語的附屬物和語法結構，在某種程度上支持了我們對句子有意義的印象，並

意識流：思考的起點

且似乎由思維的統一性主導。從語法形式上看，即便是胡言亂語，也有其一定的合理性。然而，這些語法序列的含義卻使得這些聲音聽起來毫無意義。

例如：「厄爾巴-拿破崙英國信念已經放逐打破去聖徒因為海倫娜在。」每一個單字都存在著某種心理上的「泛音」，這讓我們更接近一個預先感知到的結論。當句子經過時，用這些邊緣或關係的光輪充滿每個詞語，使得結論看起來更有價值。這不僅讓讀者感到驚訝，還讓他們願意承認這些句子是連續的、統一的、合理的思維表達。

這種現象揭示了人類思維中一個有趣的面向：我們如何在看似無序的詞語中尋找秩序，並試圖賦予其意義。即便在最瘋狂的文字中，語言的結構和心理的聯想仍然在潛移默化地引導我們，讓我們相信其中隱藏著某種真理，或至少是一種值得探索的理解。這種對語言的迷戀，或許正是人類不懈追求意義的展現。

喚醒感知的語言動力學

在語言的動力學中，每個單字都不只是字面上的存在，它們承載著豐富的意義和感知。從動力學角度來看，單字的「含義」可能與統計學或單純字典定義中的含義截然不同。當一個單字如「桌子」或「波士頓」這樣具體的詞語出現時，它們的靜態意義會喚起具象的感覺形象，這些形象與我們的記憶和經驗緊

喚醒感知的語言動力學

密相連。相對地,當我們面對「刑法」或「重罪」這樣的抽象詞語時,它們的意義則需要透過其他喚醒的單字來共同形成一個更複雜的「定義」。

黑格爾曾說過,純粹的存在與純粹的無是一體的,這句話揭示了語言在脫離語境時的本質。孤立地看待詞語,它們似乎無法喚起具體的感覺表象。然而,從動態的角度去理解,詞語在思維中的功能和意義會因其關係的邊緣、親和力與排斥力而變得豐富多樣。這種動態的考慮消除了語言中自相矛盾的表象,這正是高爾頓先生所強調的。

一位智慧的朋友曾經分享,他無法對早餐桌形成具體的視覺形象。當被問及如何記憶餐桌時,他回答說,他只是知道那裡坐著四個人,桌上鋪著白布,擺放著奶油碟、一個咖啡壺和胡蘿蔔等物品。對他而言,這些知識的心靈要素似乎僅僅是言辭上的形象。然而,當詞語如「咖啡」、「培根」、「鬆餅」和「雞蛋」能夠引發一段與廚師的對話,並促使他準備第二天的早餐,使其從視覺與味覺上與記憶相似時,這不也是一種良好的思考材料嗎?

這揭示了語言不僅僅是溝通的工具,更是喚醒我們感知、記憶和創造力的重要媒介。透過語言,我們不僅能夠重構過去的經驗,還能在心靈中構築未來的圖景,使得語言成為思想的延伸和情感的載體。這種語言的動力學使我們能夠更深刻地理解和體驗生活,並在不斷變化的世界中找到自己的位置。

語言與思維的多元性：
聾啞人的經驗與思維的非語言途徑

　　語言在人類思維中扮演著關鍵角色，它是我們用來理解和表達觀念的主要工具。然而，語言是否是思考的唯一途徑？這個問題長久以來吸引了哲學家和心理學家的注意。事實上，語言不僅僅是溝通的工具，更是我們思維的基礎之一，儘管它並非唯一的基礎。

　　在我們的大腦中，關係的方案和結論是思維的核心，而詞語則是我們最便捷的心理工具。無論這些詞語是否被說出口，它們都可以迅速被記憶提取，並且能夠比其他感覺更容易地重現，成為我們思維的一部分。這種特性賦予了語言某種優勢，因為它能夠快速連接我們的記憶與感知。然而，這並不意味著語言是思維的唯一形式。

　　例如，**聾啞人士**的經驗表明，即使在缺乏語言的情況下，思維仍然能夠存在。聾啞人透過觸覺和視覺的形象，同樣可以建構一個有效且合理的思維體系。華盛頓國立大學的**聾啞人教師巴德松先生**便是這一現象的例證。他回憶起自己兒童時期的一些經歷，證明了在沒有語言的情境下，思維仍然是可能的。

　　巴德松先生指出，由於嬰兒時期便失去了聽覺，他無法享受到其他感官健全的孩子所擁有的優勢，比如在學校的日常活動中與同伴交流，或與父母和其他成年人對話。然而，他依然能夠透過其他感官來理解世界，並建立起自己的思維模式。這

表明，即使語言在某種程度上缺失，思維依然能夠透過其他途徑發展。

這樣的例子提醒我們，語言固然是強大的工具，但思維的本質並不完全依賴於語言。語言豐富了我們的思想，使我們能夠更精確地表達和交流觀念，但思維的能力本身是多元且靈活的。即使在語言的缺席中，人類依然能夠找到其他方式來理解和表達他們的世界觀。

聆聽自然的啟蒙

在我們的家庭中，我用手勢和啞語與父母及兄弟交流，這些方式讓我能夠理解他們的話語。然而，我們的對話大多圍繞著日常瑣事，鮮少涉及我觀察圈以外的世界。我的父親對此有他自己的方法，他相信這可以在某種程度上彌補我聽力的缺陷。因此，當他因公務出國時，總是優先帶上我，這比他帶我兄弟的次數更多。他認為，兄弟們可以用耳朵接收訊息，而我只能依靠眼睛來理解世界。

這些旅行對我而言意義非凡。儘管無法用言語交流，但每當我看到不同的風景、觀察自然的變化時，我感到無比快樂。正是這些愉快的旅程，啟發我在寫作生涯開始前的兩三年，思考了一個深刻的問題：世界是如何形成的？

這個問題一旦浮現，便在我心中激起了無限的好奇。我對

於人類生命和植物起源的探索，以及地球、太陽、月亮和星星存在的原因充滿了渴望。在一次旅行中，我的目光停留在一個巨大而古老的樹樁上，心中忽然冒出一個奇特的念頭：「第一個人類是否可能從這樣的樹樁中誕生？」然而，這個想法很快被我否定，因為它顯得如此荒謬。

我開始思考這棵樹的過去，試圖理解它從一顆小樹苗成長為如此偉岸的過程。它的生命旅程與那些正在成長的小樹並無二致，都是從地面向上生長。我明白，人的起源不可能與一棵衰敗的古樹有任何連繫，但這個想法引發的思考卻讓我對生命的起源有了更深的理解。

在這些旅行中，我的眼睛所見到的世界，成為我思維的養分。儘管這些思考最初是孤獨而無聲的，但它們卻在我心中種下了探索的種子，激勵我在未來的歲月中，去追尋那些無法用耳朵聆聽到的真理。這些經驗教會我，透過觀察和思考，我完全可以超越聽力的限制，與這個世界建立起深刻的連繫。

宇宙的起源與生命的探索：
從幼年疑問到對未知的追尋

我已經記不得是什麼引發了我對事情起源的思考。在此之前，我對父母與孩子之間的血緣關係已經有了一定的了解，知道動物如何繁殖，以及植物是如何從種子中生長出來的。然而，我心中始終有一個未解的疑問：在那最遠古的時代，當天

聆聽自然的啟蒙

地間尚無人、無動物、無植物的時候，第一個人、第一隻動物和第一棵植物究竟是如何出現的呢？

萬事萬物皆有其始終，這是一個我從小就明白的道理。然而，這些問題的產生順序如今已無法考證。我指的是那些關於人、動物、植物、地球、太陽、月亮等的問題。對低等動物的思考，我並沒有像對人和地球的思考那般深入，這或許是因為我自幼相信人終會死亡，且不會復活。儘管如此，我曾經問過媽媽，為什麼一位已經去世的叔叔看起來像是睡著了一樣。媽媽試圖讓我明白，他在遙遠的未來或許會醒來。

我將人和野獸歸為一類，因為我相信它們有著共同的祖先，並且死後都將歸於塵土。由於將動物視為較低層面上的存在，我主要關注的還是人和地球。我記得自己是 5 歲時開始了解父母與孩子之間的血緣關係的，並在 11 歲時進入學校接受正式教育。然而，早在入學前的兩年，我便開始自問有關宇宙起源的問題，那時我還不滿 9 歲。

這些問題對我來說，既是困惑也是啟迪。它們促使我不斷探索，試圖理解那看似無窮無盡的宇宙是如何開始的。或許，這些疑問正是我走上探索未知之路的起點，也是我對於生命與宇宙永恆好奇心的萌芽。每當我仰望星空，心中總是充滿了對於宇宙起源的無限遐想，這些遐想成為了我人生旅途中不斷追尋的動力。

意識流：思考的起點

童年幻想與宇宙的奧祕

在我的童年時期，對於地球的形狀，我的理解頗為有限。那時，我僅僅透過一張地圖的觀察，天真地推測地球可能是由兩個巨大而相鄰的圓盤構成的。這樣的想法或許荒謬，但在孩提時代，這種簡單的推理卻成為我對世界的初步認識。同時，我對太陽和月亮的形態也有著類似的幻想，認為它們是由某種閃亮的物質構成的圓盤，帶給地球光明與溫暖。這些發光體在我心中是神聖而不可思議的存在，我崇敬它們的升起和落下，並相信有某種神祕的力量在規律地控制著它們在天空中的執行。

我曾經深信，太陽會從西邊的一個洞穴進入，再從東邊的洞穴出來，彷彿穿越地球內部的一條巨大的隧道，重複著它在天空中的旅程。星星則像是夜空中的小燈，點綴在無垠的黑幕之上。這些幻想讓我對宇宙的起源產生了濃厚的興趣，我經常在腦海中反覆思索這個問題，試圖解開其中的奧祕。然而，這問題的深邃超出了我年幼心智的理解範疇，每當我試圖深入思考，便被其神祕性所震懾，最終陷入迷惑之中。

儘管如此，面對這個無法解釋的謎題，我並未完全放棄。每次當我感到無法承受思考的壓力時，我會暫時擱置這個問題，享受片刻的輕鬆。但不久後，求知的渴望又將我拉回到這個問題上。就這樣，我在探索與放棄之間反覆掙扎，彷彿是一個不斷迴旋的羽毛球，始終在探尋與逃避之間徘徊。

直到我開始上學,這種對宇宙起源的好奇心才得以在教育的引導下逐漸得到釋放。學校的知識為我提供了一個全新的視角,讓我得以用更為理性的方式去理解這個世界。儘管我依然對宇宙的奧祕充滿敬畏,但我知道,透過學習,我總能離真相更近一步。這段童年的幻想與追尋,成為了我探索世界的初始動力,激勵著我在知識的海洋中不斷前行。

天空的祕密與心靈的探索:
從未知的敬畏到思維的流動

母親曾經告訴我關於天空的祕密,那是一個令我終生難忘的時刻。她指著天空,神情嚴肅,似乎有一些重要的事情要告訴我。當時,我們站在農場的田野裡,周圍是一片寧靜,只有微風輕拂過我們的臉龐。我努力回想那一天,但具體的情境已經模糊。然而,母親的話語卻像是刻在心底的印記,讓我對那片藍天充滿了好奇。

她提到天空中有一種神祕的存在,我迫不及待地想要知道更多,於是問她是否指的是太陽、月亮或某顆星星。她沉默不語,似乎也在思索著無法解釋的宇宙奧祕。那一刻,我感到一種無法滿足的渴望,想要揭開天空的祕密,但母親的沉默讓我意識到,這是一個難以回答的問題。

後來的一天,當我們在農場裡勞作時,天空突然響起了轟隆隆的雷聲。我轉向我的兄弟,詢問雷聲從何而來。他指著天

意識流：思考的起點

空，做了一個閃電的手勢。我不禁想像，或許在那片藍色的天穹上，真的有一位巨人，他的聲音如雷鳴般傳來，讓我感到既驚恐又好奇。

每當雷聲響起，我總會抬頭仰望天空，心中充滿了敬畏與恐懼，擔心那位神祕的存在會對我構成威脅。然而，隨著時間的推移，我逐漸明白，這種對未知的敬畏其實是一種自然的心靈反應。天空的祕密不在於它的具體形象，而在於它留給我們的思考空間和想像力。

正如思維的過程，無論我們以何種方式去理解和表達，最終的結論總是相似的。無論我們從哪個起點出發，最終的結論都是由我們的思維模式所決定的。在這個過程中，語言、感官和情感都是我們探索未知世界的工具。

因此，天空的祕密，不僅僅在於它的物理存在，更在於它激發我們內心的思考與想像。這種思維的流動，讓我們在不同的文化和語言中，依然能夠找到共鳴和理解。天空，無論何時何地，都是連接我們內心世界的一座橋梁，讓我們在無限的宇宙中，尋找屬於自己的答案。

思維的代數，抽象與具象的共舞

貝克萊早已指出，思維的本質如同代數般執行。在代數中，每一個字母代表著特定的量，然而在運算的過程中，我們並不

思維的代數，抽象與具象的共舞

　　需要立即為每個字母賦予具體的數值。路易斯先生進一步闡述了這一觀點，指出這種代數的特性同樣適用於思維的運作。思維的過程，如同代數運算，依賴於抽象的關係推演，而非具體的數值或感覺。正如代數無法在沒有數值的情況下存在，思維亦無法脫離感覺而獨立運作。在未賦予具體意義之前，思維如同空白的表格，詞語只是空洞的聲音，而想法則是空白的形式。

　　然而，在思維的演算過程中，關鍵在於不在每個步驟中立即賦予這些符號具體的含義。普通人在思維的連續中，往往不會停下來將想法轉化為具體的形象。這種現象在日常生活中隨處可見。當一個人在遠處大喊「獅子」時，聽到的人會立刻警覺起來。這並非因為他們立即想到了獅子的具體形象，而是因為這個詞語喚起了對獅子的抽象認知，代表了一種危險的關係。

　　「獅子」這個詞在此時如同一個代數符號，代表著一種抽象的危險關係，而非具體的獅子形象。它在思維的序列中執行，喚起了恐懼以及與之相關的所有情緒和經歷。這種思維的代數運作，讓我們能夠在沒有具體形象的情況下，迅速而有效地反應和決策。

　　因此，思維的運作不僅僅依賴於具象的感知，更是抽象與具象的共舞。正是這種抽象的思維方式，使得我們能夠在複雜的環境中，迅速地做出反應，並在抽象與具象之間切換和調和。這一過程如同代數運算，充滿了無限的可能與深刻的智慧。

思維的抽象與具象：
符號、象徵與感官形象的邊界

在思維的領域，想法本身常被視為替代品，而非具體的形象或經歷。當我們試圖將這些想法轉化為具體的形象時，往往需要經過一個複雜的過程。然而，這個過程通常未被充分展開，或者僅僅在有限的範圍內得以實現。試想，當一個人建構一個推理序列時，腦海中會浮現什麼樣的畫面？令人驚訝的是，伴隨著這些想法的形象往往是稀少且微弱的。

例如，當你告訴我，「在看到敵人時，血液迅速從那個人的心臟裡湧出來，加速了他的心跳」，這一過程中可能蘊含多種潛在的形象。然而，這些形象在我們的大腦中出現的機率微乎其微。或許只有兩個模糊的形象會閃現 —— 那個人和他的敵人。至於血液、心臟、血湧出、心跳加速的具體形象，要麼根本沒有被喚起，要麼只是稍縱即逝的影子。

如果這些形象真的出現，反而可能干擾思維的程式，因為無關的連繫會拖慢判斷的邏輯過程。當我說「二加三等於五」時，我的大腦中並不會具體浮現二或三的形象。這些數字僅僅是擁有確切關係的象徵，就像「馬」這個詞語，它代表著我們所有與馬相關的經歷，適合於所有思維的目的，卻不會喚起任何具體的馬的形象。

看見馬的視覺形象足以讓我們達到認知，但不會喚起對馬嘶聲和馬蹄聲的記憶，也不會讓我們想到它作為耐旱動物的特

性。這種抽象思維的能力，讓我們在不被具體形象干擾的情況下，迅速進行判斷和推理。

這一現象揭示了思維的本質：在抽象和具象之間，思維更傾向於依賴符號和象徵，而非具體的感官形象。這種特質不僅提高了思維的效率，也讓我們能夠在複雜的概念中迅速穿梭，而不被具體細節所羈絆。這就是思維的奇妙之處，它讓我們可以在象徵的世界中，無拘無束地探索，並在其中尋找秩序與理解。

思維的映象與共鳴

在代數的世界裡，數字本身的意義並不在於它們的具體值，而在於它們彼此間的關係。這種抽象的思維模式同樣適用於語言和思想。當代數學家致力於給出一個具體的數值結論時，思想者也必須將最終的結論轉化為可被理解的形象或概念，否則思維將無法產生實質性的結果。這正是我對思維的持續性和統一性觀點的核心：即便單字、形象等傳遞手段表面上看似不連續，但在內在的實質性要素中，卻存在著一種過渡性的意識，這些單字和表象也有其「邊緣」。

進一步探討，人類思維是認知的，對於絕對唯心主義而言，思維與其對象是不可分割的。對象因被思考而存在，思想因思考對象而得以持續。假如世界上僅存一種人類思維，那麼我們

便無需對其做其他假設。無論思維面臨什麼，都是其想像的產物，存在於其「那裡」或「那時」。若不存在思維的複製品，這個問題也就不會出現。

然而，我們相信思維中的物體在思維之外有一個真實的複製品，這是因為存在眾多的思維，每個思維都指向同一個對象。當「我的思維對象」與「他的思維對象」相同時，心理學家會說思維能夠認知外部現實。對於過去思維的對象，即便在現在，也是同樣的判斷，使得我們可以自由地選擇對象，並將其轉化為一個獨立的存在，這樣的對象可以在過去和現在的思維中同時呈現。

因此，思維的映象與共鳴不僅僅是內在的認知過程，更是一種跨越時間和空間的連結。這種連結使得我們的思想不僅僅是孤立的反射，而是與他人共享的認知體驗。這種共享的思維體驗，使得我們對世界的理解更加豐富，也促進了思想的進步與發展。

感知的雙重性質：
主觀經驗與客觀現實之間的交織

在我們的日常生活中，感知是如此的自然而然，以至於我們很少停下來思考它的本質。我們是否曾經質疑過，某種味道或感覺是源自於我們的內心，還是它真實地存在於外部世界？這一問題的核心在於，感知的存在是主觀還是客觀的。

想像一下，你在某個清晨突然感受到一種全新的味道在喉嚨中迸發而出。這是一種從未經歷過的體驗，它讓你停下腳步，試圖理解這種新的感官衝擊。對於你來說，這僅僅是一種味道。然而，當你向醫生描述這一現象時，他告訴你：「這就是胃火的感覺。」突然之間，這種味道從一個主觀的感受轉變為一種客觀的存在，你對它的理解也因此變得更為具體。

這種現象揭示了感知的雙重性質：它既是個人化的，又是普遍的。對於新生兒來說，第一次經歷的時間、空間或事物，猶如我們初次感受到的胃火一樣，這些都是純粹的存在，不論它們是精神內還是精神外的表現。然而，隨著時間的推移，個體開始在這些經驗中建立連繫，將過去的概念與當下的現實融合在一起。這一過程中，重複出現的對象和經歷，讓我們能夠在心中形成穩固的認識。

心理學從這一角度出發，提供了一個獨特的視角來理解感知的存在。它不僅僅關注於心靈如何感知世界，更關注於心靈如何理解自身的感知過程。每一個意識到自身認知功能的心靈，實際上都在扮演著心理學家的角色。它不僅知道自己所感知的事物，也清楚意識到自己對這些事物的感知。

這種反省狀態是成年人心靈的常態。我們不僅僅是觀察者，更是自我觀察者，這使得我們能夠在思維的世界中穿梭，並在這一過程中不斷建立對現實的理解。這種理解並非單一思維所能達成，而是所有思維共同作用的結果。透過這種方式，

意識流：思考的起點

我們在心靈與現實之間編織出一張精緻而複雜的網，這既是我們的知識基礎，也是我們存在的意義所在。

意識邊緣的世界

意識的深淵，似乎是人類心靈中最神祕的疆域之一。在這片未知的領域中，意識的邊界模糊不清，甚至可以說是消失殆盡。我們時常聽聞，在麻醉或暈厥的狀態下，人們會短暫地進入一種原始的存在狀態，這是一種超越日常感知的經驗。

赫爾岑（Herzen）教授曾經描述過這種狀態，他指出，在暈厥中，人的心理狀態會降至最低點，所有的意識功能似乎完全消失。然而，在這種看似完全喪失的狀態下，醒來之後，人們常常會報告一種短暫的模糊感，時間的概念消失殆盡，整個存在感變得普遍而無差別，個人與外界之間的界限暫時消退。

費城的休梅克（Shoemaker）博士則對乙醚中毒時的感受做了詳細的描述。在中毒最深的階段，他觀察到了一種奇特的視覺現象：兩條無盡的平行線，在迷霧般的背景中快速滑動。同時，一種低沉而持續的聲音響起，彷彿與這些平行線相連。這種現象完全占據了他的視覺，沒有任何與人類事務相關的夢境或想像，甚至沒有類似於以往經驗的概念或情緒，整個人被這一簡單而又深刻的視象所包圍。

赫爾伯特‧史賓賽教授在其著作《心靈》中也提到了類似的經

驗。他的一位友人描述了一種空靈的寧靜，彷彿一切都被籠罩在無聲的和諧中。然而，某一乏味的對象卻突然打破了這份寧靜，帶來了強烈的侵擾，這種突如其來的變化讓人感到措手不及。

這些經驗無不揭示出，在意識的邊緣，人類的感知可以進入一個全新的境界。在這裡，時間、空間以及自我與他者之間的界限都變得模糊不清。我們或許無法完全理解這些經驗的意義，但它們確實提醒著我們，心靈的深處還有許多尚未探索的奧祕。這些奧祕挑戰著我們對意識本質的理解，或許也在暗示著某種更深層次的存在狀態。

自我與對象的交織：
哲學誤區與知識的自然理解

在我看來，當我們所面對的對象逐漸變得模糊不清時，那種客觀的感知與主觀的喪失相似於某種麻醉狀態。這種狀態在我的個人經歷中難以具體描述，因為事後往往沒有清晰的記憶可供回顧。我只知道，當這種模糊感消退時，我常常感受到一種存在感，彷彿我自身的存在融入了此前的存在之中。

許多哲學家認為，自我的反省是思維與認知的基礎。他們堅持，若要真正理解一件事物，思維必須清晰地區分出事物本身與自我，這種觀點在我看來是相當荒謬的。我的反駁理由是：我無法在不做夢時夢到自己在做夢，也無法在不發誓時發誓，不能在否認時不否認，亦不能在不知情的情況下自稱知道。我

可以不去考慮自身的情況下，認識或了解一個對象O。這已經足夠讓我意識到O，並確認它的存在。如果在此之外，我同時意識到自己的存在，並對O有更深入的了解，那麼我便獲得了額外的知識，這是我此前未曾注意到的。然而，這並不妨礙我已經知道O是一個有價值的對象。無論是O本身，還是O加P、O加我，都是值得認識的知識對象。

　　哲學家們往往犯下「哲學家的謬誤」，他們將自身的知識納入試圖描述的思維中。他們認為對象是一回事，思維是另一回事，然後立刻將這種認知混同於他們試圖準確描述的思維中。整體而言，在理解事物時，思維可以但未必須區分對象與自我。這種不必要的區分反而可能限制我們對事物的更深刻理解。理解並不需要刻意的分離，而在於讓自我與對象的界限自然地顯現，從而達到一種和諧的知識狀態。

思維對象的真實意義

　　在日常交流中，我們常常使用「對象」這個詞來描述思維的核心內容。然而，這種用法在心理學中可能會帶來誤解。當我們提到「哥倫布於1492年發現了美洲」時，通常會認為「哥倫布」或「美洲」是思維的對象。然而，這種理解僅僅停留在語法上的賓語或主語層面，並未真正捕捉到思維對象的整體性。

　　在心理學的語境中，思維對象不僅僅是句子中的某個詞或

思維對象的真實意義

短語，而是整個句子所表達的概念和意義。將句子中的某一部分單獨提取出來並稱之為對象，是一種簡化和誤導性的語言使用方式。這樣的做法忽略了思維過程中各個元素之間的關聯性和整體性，從而失去了對思維對象的全面理解。

如果我們要真正理解思維的對象，就必須將整個句子視為一個整體，並考慮其在語境中的意義。這樣，我們才能辨識出思維的微妙特性。這種特性不僅僅存在於個別的詞語中，而是存在於整個句子的結構和其所傳達的概念之間的關係中。

要體驗這種微妙的特性，我們需要在思維中重現整個句子，並讓其在我們的意識中形成一種模糊但連貫的圖景。這種圖景就像地平線一樣，將句子的意義擴展到更廣闊的範圍，讓我們能夠感受到其內在的連繫和整體性。

因此，當我們談論思維的對象時，應超越單一的詞語或短語，轉而關注整個句子的意義和結構。只有這樣，我們才能真正理解思維對象的本質，並避免語言使用中的誤解。這種對思維對象的全面掌握，不僅豐富了我們的理解，也深化了我們對語言和思維之間關係的認識。

思維的對象與心理學的挑戰：
精確描述與內省的界限

心理學的核心使命在於盡可能精確地理解和描述思維的本質結構。過度簡化或過度複雜化思維的分析，都可能導致錯誤

意識流：思考的起點

的結論。當我們試圖以某種方式來分析思維的主題時，若是將「哥倫布」這個概念看得過於簡單，則可能忽略了思維的複雜性；反之，若是賦予其過多的意義，則可能偏離了原本的思維對象。哲學家對思維的命名往往試圖涵蓋更多的意義，但這可能超出了思維本身所代表的主體。

例如，當我們思考「哥倫布是一個勇敢的天才」時，一個普通的心理學家可能會指出，這樣的思維仍然圍繞著「哥倫布」這個核心對象。儘管你的思維聚焦於哥倫布，並源自於對他的直接想法，但它的表達卻不再是單純的哥倫布，而是對他特質的具體化。這種具體化在日常對話中可能顯得微不足道，但對於內省心理學來說，這是一個重大的區別。

每一個思維的對象都是思維本身的反映，無論它多麼複雜或象徵性。即使大腦能夠記住這些對象，記憶也難以完全精確地複製它們。最好的情況下，我們能夠用語言重述思維對象，但即使如此，對於那些未被表達的思維，這樣的資源也無法使用。內省方法在捕捉這些思維時顯得無能為力。大多數思維在我們腦海中一閃即逝，難以捉摸，心理學只能從中收集些許的碎片。

因此，心理學的挑戰在於如何在不歪曲思維本質的前提下，精確地捕捉和描述這些瞬息萬變的思維片段。這不僅需要對思維對象的深刻理解，也需要對思維過程的細緻分析。心理學家們持續不懈地努力，希望能夠揭示思維的真實面貌，並從中獲得對人類心靈更深刻的洞察。

心靈的統一與複雜性

在探討心靈的複雜性時，我們必須首先理解，無論對象多麼複雜，其思想本質上都是一種完整的意識狀態。湯瑪斯·布朗曾指出，語言的貧乏往往會引導我們犯下錯誤，將複雜的意識狀態誤解為可分割的組合體。然而，這種複雜性僅僅是相對於我們感知的，而非其本身的絕對性質。

每一個看似複雜的概念，無論是整支軍隊的概念，還是其中每一個個體的概念，本質上都是心靈的一個狀態或感情。這些概念在心靈中存在的方式，和我們對於簡單數字如8、4、2的抽象概念的理解相同，都是心靈的一種感覺。

與此形成對比的是，傳統的聯想主義心理學認為，任何時候只要一個思維的對象包含多個要素，思維本身就由同樣多的想法組成。這種觀點認為，每一個想法對應一個要素，所有的想法似乎聚合在一起，但實際上卻是獨立的。然而，這種學說的反對者輕而易舉地證明，這樣一堆獨立的想法無法形成一個統一的思維體系。

這些批評者指出，要形成一個統一的思維，這些獨立的想法必須加上一個自我，並且彼此之間必須產生連繫。雖然我們此刻不深入探討自我的問題，但顯而易見的是，當人們思考某些事物時，若將這些事物視為相關，則它們必然在思維中同時被考量，並且被整合成為一個整體，不論這個整體是自我、意

識狀態，還是其他任何形式的統一體。

這種對心靈統一性的理解，不僅挑戰了傳統的心理學觀點，也促使我們重新思考心靈的複雜性與統一性之間的關係。心靈的複雜性並不是由於其內部的多樣性，而是因為我們對其進行了多層次的感知與解讀。而這種多層次的感知，恰恰展現了心靈本身的統一性與完整性。

思維的統一性與心理學的謬誤：從自我主義到內在整合的認識轉變

在思維的領域中，我們常常面臨一個令人困惑的問題：思想的多樣性如何在我們的意識中形成統一的知識體系。自我主義者與聯想主義者、感官主義者之間的爭論便圍繞著這個問題展開。這些思想流派雖然在方法和結論上有所不同，但在一個基本假設上卻出奇地一致：他們都認為意識流中的元素是孤立的、不連續的，形成了一種康德所稱的「雜多」。

聯想主義者相信，這種「雜多」可以透過聯想形成一個單一的知識結構，而自我主義者則持相反的看法。他們認為，知識的形成必須依賴於自我的系統活動，只有在這種活動的引導下，雜多才能被整合成一個有意義的整體。這種觀點的分歧，實際上源於他們對於思維本質的不同理解。

自我主義者的觀點強調自我在知識形成中的主導地位，認為自我是一個積極的整合力量，將雜多轉化為統一的知識。然

而，這一假設忽視了思維本身的內在連貫性和統一性。無論是自我主義者還是聯想主義者，都可能誤解了思維的基本特質，因為他們都受到了一種我稱為「心理學家謬誤」的影響。

這種謬誤在於，他們試圖從外部觀察和描述思維活動，而不是從內部體驗和理解思維的統一性。當我們思考一個具體的事物，比如「放在桌子上的那副牌」，我們的思維並不是對各個孤立部分的簡單集合，而是一個整體的、統一的意識狀態。在這個狀態中，牌、桌子及其各個部分並不是孤立的概念，而是被整合在一個單一的思維中。

因此，思維的統一並不是外加的，而是內在的。每一個思維狀態都是一個整體，無論其內容如何複雜。在這樣的視角下，我們不需要假設一個獨立的自我來調和思維的多樣性，因為這種統一性已經存在於思維的本質之中。這一觀點提醒我們，思維的統一並非來自外部強加的結構，而是內在於我們的意識流之中，這是一個自然的、不可分割的整體。

思維的時間拼圖

這些設想沒有一個是真的。首先，例子中的思維不是一副牌，它是位於桌子上的一副牌，是一個完全不同的主觀現象。這個現象的對象既包括這副牌，也包括裡面的每一張牌，但這種主觀現象的意識組成與一副牌本身的思維的主觀意識組成幾

意識流：思考的起點

乎沒有相似之處。思維是什麼？思維會發展成什麼？它會代表什麼？這些問題看似簡單，卻涉及到兩個截然不同的層面，而不是一個單一的概念。

當我們談論「桌子上的一副牌」時，這個片語的分析揭示了思維的複雜性，也許還可以將許多之前討論過的問題濃縮在這個具體的例子中。

現在，關於這些時間段，我們不能將它們中的任何一個部分看得非常短，以至於不管用哪種方法，它都無法成為「放在桌子上的一副牌」這一整個對象。這些時間段在思維中融入彼此，形成一種獨特的整體感知。沒有任何兩個時間段對於對象的感覺是一樣的，但是每一個時間段都以一種獨特的、未中斷的方法感覺整個對象。

這就是為什麼我否認思維中的每一個部分都能夠與對象的部分相對應，而時間段卻不是這樣的部分。思維的每一個時間段都代表著一種完整的體驗，這種體驗是持續的、連貫的，並且與其他時間段的體驗相互交織。這種交織的過程使得思維成為一個不斷變化的拼圖，每一塊都在時間的維度中尋找自己的位置，並共同構築出我們對世界的理解。

因此，思維不僅僅是對象的簡單眼映，而是一個動態的、時間性的過程。在這個過程中，每一個時間段都是一個獨立的整體，卻又與其他時間段緊密相連，共同形成了我們對「桌子上的一副牌」的完整認識。這種認識是思維的核心，也是我們理解世界的方式。

語言流動與意識的結構：
從未說出到自我發現的心靈過程

　　在日常的溝通中，我們經常體驗到語言的奇妙流動，就像一副牌在桌上展開，逐漸揭示其全貌。這一過程在我們的意識中不斷運作，從意圖的萌芽到表達的完成，每一個階段都充滿了複雜的心理活動。我們可以將這個過程視作一張圖表，垂直線代表瞬間的思維對象，水平線則象徵時間的流逝。

　　在這個意識流動的過程中，當我們尚未開口時，整個句子的意圖已經在我們的大腦中形成。這一階段的思維儘管短暫且難以具體描述，卻是清晰而確定的。隨著時間的推進，第一個詞語的出現代表著思維的轉換，語言的魔力開始展現。

　　當我們說完最後一個單字後，意識流的終點再次匯聚成一個完整的意圖。在這一刻，我們能夠清晰地回顧並理解整個句子的內容。這種對語句意義的感知在結束時比在開始時更加豐富和圓滿，這正如朱伯爾所言，「我們說完話之後，才真正知道自己打算說的是什麼。」

　　在語言的流動中，意識的每一個垂直切面都充滿了對句子意義的不同感知方式。當我們透過某一瞬間的思維，紙牌可能成為最為突出的對象；而在另一瞬間，桌子又可能成為焦點。正是這些瞬間的交錯，構成了我們語言表達的豐富性。

　　M.V. 艾格（Egger）也曾指出，「在說話之前，我們幾乎不知道自己會說什麼，但在說完之後，我們會為自己思考得如此

全面，說得如此之好而感到驚訝和讚嘆。」這種驚訝源於語言的流動性和我們意識的深層結構，使得每一次表達都像一場未知的探索。

因此，語言並非僅僅是溝通的工具，它更是心靈的映象，反映出我們意識的深邃和思維的精妙。在這個過程中，我們不斷地重新發現自我，並在每一次的語言表達中，感受到意識流動的美妙與神祕。

思維的音符與語言的旋律

在我看來，艾格的觀點比任何分析家都更接近事實。他認為，占據大腦的每一個詞都會取代其他的思維內容，這使得想法與對詞語的意識截然不同。即便是與無聲吐出的單字相比，想法依然處於一種虛弱的狀態。他曾說：「在我們的意識中，感知詞語要比感知片語本身喧鬧 10 至 20 倍。對於意識而言，片語僅僅是一個微小的存在。」艾格將這二者分開，不僅從質上，也從時間上區分開來，指出想法要麼出現在詞語之前，要麼出現在其後，同時產生的想法只是幻想。

我相信，當所有詞語得到理解時，整體的想法不僅在片語的前後出現，還在每個詞語被說出時存在。它是句子中單字的泛音、光輪或邊緣，永不缺席。在被理解的句子中，沒有一個單字會以單獨的聲音形式出現在意識裡。我們可以感覺到它透

思維的音符與語言的旋律

過的意識，雖然語言核心不斷變化，但在整體思維流中依然保持相似。

對於想法的意識和對於單字的意識是同質的，它們由相同的心靈要素構成，形成一道不中斷的思維之流。在任何一個瞬間停止思想，若思想未完成時將其切斷，檢查切斷造成的橫斷面，你會發現它不僅僅是說話過程中的薄弱詞語，而是充滿想法的詞。這個詞可以非常響亮，正如 M.V. 艾格所說，我們無法具體描述這種充盈感，但可以肯定的是：如果我們能觀察大腦內部，會發現在整個句子的不同階段都存在相同的積極過程。這些過程相繼達到最大興奮值，形成思維內容的詞語核心，在其他時候則處於亞興奮狀態，並與其他亞興奮狀態結合，形成泛音或邊緣。

在這種思維與語言的交響中，我們體驗到的是一種綿延不絕的思維旋律，每一個詞語不僅是單獨的音符，更是完整樂章的一部分，這正是思維與語言交織的奇妙之處。

思維流與神經活動的動態過程：
從平面到立體的意識模型

在探索思維流的複雜性時，我們可以運用影像來形象化這一過程。想像一個平面，它代表了思維流中的垂直部分，這個平面上的每一個點都象徵著意識中最為明顯的部分。試想一副牌放置在桌面上，這就是我們的思維對象。在這個模型中，平

面的寬度象徵整個對象，而每一部分的曲線高度則代表該部分在思維中所占的相對重要性。

若將所有平面疊加起來，我們便能創造出一個代表時間的立體面。當我們對這個立體面進行垂直切割時，便能觀察到切割時刻的思維內容。這一內容往往是一種自我認同的確認，如「現在的我和昨天的我相同」。這種認同在思維流的終點尤為明顯。

如果我們將這種思維過程具體化為一個立體的木質結構，並在其側面標註時間範圍，然後鋪上一層橡膠膜，在膜上畫上直角座標系，讓一個光滑的球從「0」滾動到「昨天」，便能觀察到橡膠膜在不同時間段的凸出變化。這凸出部分便是思維內容隨時間的變化。

從神經科學的角度來看，這樣的過程反映了神經活動的強度變化。每一個神經過程都對應著思維對象的不同部分，隨著時間的推移，這些過程的強度也在不斷變化。這種動態的神經活動使得思維能夠靈活地轉換焦點，從而呈現出一幅複雜而豐富的意識流動畫面。

選擇性注意力的奧祕

在探索意識流的過程中，我們發現意識的一個重要特性：在思考時，我們對感知對象的某一部分總是比另一部分更感興

選擇性注意力的奧祕

趣,這種選擇性注意力和有意志的現象是我們生活中無時無刻不在發生的。試想,我們很難將注意力平均分配給一系列的印象。當一個單調的打擊聲序列響起時,我們不自覺地將其分成不同的節奏,最簡單的就是成對的滴答聲。這些聲音在我們的感知中形成線條和組合,建構出一個有條理的知覺世界。

我們的心智在這過程中不斷地選擇性強調某些地點和時間,這些差異讓我們的知覺世界充滿了生動的對比。這種強調不僅限於強調某些事物,還涉及將某些事物統一起來或分開。我們的大腦在這個過程中忽略了大部分眼前的事物,這是如何發生的呢?

首先,我們的感官本質上就是選擇性器官。心理學告訴我們,外部世界充滿了運動,而在這無窮無盡的混亂中,每個感官都選擇特定的運動速率範圍並作出反應,完全忽略其他運動。這意味著,我們的感官強調了一些特定的運動,這種選擇從客觀的角度來看可能毫無道理。正如哲學家蘭格所指出的,自然界中不存在我們感覺到的高聲波和低熱波之間的突然斷裂,也不存在紫外線和紫色光之間的差異。

然而,從主觀的角度看,這些感覺差異賦予我們的世界以意義。我們的感官透過選擇性地關注某些運動並忽略其他運動,將一個連續的、不可分的現實轉化為一個充滿對比、變化和明暗對比的世界。這種過程讓我們的知覺世界更加鮮活,充滿色彩和節奏。

因此，選擇性注意力不僅是我們感知世界的方式，更是我們賦予世界意義的途徑。它讓我們從無序中創造出有序，從混沌中尋找出我們認識的現實。這種選擇性的過程，讓我們在不斷變化的世界中找到立足點，並賦予我們生活以深刻的意義。

感知的選擇性與意義建構：
亥姆霍茲的視覺研究與心理過程

在我們的日常生活中，感知不僅僅是被動接收外界資訊的過程，更是一個充滿選擇與過濾的主動過程。亥姆霍茲（Helmholtz）在他的視覺研究中，揭示了視覺系統如何透過複雜的機制來篩選和解釋我們所接收到的感覺。他的研究涉及到盲點、飛蠅幻視、後像、輻照、色彩邊緣、雙像等多方面，這些現象展示了視覺的多樣性和複雜性。

亥姆霍茲指出，我們的注意力會從眾多感覺中選擇出那些對我們有意義的，並忽視其他不重要的感覺。例如，我們可能不會意識到形象是落在哪隻眼睛上，甚至對此視而不見，以至於一個人可能單眼失明多年而不自知。這種選擇性的感知讓我們能夠在複雜的環境中集中精力於重要的事物。

事物的獨立性和意義往往是由我們賦予的。對於我們而言，有意義的事物是那些引起我們興趣的感覺組合。我們給予這些感覺組合一個名稱，並賦予其一種獨立且有尊嚴的地位。然而，這種命名和分類是出於我們的興趣，而非事物本身的屬性。亥

姆霍茲舉例說，一圈在大風天裡被捲起的塵土，其實並不值得擁有一個獨立的名字，因為它本身並沒有顯著的意義。

當我們從每個感覺中提取出獨立的事物後，我們的心靈進一步選擇，將某些感覺視為事物的代表。這種選擇的過程中，某些感覺被視為事物的本質特徵，而其他感覺則被視作表象。例如，我們可能根據視網膜接收到的感覺，將一個桌子命名為方形，認為四個直角是桌子的真實形象。圓形物體的形狀則被認為是在視線垂直於其中心時的感覺，其他角度的感覺只是這一感覺的標記。

因此，感知的本質在於選擇，而注意力正是這一過程的關鍵。它讓我們從無數的感覺中，挑選出那些值得關注的，賦予它們意義，並塑造我們對世界的理解。這不僅是生物學上的需求，更是心靈在尋找秩序與意義的過程。

知覺的選擇與個人經驗的形成

在我們的日常生活中，知覺並不是被動的接收，而是一個主動選擇的過程。大砲的聲音、磚塊的顏色，這些感官刺激只有在特定的條件下才能被我們充分理解。當大砲的聲音響徹耳際，或當磚塊的顏色在適宜的光線下被觀察時，這些感知才得以被我們的心靈編織成一個完整的圖景。這樣的感知經驗，並非僅由客觀存在所決定，而是受制於我們的注意力和選擇。

意識流：思考的起點

　　在知覺的過程中，心靈如同一位精挑細選的藝術家，從無數的感官刺激中篩選出那些預示著未來感覺的細節，並從中塑造出我們所認為的客觀實在。這種選擇性的知覺，讓我們的經驗充滿了個人色彩。每個人因其獨特的興趣和習慣，對於相同的事物做出了不同的選擇。這些選擇反映在我們的經驗中，形成了各自獨特的記憶與理解。

　　舉例來說，當四個人一起環遊歐洲，他們的經驗可能截然不同。第一個人可能會被如畫的風景、優美的公園、壯麗的建築所吸引，而第二個人則可能更加在意旅程的實用訊息，如距離、價格、人口統計等。第三個人可能主要關注文化活動，如劇院、飯店和公共舞會。而第四個人則可能完全沉浸在個人的情緒中，對其他事物漠不關心，只記得那些地方的名字。

　　這樣的現象揭示了知覺的選擇性本質，也說明了經驗的多樣性。每個人依據自己的興趣和注意力，從周遭環境中挑選出最能引起共鳴的部分，從而構築出個人的經驗世界。即便是經歷了同樣的事件，不同的人也會因其選擇的差異而擁有截然不同的記憶。

　　因此，知覺不僅是對外界刺激的反應，更是一種主動的選擇過程。這個過程決定了我們怎樣感知世界，並且形塑了我們的經驗。了解這一點，或許能讓我們更容易理解自己和他人如何在這個世界中定位自己。

選擇的藝術：
理性、決策與美學中的深思熟慮過程

在探索心靈如何理性地連繫經驗的過程中，我們發現選擇無所不在。理性並非僅僅依賴於經驗的組合，而是取決於大腦如何將整個現象分解為多個部分，並從中精選出那些能夠在特定情境下引導我們獲得正確結論的關鍵元素。每一個情境都有其獨特的需求，需要不同的結論和不同的要素來指引。天才之所以被稱為天才，正是因為他們能夠在適當的時機介入，並挑選出正確的要素。

當情境涉及經驗時，我們需要選擇「理性」；而在實際情況中，則應該選擇「手段」。這一過程可以被視為大腦進行選擇活動的一部分，理性因此也是選擇的一種表現形式。

從美學的角度來看，選擇的法則更加明顯。藝術家擁有選擇內容的自由，他們會排除那些與作品意圖不符的音調、顏色和形狀，這種選擇使藝術作品能夠超越自然界的作品，達到統一性、和諧性以及所謂的「性質相容」。藝術家的智慧在於能夠強調自然主題中的某個特徵，使其成為自身作品的核心特質，並放棄所有不相容的內容。如此一來，任何自然主題都可以在藝術家巧妙的選擇和創造下，轉化為藝術作品。

這種選擇的能力不僅限於藝術領域，也展現在我們日常生活中的決策。無論是理性推理還是藝術創作，選擇都是一種深思熟慮的過程，讓我們能夠從無限的可能性中，精選出最合適

的路徑。這種能力使我們能夠在複雜的世界中找到秩序，並創造出獨特的價值。選擇的藝術，既是一種智慧的展現，也是一種對世界的理解與詮釋。

道德選擇的藝術

在深入探討人類行為的本質時，我們逐漸進入倫理學的領域。在這裡，選擇成為了主導力量。只有當一個行為從多種可能性中被選擇出來時，它才具備倫理的意義。我們面臨著各種選擇，從而決定著我們的生活道路。選擇堅持正義，拋棄對奢華生活的渴望，選擇艱苦卻充滿意義的道路，這些都是倫理的展現。然而，這僅僅是倫理力量的開端。真正的倫理選擇在於，在眾多同樣有吸引力的選擇中，我們選擇哪一個作為我們的最高興趣。

這種選擇的重要性不容小覷，因為它直接影響著一個人的一生。當一個人自問是否應該犯下某個錯誤、選擇某個職業、接受某項任務或獲得某筆財富時，他的選擇實際上取決於他內心深處的某個特徵，這個特徵將形塑他的未來。哲學家叔本華曾認為，一個具有固定特徵的人只能對特定情境作出固定反應，並且會因此而鞏固自己的決定。然而，他忽略了在這些關鍵的倫理時刻，人們常常質疑的正是這些特徵本身。真正的問題不在於當下應該選擇什麼行為，而在於我們希望成為什麼樣的人。

從這個角度來看，我們的心靈在每個階段都處於一種可能性的交會點上。我們的意識依賴於對這些可能性的比較，並透過注意力的強化和抑制來選擇某些可能性，排除其他的。最為高級和複雜的心理產物，都是從較低階的機能所篩選的數據中提煉出來的。而這些數據，又是由更基礎的機能選擇而來。

這一過程就如同雕工對石塊的加工。從某種意義上說，雕像在某種形式上永恆存在，但雕工從無數潛在的雕像中挑選出一個來雕刻，正如我們在生活中做出選擇。無論我們的觀點如何不同，所有的觀點都源自於感官的原始混沌，這混沌為我們提供了思維的素材。最終，我們的選擇塑造了我們的世界，這是一個由我們每一個人共同創造的世界。

選擇與創造：
在多重世界中塑造自我與現實

在這個豐富多樣的宇宙中，每個人都如同一位雕刻家，從混沌中挑選出自己所認知的世界。我們的祖先曾經，現在的我們亦是如此，透過無數次的選擇，將無法言喻的混亂中剝離出一個有形的現實。這個過程就像是藝術品的創作，透過放棄某些材料的部分，而讓其他部分得以顯現。每一位雕刻家的選擇都不同，因此每一個大腦從這個單調的起始中感知到的世界也各不相同。

我們的世界並不是唯一的存在，而是眾多平行存在的世界之

一。對於那些賦予它們意義的人來說，每一個世界都是同樣真實的。螞蟻、墨魚、螃蟹，牠們意識中的世界肯定與我們大相逕庭。即便如此，在我們人類的心靈中，所挑選出的世界元素，與被捨棄的部分，往往有著相當的共通性。作為一個整體，我們在人類社會中對於應該注意什麼、命名什麼，以及不該注意和命名的事物，普遍有著一致的看法。

在我們共同關注的事物中，我們選擇強調和偏愛的特質，以及那些次要和不喜的特質，也有著驚人的相似之處。我們每一個人都將這廣闊的宇宙一分為二，並專注於其中的一個部分。這條分界線因人而異，但當我們用同樣的詞彙將這兩部分命名為「我」和「非我」時，這種共識便顯得十分清晰。

這種劃分並非僅僅是語言上的區別，而是我們生活的基礎。我們的選擇造就了我們的世界，並確定了我們的現實。每一次選擇，不論是祖先的還是我們自己的，都是在無形中塑造我們所知的世界，並引導我們的生活。在這個過程中，我們不僅在創造自己的現實，也在不斷地重新定義我們的身分和存在。

自我的分界線

在每一個人類心靈之中，存在著一個獨特而神祕的領域，我們稱之為「我」或「我的」。這個領域充滿了對自身的強烈興趣，這種興趣的獨特性使其成為一個道德之謎，卻也是心理學

中一個不可否認的基本事實。無論是誰,我們都不可能以同樣的熱忱關心鄰居的「我」如同關心自己的「我」。在我們的感知中,鄰居的「我」與周圍的事物共同組成了一個外部的集群,而我們自己的「我」則在這種對比中顯得特別突出。

正如洛采所言,即便是一條蠕蟲,雖然牠對自己和整個宇宙可能毫無概念,牠仍然會在某種程度上區分自身的遭遇與整個宇宙的其他部分。對於我們而言,一條蠕蟲只是廣闊世界的一小部分,然而對蠕蟲本身而言,牠卻是其世界的一個核心部分。我們每一個人都在不同的地方將整個宇宙一分為二,這種分界線的畫法因人而異,卻無時不刻地存在於我們的日常生活中。

這種對自我的關注並不僅僅是出於本能的自保,而是深深植根於我們的心理結構中。當我們思考自我時,我們不僅是在考慮一個存在的實體,更是在考量一個與外界相互作用的中心。這個中心不僅影響著我們的行為和決策,也塑造著我們的道德觀和世界觀。

在生命的旅程中,我們不斷地尋找自我,試圖理解這個自我在宇宙中的位置。我們的經歷、知識和情感都是圍繞這個中心展開的。我們的自我意識提醒我們,我們是獨特的個體,擁有獨特的經歷和感受,這些都不可避免地影響著我們與他人和世界的關係。

因此,理解這種自我中心的本質,不僅能幫助我們更容易

意識流：思考的起點

理解自己，也能讓我們更容易理解他人。透過這樣的理解，我們或許能夠在這個由無數個「我」組成的世界中，找到更多的共鳴和連結。

自我的分界線

國家圖書館出版品預行編目資料

威廉·詹姆斯的心理學原理（筆記版）：從自我認知到情緒掌控，美國心理學之父解析思維、情緒與行動的關係 /[美]威廉·詹姆斯（William James）著，伊莉莎 編譯 .-- 第一版 .
-- 臺北市：複刻文化事業公司, 2025.03
面；　公分
POD 版
ISBN 978-626-7671-56-6(平裝)
1.CST: 詹姆士 (James, William, 1842-1910)
2.CST: 心理學 3.CST: 學術思想
170.1　　114002152

威廉·詹姆斯的心理學原理（筆記版）：從自我認知到情緒掌控，美國心理學之父解析思維、情緒與行動的關係

作　　　者：[美] 威廉·詹姆斯（William James）
編　　　譯：伊莉莎
發 行 人：黃振庭
出 版 者：複刻文化事業有限公司
發 行 者：崧燁文化事業有限公司
E - m a i l：sonbookservice@gmail.com
粉 絲 頁：https://www.facebook.com/sonbookss/
網　　址：https://sonbook.net/
地　　址：台北市中正區重慶南路一段 61 號 8 樓
8F., No.61, Sec. 1, Chongqing S. Rd., Zhongzheng Dist., Taipei City 100, Taiwan
電　　話：(02) 2370-3310　　傳　　真：(02) 2388-1970
印　　刷：京峯數位服務有限公司
律師顧問：廣華律師事務所 張珮琦律師
定　　價：450 元
發行日期：2025 年 03 月第一版
◎本書以 POD 印製
Design Assets from Freepik.com